LES ANNÉES FOLLES DE L'ADOLESCENCE

OXALIS

Collection dirigée par Léon CASSIERS et Patrick DE NEUTER

* De Jonckheere Paul (éd.), *Phénoménologie et analyse existentielle.*

* De Neuter Patrick (sous la direction de), *Sciences et psychanalyse.* Communications de Contardo Calligaris, Joël Dor, Elie Doumit, Jean Ladrière, Moustapha Safouan.

* Roussaux Jean-Paul et Derely Marc (éds), *Alcoolisme et toxicomanies, études cliniques.*

* van Meerbeeck Philipe (sous la direction de), *Le mal d'être moi. Abords pluriels de l'adolescence.* Textes de Adrienne Bardos, Danièle Deschamps, Thierry Lebrun, Jean-François Mahy, Christiane Poncelet, Dominique Van Neste.

* van Meerbeeck Philippe, *Les années folles de l'adolescence.*

Illustration de couverture réalisée par Laïla Bocquet d'après l'affiche du film *Birdy* d'A. Parker.

Philippe van MEERBEECK

LES ANNÉES FOLLES DE **l'adolescence**

Editions Universitaires

De Boeck Université

Diffusion
en France : Éditions UNIVERSITAIRES
77, rue de Vaugirard, F-75006 Paris
en Suisse : GM DIFFUSION
Chemin du Grand Mont 27, CH-1052 Le Mont-sur-Lausanne
au Zaïre : AFRIQUE-ÉDITIONS
606, avenue Colonel Ebeya, Kinshasa / Gombe

Printed in Belgium

D 1988/0074/256 ISBN 2-8041-1164-4

A la mémoire de mon père,
le docteur Pierre van MEERBEECK

Avant-propos

A la suite d'une émission télévisée consacrée à Freud et durant laquelle j'avais été invité à m'exprimer sur l'expérience analytique, une lettre m'est parvenue.

C'est une mère qui m'écrit. Son fils, âgé de 19 ans, est hospitalisé en psychiatrie depuis huit semaines : «Il avait commencé ses études de romanes car il se passionne pour la littérature et peut-être plus encore pour les mots. Après six semaines, il ne cessait de tenir des propos absurdes et j'ai supplié le médecin d'entendre même ses phrases incohérentes car je sentais qu'elles disaient peut-être plus qu'un discours logique. (...) Après huit semaines, grâce aux électrochocs, grâce aux médicaments et grâce à notre volonté de l'écouter «déconner», il sort de son délire. Je dis «déconner» car ce sont ses propres termes. (...) Mais maintenant, je ne sais pas s'il arrivera à trouver les mots pour traduire sa longue traversée du désert que nous, ses parents, nous avons observée sans rien pouvoir faire jusqu'à son délire psychotique. (...) Quelles clés utilisez-vous pour amorcer un dialogue avec un jeune qui, si on ne l'aide pas, deviendra schizophrène chronique?

(...) Je voulais partager mon expérience, je voulais vous dire : «continuez à chercher. La parole libère. Les jeunes qui sombrent ainsi dans un délire souffrent tellement, tellement».

La lettre est datée du 25 octobre 1987. A ce moment, je termine les épreuves du présent ouvrage. Sans jamais prétendre posséder la clé universelle qui résoudrait de semblables expériences, je me permets d'avouer que rien ne pouvait me persuader davantage de la nécessité de publier ce livre qu'un témoignage aussi bouleversant qu'actuel.

Introduction

La schizophrénie constitue, avec la psychose maniaco-dépressive et, dans une moindre mesure, la paranoïa, l'un des axes fondamentaux de la nosographie psychiatrique contemporaine.

Selon Henri Ey, à qui le concept doit ses lettres de noblesse au coeur des manuels, elle s'inscrit comme «la plus fréquente des psychoses chroniques» [1]. L'auteur ajoute : «Aux stades initiaux, poser le diagnostic c'est prévoir l'évolution déficitaire à plus ou moins longue échéance et de niveau plus ou moins profond. La marche genérale de la psychose (...) se fait dans le sens d'une déterioration progressive plus ou moins lente du Moi et de ses relations avec la réalité» [2].

D'emblée, nous nous trouvons en face d'une définition tragique et fatale. D'après Kraepelin et Bleuler, respectivement 75% et 60% des schizophrènes meurent entre quinze et trente-cinq ans. C'est dire combien le stade initial de la maladie, ce marquage à tout jamais sur le devenir d'un être, prend sa source dans l'adolescence. Dès lors, tout adolescent diagnostiqué schizophrène ne devra son «salut» provisoire qu'au prix d'hospitalisations répétées et assorties d'une médication souvent permanente, jusqu'à la mort, puisqu'il est entendu qu'on meurt de la schizophrénie. L'angoisse d'un sujet ainsi étiqueté, comme celle de son entourage, se justifie-t-elle du moins par une étiologie précise et objective ?

En considérant les mots-clés qui désignent le comportement «schizophrène» (bizarrerie, étrangeté, ambivalence, impénétrabilité, abandon à la rêverie intérieure, invention d'un «monde à soi», dissociation, discordance intrapsychique), peut-on repérer quelques signes spécifiques propres à différencier la schizophrénie de toute adolescence passionnée que nous évoquent ces mêmes mots-clés ?

---

[1] EY H. : *Manuel de Psychiatrie.* Paris: Masson et Cie. 1967, pg.544.

[2] EY H. : *Ibid.* pg.589.

Nous sommes fort loin du compte. Parmi les nombreux «outils» diagnostiques, les uns plus imprécis et décevants que les autres, le plus fameux et couramment utilisé demeure le «Praecox Gefühl», ou «sentiment d'étrangeté». Parce qu'il a devant lui un patient à la logique impénétrable et sans lien apparent avec le monde extérieur, le praticien peut ériger son intuition en certitude scientifique. L'argument a été développé par des auteurs comme Binswanger et Minkowski, le premier réfutant tout embryon d'objection par son axiome qu'on «n'est pas psychiatre pour rien»[1].

Les critères de Schneider, de premier et de second rangs, fondements des théories actuelles du DSM III[2] (la référence majeure autour de la schizophrénie), ne dissipent pas nos doutes : outre qu'ils datent des années trente, ces critères ne nécessitent aucune complémentarité; un seul parmi ceux du premier rang suffit et même, précise l'auteur, en l'absence de tout critère, la conviction du praticien autorise celui-ci à postuler malgré tout la présence de la pathologie. Face à d'aussi criantes approximations, la psychiatrie biologique nous promet ses lendemains qui chantent, ses critères spécifiques et indiscutables. Bientôt - c'est ce qu'elle nous annonce- il deviendra possible de repérer le gène déficient, responsable et transmis par l'hérédité (quand ce n'est pas par la seule appartenance ethnique). A ce jour, pourtant, le triomphe se réduit aux ambitions prometteuses, faute de résultat probant, et cela quoi qu'en reflète une presse «scientifique» manifestement séduite par de telles perspectives.

Néammoins, l'impuissance d'une certaine psychiatrie à fournir une étiologie conforme au concept de schizophrénie ne la prive pas d'en poser le diagnostic, envers et contre tout. H. Ey lui-même ne s'était pas privé de mettre en garde ses confrères «que l'on peut commettre de terribles bévues en diagnostiquant une schizophrénie simplement sur certains symptômes»[3].

Pour notre part, une expérience de plus de dix années en psychiatrie juvénile nous a montré à suffisance tout le ratage psychiatrique autour de l'adolescent incompréhensible.

De par sa sexuation, l'adolescent se cogne irrésistiblement aux énigmes du désir et de la jouissance. Son mal-être, son angoisse d'un imaginaire décuplé face à la réalité insatisfaisante de sa condition de «presque adulte», l'adolescent cherche à les évacuer. Il lui manque pour cela une symbolisation, des repères, des marques. Il recherche assidûment une réponse pacifiante de la part de quelqu'un qui sache comment «ça» marche, la vie, la sexualité, être un homme ou une femme. Ne serait-ce qu'en cela, l'adolescence s'inscrit par essence comme un temps pour comprendre, fluctuant et incontrôlable.

Il n'existe pas de voie-type, de marche à suivre universelle d'«à tous les

---

[1] BINSWANGER cité in MINKOWSKI, E. *La schizophrénie. Psychopathologie des schizoïdies et schizophrénies.* Paris : Payot, 1927,pg. 73.

[2] AMERICAN PSYCHIATRIC ASSOCIATION. *Diagnostic and statistical manual of mental disorders* (DSM III). Washington, 1978,1979.

[3] EY H. *Ibid.* pg.591.

coups l'on gagne», pas plus que de maître tout-puissant que l'existence humaine aurait préservé de ses propres échecs à gérer totalement la question du désir. Il s'en trouve pourtant qui font semblant, qui se camouflent sous le discours péremptoire d'un savoir, d'une ethnie, d'une force ou d'un talent immaculés.

Lorsque, devant ceux-là, l'adolescent se prête à des expériences «folles» et à une multitude de comportements qui le mèneront au compromis de l'âge adulte, il peut en rencontrer qui le catalogueront, qui le figeront une fois pour toutes dans ce qu'il n'aura été qu'un instant. Car c'est sa mouvance même qui le rend insaisissable. Nulle autre période de la vie ne menace davantage les citadelles de sable et de savoir mêlées que le temps d'être adolescent. Pour ce type d'intervenants,qu'ils soient parents, éducateurs, policiers, magistrats ou psychiatres; l'adolescent risque de s'inscrire, d'une encre indélébile, dans les termes prononcés à l'encontre de son comportement : bon à rien, voyou, paresseux, médiocre, ou schizophrène.

Car la schizophrénie existe, depuis peu. C'est une psychose devenue réelle, rendue plausible par le diagnostic, confirmée par le traitement «approprié» et achevée par le pronostic d'incurabilité.

Parallèlement, un certain discours scientifique ne manque pas de correspondre aux aspirations de toute société qui entend connaître, prévoir et gérer les individus qui la composent et la préparent. Les asiles ne se sont jamais autant remplis qu'aux moments où, plutôt que de punir la folie, les sociétés se sont souciées de la corriger. Nous sommes loin de la découverte freudienne de l'inconscient et, plus tard, de l'énonciation par Lacan d'un inconscient structuré comme un langage. Freud, le premier, enjoignait aux psychanalystes de repérer le désir des patients à travers les condensations et les déplacements surgissant dans les narrations de rêves. Nous pouvons affirmer que tout discours porte en lui les stigmates d'un désir repérable par des formulations langagières comme la métonymie (la partie pour le tout) ou la métaphore (chaque mot en évoque un autre). En ce sens, le discours d'un adolescent bizarre et incompréhensible pourrait être écouté comme un «discours hystérique», sans causalité organique; comme l'expression d'un désir par le biais d'un symptôme -l'étrangeté ou le délire- qui fonctionnerait tel un «raccourci», une condensation, ou telle l'évocation métaphorique de son malaise. Si la psychiatrie actuelle ne l'entend pas de cette oreille, c'est parce que son propre discours est soumis à des lois identiques.

Au cours du premier chapitre, nous tenterons d'entrevoir comment s'est dessinée la schizophrénie; comment, à partir d'une pathologie rarissime et contestée -l'hébéphrénie, ou folie des adolescents-, Kraepelin, en 1899, a témoigné d'un glissement métonymique en lui attribuant l'ensemble des pathologies mentales existantes, sous le prétexte d'une similitude de processus. La démence précoce s'énonçait pour la première fois. Avant Kraepelin, dès les balbutiements de la psychiatrie naissante, Pinel avait formulé un déplacement analogue, se consacrant brusquement à la gestion collective des asiles psychiatriques au détriment du traitement interpersonnel des aliénés. Une seule pathologie et un seul traitement pour toutes les affections et les individus, la partie pour le tout.

Bleuler, peu après, en réponse aux nombreuses objections à la généralisation abusive de Kraepelin, transforma la démence précoce en schizophrénie, «mieux nommée», disait-il. Le néologisme connut le succès que l'on sait par ses attributs métaphoriques de terme flou et ouvert à toutes les interprétations.

Nulle surprise, dès lors, si l'on constate une extension tous azimuts de la pathologie, jusqu'à ne plus autoriser de distinction rigoureuse entre comportements courants et pathologiques , jusqu'à instituer des constitutions spécifiques d'individus prédisposés, des facteurs «pré-schizophréniques» ou «schizophrénogènes» et d'autres signes avant-coureurs catalogables comme les augures d'une affection qui doit se déclarer et qu'il importe de traiter sans attendre.

Les élaborations psychiatriques ne se départissent pas d'un contexte : le déplacement pinélien succède à la révolution démocratique de 1789; la création de la schizophrénie s'élabore peu avant la première guerre mondiale, alors que l'ordre «phallique» des états connaît une déconvenue sans précédent et qu'apparaît le phénomène des psychoses de guerre.

Lorsque le monde s'autorise à braver les interdits, aucun moyen n'est négligé pour rétablir un ordre compromis. La science a joué ce rôle à de trop nombreuses reprises.

Dans les contextes de bouleversements fondamentaux, l'hystérie se révèle l'ennemie jurée des pouvoirs. Indéchiffrable, féminine et questionnante, elle s'avère menaçante par son absence de caractère rationnel. Avec la découverte de Bayle, dès 1822, d'une organicité de la démence dans la paralysie générale, la psychiatrie s'attèlera à en étendre le principe pour toutes les maladies mentales. L'adolescent , futur soldat et déserteur potentiel,comme la femme, énigmatique et insaisissable, constitueront les cibles d'une psychiatrie menacée dans son pouvoir de gérer les individus en fonction du contexte social ambiant.

D'hystériques, sans lésion repérable, ils deviendront des schizophrènes atteints par une pathologie à substrat organique probable... mais pas encore découvert.

Le second chapitre se propose d'étudier le parcours freudien autour de la psychose, parcours exemplaire de questionnements, de remises en cause, de compromissions aussi, comme l'adjonction de la schizophrénie à sa clinique, prix à payer pour la reconnaissance de la psychanalyse par la psychiatrie allemande.

A Freud, nous devons bien évidemment les découvertes de l'inconscient et du transfert (à partir de l'hystérie, justement), mais aussi une imprégnation constante des questions autour du père, et ce jusque dans l'élaboration du complexe d'Oedipe. Freud avait pressenti, en référence à ses propres souvenirs, combien l'appel au père déterminait le comportement «psychotique» des adolescents qu'il traitait. Faute de traumatisme repérable chez ses patients, Freud en était réduit à devoir accuser chaque fois le père de perversion, ce qu'il ne pouvait envisager sérieusement. Avec Lacan, la perversion improbable du père selon Freud s'est articulée comme une «père-version», ou version vers le père, dans le sens d'un appel s'originant dans un manque fondateur.

Le troisième chapitre décrit le virage décisif des post-freudiens. Après la disparition de leur père spirituel, les premiers psychanalystes s'appliquent à définir la psychose, ce terrain que Freud avait laissé sans définition objective. La conséquence -rarement décrite- pour ces «adolescents» soucieux de cerner la question du père une fois pour toutes, fut le basculement vers la psychose proprement dite, la toxicomanie ou le suicide. Par la suite, les héritiers de Freud (et ses héritières) n'auront pour tout recours que la mise à l'avant-plan de la relation mère-enfant comme noeud de l'anormalité. Du père, curieusement, on perdra bientôt toute trace. Des interrogations majeures de Freud, la pulsion de mort et la répétition, les post-freudiens ne retiendront que des concepts pédagogiques et normatifs, comme la célèbre sublimation.

Le quatrième chapitre présentera un courant critique des conceptions de l'I.P.A.[1] : les thérapies fondées sur les théories communicationnelles et les entretiens familiaux. S'il nous faut souligner dans ce mouvement le double mérite d'avoir réintroduit le père au coeur des entretiens et permis l'abord de l'adolescent «schizophrène» comme le symptôme de sa famille; la mise à l'écart de l'inconscient et du transfert dans la relation entre le thérapeute et le patient conduit au revirement vers lequel tout discours du maître ne peut s'empêcher de verser : l'étiquetage abusif de l'adolescent ingérable et incompréhensible.

Enfin, au cours du dernier chapitre, nous tenterons d'illustrer notre type d'interventions face à des adolescents en difficulté.

Après avoir égratigné le vernis du savoir «psy» autour de l'adolescence, il nous a semblé nécessaire de préciser notre position au-delà du seul procédé critique. Les quatre «cas cliniques» qui y sont racontés reflètent la réalité quotidienne de la psychiatrie juvénile telle que nous la vivons au département de consultation pour adolescents du Centre Chapelle-aux-Champs de l'Université Catholique de Louvain.

Dans la majorité des cas, il nous faut débuter la thérapie par une mise au point envers le bagage nosographique dont ces adolescents -et leur entourage- ont été abondamment lestés. Nombre d'avis autorisés ne se privent pas de «maîtriser» la situation critique. Le diagnostic -infirmé par la suite-, le traitement -souvent iatrogène- et le pronostic -erroné- d'aggravation de la «pathologie», tout cela pèse davantage sur la spontanéité des entretiens qu'aucune tare héréditaire ou lésion organique supposées responsables de la crise présentée par ces adolescents au discours étrange.

[1] I. P. A.: Association Internationale de Psychanalyse (International Psychanalyst Association).

L'invention «schizophrénique» de la précocité démentielle

«Cependant il confond folie avec démence. - C'est pour donner des soins en plus grande abondance. Mais sur nos libertés il pousse les verrous - Pour nous mieux prodiguer tous ses soins les plus doux.»
G. NOUVEAU

«Et tout cela provient, je suppose, de ce que les hommes s'imaginent que le cerveau se trouve dans la tête. Pas du tout: c'est le vent qui souffle de la mer Caspienne qui nous l'apporte»
N. GOGOL, Le journal d'un fou

De la nef à l'hôpital des fous ?

Le concept de schizophrénie ne s'est pas imposé sous le seul couvert du hasard. Sa généalogie s'inscrit bien avant la dénomination bleulérienne de 1906; elle s'articule dès la fin du Moyen-Age, là où M. Foucault fait débuter son remarquable ouvrage[1].

Un basculement s'est opéré. Jusqu'alors, les grandes peurs moyenâgeuses, la lèpre et la peste, préoccupaient davantage le monde occidental qu'une folie somme toute respectée sous un sentiment d'effroi et de fascination mêlé. Le fou du Moyen-Age effraie certes mais par la présomption d'un don divinatoire, expression de sagesse religieuse : «les fols disent tout ce qu'ils savent ou le devinent par quelqu'instinct divin»[2]. Le Christ lui-même, interrogé par Pilate, ne profère-t-il pas des propos insensés aux yeux des hommes ? Si le fol jouit de la bienveillance cléricale, le bouffon seigneurial, au départ un authentique débile mental, bénéficie pour sa part d'une saisissante protection dans le chef des cours et des pouvoirs. Mieux encore, on se l'arrache, comme une denrée rare, parce qu'en érigeant son désordre en spectacle, il garantit l'ordre social. Hors des palais, le fou s'apparente à quelque animal exotique. Si l'on découvre parfois quelque motif à le soigner, on n'en repère aucun encore à le poursuivre.

Témoin du basculement, de l'inquiétude naissante de l'Occident pour la folie, le Narrenschiff de Brant, ou Nef des fous, publié en 1492. Sur cet esquif misérable, les insensés deviennent menaçants, haïssables et dangereux. La Raison s'installe, politique, sociale, religieuse et scientifique. Dans un siècle où l'homme s'illusionne de sa propre sagesse, fragile et naissante, le fou moyenâgeux constitue un péril à conjurer.

Dans la foulée de Brant, Erasme publie l'Eloge à la Folie, satirique et moralisante; Bosch conçoit sa célèbre «Nef des fous», terrifiante représentation des tares humaines à l'orée du XVIème siècle. Et puis, surtout, Descartes introduit le cogito : «moi qui pense, je ne puis être fou». Selon Foucault, la folie compte désormais parmi les mesures de la raison. Elle se révèle blasphématoire à l'ordre divin, menaçante à l'ordre bourgeois, injurieuse envers la science et le savoir. Foucault décrit les léproseries désaffectées qui tiennent lieu d'asile au fou qu'on assiste de gré, mais surtout de force. Il y cotoie les vénériens, les

---

[1] FOUCAULT, M. *Histoire de la folie à l'âge classique.* Paris : Gallimard, coll. Tel, 1972.
[2] BRANTOME (1538-1614) cité in LEVER M. *Le sceptre et la marotte.* Paris : Fayard, 1983, pg. 9.

débauchés, les homosexuels et les alchimistes. La nef aurait sombré pour l'asile.

La lecture romantique de Foucault à propos du «grand enfermement» qu'il situe en 1656, à la suite de l'énonciation cartésienne se verra contestée par Derrida d'une part et, d'autre part, par Gauchet et Swain[1].

Selon Derrida, Foucault a procédé à une étude sommaire des «Méditation de Descartes». L'analyse par Foucault de la «première Méditation» l'amène à conclure que la raison exclut l'hypothèse de la folie. D'après Derrida, une lecture plus approfondie témoigne du contraire: Descartes, au cours de la «Deuxième Méditation», inscrirait la folie en deçà du cogito; même le fou -et sa folie- existent, du moment qu'il pense. Outre l'enjeu d'une telle polémique, il nous semble important d'en souligner le contexte : la «vulgate» foucaldienne a bouleversé le monde étudiant de 1968, et cela très certainement parce que ses accents dénonciateurs d'abus commis par l'ordre bourgeois correspondaient au sentiment des jeunes de l'époque.

Sur un autre plan, Gauchet et Swain, comme nous le verrons plus loin, situent la naissance de l'institution asilaire autour des années 1800, soit peu après la révolution démocratique de 1789.

Reprenant leur développement, Ferry et Renaut émettent l'hypothèse que l'enfermement pourrait résulter d'une logique d'intégration plutôt que d'exclusion[1]. A partir de l'instant où le fou acquiert le statut d'alter ego, qu'il n'est plus considéré comme une caricature du monde animal, la société moderne s'emploie à corriger son comportement, à gérer ses déviances et c'est ce souci même d'intégration qui coïncide avec sa prise en charge par l'asile. Gauchet et Swain nous indiquent que, si l'on estime à 2000 le nombre des internés en 1660, ils sont environ 5000 après la révolution. Ces auteurs ajoutent que ce nombre passe à 100 000 en 1914, ce qui nous permet de poser l'hypothèse d'un accroissement bien plus important du nombre des aliénés autour de l'invention de la schizophrénie, en 1906.

C'est toute l'édification psychiatrique qui serait responsable de cette augmentation considérable. Et, comme nous tenterons de le montrer plus loin, les facteurs iatrogènes provoqués par la psychiatrie elle-même ne cessent d'étendre le nombre des schizophrènes, dans une convergence d'intérêts vis-à-vis des pouvoirs politiques. En 1930, un texte de Kretschmer nous démontre à quel point cette hypothèse pourrait se confirmer. Nous sommes en Allemagne, peu avant la guerre. Kretschmer décrit les schizophrènes comme des «fêlés», des «déchets sociaux», ils se manifestent par une «attitude débraillée et négligée»; ils font partie de «la grande armée» des «vauriens», des «dépensiers», des «ivrognes», des «fils de famille perdus» des «étudiants dévergondés», des «criminels», des «prostituées», des «vagabonds» et de la «pègre»[2].

---

[1] FERRY L.; RENAUT A. : *La pensée 68. Essai sur l'anti-humanisme contemporain.* Paris : Gallimard. 1985, pp. 120-138.

[2] KRETSCHMER, E. *La structure du corps et le caractère.* (Trad. Jankélévitch). Paris : Payot, 1930, pg. 170.

Le prétendu savoir scientifique confère manifestement ici un alibi au pouvoir politique totalitaire. Les persécutions nazies vont débuter par l'élimination des malades mentaux - présumés tels - fauteurs de désordre.

Les adolescents comptent majoritairement parmi cette grande armée, à moins que, davantage raisonnables, ils ne choisissent de s'intégrer à celle où l'on se fait tuer...

«Que d'analogie entre la direction des aliénés et l'éducation des jeunes gens»[1]

La psychiatrie apparaît au XIXème siècle en réaction aux conditions inhumaines de l'internement des aliénés. Philippe Pinel, parmi les premiers, ôte ses chaînes à l'insensé et inaugure l'humanisation des lieux clos où croupissaient les fous.

Si l'aliéné change effectivement de statut, sa folie n'en est pas pour autant mieux considérée. Selon Foucault, «la folie sera punie à l'asile même si elle est innocentée au-dehors»[2]. L'institution, par sa prise en charge humaniste des aliénés, s'inscrit comme un alibi et une marginalisation camouflée.

Foucault ne décrit qu'un seul temps de la mutation asilaire : «L'asile de l'âge positiviste, tel qu'on fait gloire à Pinel de l'avoir fondé, n'est pas un libre domaine d'observation, de diagnostic et de thérapeutique : c'est un espace judiciaire où on est accusé, jugé et condamné»[3]. Foucault montre les trois ordres de l'asile pinélien : le silence, qui renvoie à la faute, la reconnaissance en miroir, quand la folie se réfléchit comme telle, et le jugement perpétuel à l'égard du fou.

Marcel Gauchet et Gladys Swain ont mené plus avant la réflexion[4]. Pour ces auteurs, la révolution démocratique de 1789 s'est avérée déterminante dans l'institutionnalisation de l'asile. Son avènement - politique - se fonde sur un double temps dont le premier, la découverte par Pinel d'une curabilité de la folie, a été négligé par Foucault.

Le siècle retentit encore des échos de la révolution. La liberté appelle la liberté. Après avoir détruit la Bastille et fait guillotiner le roi, tout semble possible, même la curabilité des fous. Pinel s'enthousiasme et affirme la

---

[1] PINEL, Ph. *Traité médico-philosophique sur l'aliénation mentale.* 2d éd. Paris : Antoine Brosson, 1809, pg.20.

[2] FOUCAULT, M. *Histoire de la folie à l'âge classique.* Paris : Gallimard, coll.Tel,1972. pg. 522.

[3] FOUCAULT, M. *Ibid.*, pg 523.

[4] GAUCHET M., SWAIN G. *La pratique de l'esprit humain.* Paris: Gallimard, 1980.

possibilité d'exercer une influence sur les mécanismes de la folie, l'aliéné conservant, du fond de sa vacillation, la ressource d'une distance par laquelle il se garde et se défend contre lui-même. Pinel insiste sur «l'un des préjugés des plus funestes à l'humanité (...) de regarder le mal (des aliénés) comme incurable et de (le) rapporter à une lésion organique dans le cerveau»[1].

Parallèlement, un vaste questionnement de ce qui conditionne et détermine le sujet surgit de ce bouleversement politique. Or, selon Gauchet et Swain, «ce processus de (...) remise en question (...), c'est avec la mutation pinélienne qu'il a réellement commencé»[2].

La découverte d'un inéliminable «reste de raison» chez l'aliéné inaugure la perspective d'un traitement fondé sur la relation interpersonnelle entre le psychiatre et le fou. Pinel «libère» les aliénés de la Salpêtrière; cent ans plus tard, Freud y découvre le transfert et l'inconscient. Si Foucault décrivait la clinique pinélienne comme l'amorce des travaux de Bayle et des théorisations organicistes, Gauchet et Swain nous indiquent en nuance que Pinel annonce également Freud. Pressentant l'échec des guérisons au coeur même de la relation thérapeutique, Pinel effectue un volte-face d'une extrême importance, à l'image de la société qui, à la suite du pouvoir absolu, s'aménage progressivement une autorité: la loi n'est plus transcendante; elle devient l'essence même de la condition d'existence humaine. Le comportement marginal, s'il n'est plus punissable, s'inscrit dorénavant comme une pathologie. L'asile se révèle bientôt «l'un des premiers, sinon le premier lieu où a pu concrètement s'affirmer, en pleine clarté la double ambition d'un pouvoir qui entend, par un côté, comprendre l'autre à sa place et s'assurer, par l'autre côté, des moyens de le transformer»[3].

Dans ce contexte de retour à l'ordre, Pinel formule le revirement personnel et ambiant par un déplacement capital, «acte de pensée qui a décidé du destin de la pratique psychiatrique pour un siècle et davantage»[4].

Dans l'édition de son traité de 1800, Pinel distinque la section II «Traitement moral des aliénés» et la section V «Police intérieure et surveillance à établir dans les hospices d'aliénés». L'édition de 1809 ne reprend que la section IV «Police intérieure et règles à suivre dans les établissements consacrés aux aliénés». L'importance d'un tel déplacement ne peut nous échapper : la prodigieuse trouvaille de Pinel sur la curabilité de la folie, du rapport du sujet à lui-même et du traitement au sein d'une relation interpersonnelle se réduit dès 1809 à une théorie d'ensemble de la gestion des maisons d'aliénés!

Nous y reconnaissons le glissement métonymique, quand une partie s'énonce pour le tout; l'asile pour les aliénés, la gestion collective pour les

---

[1] PINEL, Ph. *Ibid.* pg.154.

[2] GAUCHET M.; SWAIN G. «*La pratique de l'esprit humain.* Paris : Gallimard, 1980, pg. 314.

[3] GAUCHET M.; SWAIN G. *Ibid.* pg. 128.

[4] GAUCHET M.; SWAIN G. *Ibid.* pg. 96.

relations thérapeutiques individuelles. Cet «acte de langage» se perpétuera tout au long de l'édification psychiatrique, jusqu'à Kraepelin, avec qui l'ensemble des démences revêtira le seul manteau de la démence précoce, la folie des adolescents.

«Un chagrin si profond que sa raison fut égarée»

Dans sa recherche des causes et des facteurs déclenchants aux affections mentales, Pinel nous décrit de nombreuses interactions entre l'adolescence, la sexualité et la folie.: «On amenait souvent dans l'hospice des aliénés, de jeunes personnes de 18 à 22 ans, tombées dans l'égarement de la raison par des obstacles survenus dans un mariage prêt à être conclu». Très pertinemment, Pinel observe que «l'extrême pulsion de sentiments peut caractériser les premiers élans de l'amour et donner lieu à l'égarement de la raison». Dans cet ordre, Pinel décrit tour à tour «une jeune ouvrière devenue éperdûment amoureuse d'un homme qu'elle voyait souvent passer devant sa fenêtre, sans jamais lui avoir parlé» et qui conçoit une haine prononcée pour tous les autres hommes; «une autre jeune personne qui se trouva outragée par des propositions d'une faveur anticipée que lui fit son prétendant», et qui «en conçut un chagrin si profond que sa raison fut égarée»[1]. Pinel décrit encore le cas d'une jeune fille de 16 ans «élevée dans des principes sévères» qui recevant les «prévenances» d'un jeune homme «se trouve exposée à toutes ses agaceries». Il lui reste toutefois assez de «piété due à son éducation» pour que s'établisse une «lutte intérieure avec les affections du coeur». La voici mélancolique et «furieusement délirante», on la conduit à l'hospice, ne parvenant, durant le premier mois, «qu'avec une extrême peine à lui faire prendre quelque nourriture»[2].

Ces trois cas illustrent à loisir l'incidence d'une sexualité naissante sur «l'égarement de la raison» pour Pinel.

Les explications pinéliennes à l'aliénation mentale sont de trois ordres :

les causes physiques :
-directement cérébrales
-sympathiques (atteignant le cerveau par des liens avec d'autres organes)
l'hérédité :
les causes morales :
-passions vives et fortement contrariées - ou prolongées - excès de tous genres
-irrégularité de moeurs et du mode de vie de l'»institution» vicieuse soit par molesse, soit par dureté excessive.

Remarquons que, de nos jours encore, personne n'oserait formuler les choses de cette façon. Il n'est pas douteux toutefois que cet ordre des causes

---

[1] PINEL, Ph. *Traité médico-philosophique sur l'aliénation mentale.*, 2d. éd. Paris : Antoine Brosson, 1809, pg. 26.
[2] PINEL, Ph. *Ibid.*, pg. 58.

continue de germer dans de nombreux esprits, si l'on en croit les tonitruantes investigations sur l'attribution des psychoses à certains gènes responsables, par exemple. Les causes morales pour Pinel apparaissent plus déterminantes et plus fréquentes que les autres et l'on peut même s'interroger sur le caractère réellement physiologique des «causes physiques» décrites:

> «L'aliénation mentale, dans certains cas, a une origine commune et tient dès son principe à un événement ou à un concours d'événements analogues qu'on doit regarder comme sa cause déterminante. Il faut mettre de ce nombre une disposition héréditaire, certaines ***affections morales vives***, un ***chagrin profond***, un ***amour contrarié***, une ***exaltation extrême*** des principes religieux ou bien une ***immoralité profonde***.
> Les mêmes effets peuvent aussi être produits par des causes physiques, une lésion de la tête, les suites d'une autre maladie, la suppression brusque d'une hémorragie, la répercussion d'une éruption cutanée. Quelques-unes de ces causes sont rares, d'autres fréquentes; dans certains cas, elles sont enveloppées d'obscurité par des raisons de famille, des omissions involontaires ou des réticences étudiées»[1].

Cet élan pinélien, dans un contexte de profonde remise en question politique et philosophique, nous évoque le retour des psychiatres juifs survivants des camps nazis. Constatant une insupportable similitude, auparavant insoupçonnée, entre les régimes asilaire et concentrationnaire, ils entreprennent une lutte en vue de modifier les institutions psychiatriques. Après vingt années d'effort, Basaglia, en Italie, obtient la suppression des asiles.

La nuit, pourtant, entre les murs désaffectés, les aliénés «libérés» s'en retournaient dormir. L'asile n'était pas devenu l'institution des seuls psychiatres.

Les passions rétractées d'Esquirol

Esquirol, successeur de Pinel, connaîtra à son tour l'illusion triomphante post-révolutionnaire avant de verser dans l'oubli ses apports enthousiastes. Gauchet et Swain ont saisi la portée d'un premier ouvrage intitulé «Des passions», témoin de l'impact en 1805 d'une curabilité de la folie.

Pinel avait très peu utilisé ce terme de passion pour ses relents trop prononcés envers toute l'histoire de la folie antérieure culpabilisante. Les passions y engendraient l'excès et le péché; leur incidence sur l'aliénation s'inscrivait dans une faute, une absence de contrôle. Dans le contexte de remise en question fondamentale du sujet, Esquirol, par ce titre, opérait une condensation originale entre la désapprobation antérieure et la nouvelle subjectivité passionnelle au-delà de la faute évoquant par ses effets métaphoriques la

---

[1] PINEL, Ph. *Ibid.* pg.4.

ressemblance entre les passions et la folie. L'ouvrage ne cesse d'encourager la relation thérapeutique interpersonnelle au sein d'entités volontairement restreintes et va jusqu'à situer les passions dans l'épigastre, déplacement d'une notion antérieure confinant la folie dans l'espace de la puissance pensante.

Pourtant, nommé surveillant, puis médecin-surveillant de la section des aliénés, Esquirol se consacre à la gestion des grands ensembles asilaires, comme l'avait fait Pinel, évacuant «Des passions» de sa bibliographie, en un «oubli» extrêmement éloquent.

Après cet élan réprimé, Esquirol introduit un autre concept d'envergure: les monomanies. Par ce terme, Esquirol désignait les aliénations mentales n'affectant l'esprit qu'en partie et préservant les autres facultés.

A l'observation du tableau nosologique (voir ci-dessous), on comprend bien pourquoi la monomanie a tellement dérangé les successeurs de Bayle : les causes morales et physiques sont sur un même pied, l'organicité des affections n'y apparaît nullement; à l'inverse, «la cause de l'aliénation mentale existe souvent au sein de la famille; la maladie prend sa source dans des chagrins,(...) et la présence des parents (...) irrigue le mal»[1]. Esquirol, dans le même texte, va

Tableau comparatif des nosologies de Pinel et d'Esquirol

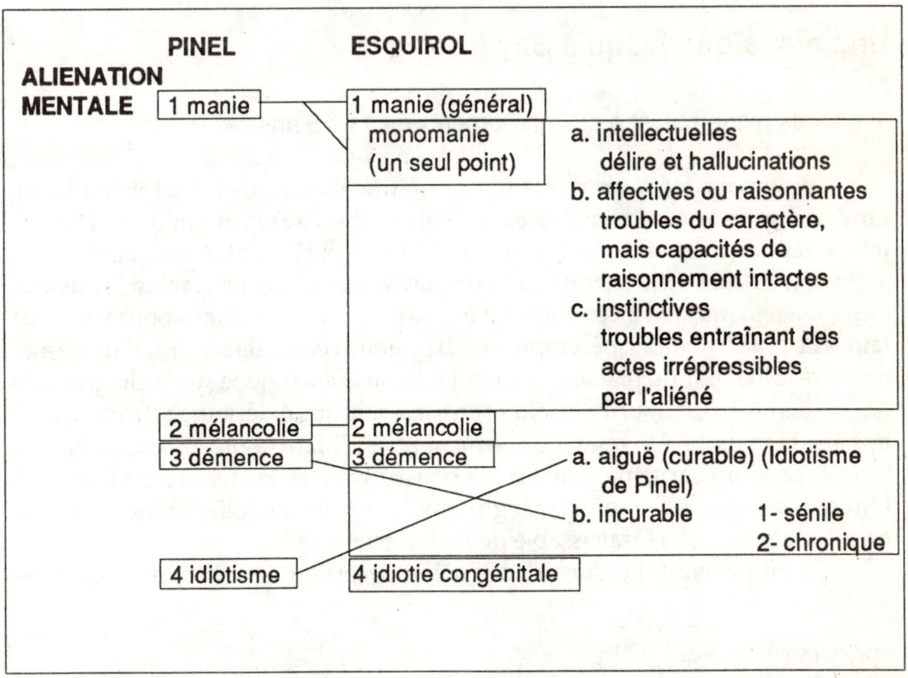

[1] ESQUIROL, E. *Des maladies mentales considérées sous des rapports médical, hygiénique et médico-légal*, Tome 1. Bruxelles : Librairie Médicale et Scientifique de J.B. Tircher, 1838, pg. 62.

jusqu'à pressentir ce que Freud théorisera avec le complexe d'Œdipe : «l'objet de leur haine est presque toujours la personne qui, avant la maladie, avait toute leur tendresse; c'est ce qui rend ces malades (...) quelquefois si dangereux pour leurs parents». Esquirol situe clairement l'apparition des monomanies autour de l'adolescence : «après la puberté, on voit beaucoup de folies érotiques, hystériques et religieuses.(...) Dans la jeunesse, la folie a une marche plus aigüe»[1].

L'échec et le revirement thérapeutiques basculent le psychiatre dans le jugement moral. Les individus prédisposés à la monomanie d'après Esquirol restent des adolescents, mais ce sont aussi des «exclusifs» «doués d'une imagination exaltée» qui, «par vanité, par orgueil, par ambition s'abandonnent à des projets exagérés, à des prétentions outrées»[2].

Le traitement, moral lui aussi, confié au «génie du médecin», recourt «à la surprise, à des subterfuges, à des contrariétés soigneusement aménagées»[3].

Foucault décrit comment la folie passionnelle de la psychiatrie balbutiante une fois raisonnée, «(celle-ci...) est pour longtemps, et jusqu'à nos jours au moins, emprisonnée dans un monde moral»[4].

Une mosaïque jusqu'à Bayle

«Les fous ressemblent à ces garnements de 14-15 ans...»

Broussais, médecin militaire à la marine française et disciple de Pinel, ramène à grands pas les maladies mentales à des causes organiques. Dans le même temps, c'est encore et toujours d'adolescence dont il est question. Le jugement moral s'affirme toutefois avec davantage de netteté : selon Broussais, «les fous ressemblent à ces garnements de 14-15 ans qui sont «poussés à mal faire»[5]. Les affirmations péremptoires se poursuivent : «ils sont toujours ramenés vers le mal par un plaisir (...). Leur jouissance est fondée sur le chagrin et la colère des autres, le sourire ironique en est la marque extérieure : c'est ce qu'on nomme la malice». On imagine aisément le psychiatre agité, essoufflé par les résistances d'un garnement malicieux poussé à mal faire autant qu'à faire mal. L'ironie et la malice prennent rang parmi les signes de folie, unique réponse possible au discours insaisissable de l'adolescence.

L'alibi scientifique succède à la colère : «cet état, chez les jeunes garçons,

[1] ESQUIROL, E. *Ibid.*, pg. 16.
[2] ESQUIROL, E. *Ibid.*, pg. 345.
[3] ESQUIROL, E. *Ibid.*, pg.546.
[4] FOUCAULT, M. *Ibid.*, pg. 523.
[5] BROUSSAIS, F.J.V. *De l'imitation et de la folie.* Paris : Delaunoy, 1828.

vient d'un développement encore imparfait de l'encéphale, mais chez le fou, c'est un effet de l'irritation».

L'irritation de qui, on peut s'interroger. L'adolescence se révèle période folle, puisque «ni l'un ni l'autre (le jeune garçon et le fou) ne sont dans un état stationnaire; mais il n'y a qu'à favoriser le travail organique chez le premier, tandis qu'il faut tout faire pour le réprimer chez le second».

Guislain, fondateur de la psychiatrie belge et influence majeure de Griesinger, nous rapporte, comme l'ensemble des psychiatres du début du XIXème siècle, des descriptions uniquement comportementales.

> «Un garçon âgé d'environ 18 ans est conduit dans un établissement par la gendarmerie. Il ne parle pas et s'exprime exclusivement par gestes: il dénote de l'intelligence : on ne lui remarque aucun acte de folie. Pendant 13 mois, il ne profère aucune parole et, vu le défaut de renseignements sur l'origine de sa maladie, tout le monde le croit sourd de naissance.
> Son ouïe était bonne cependant. Une absence d'aucun vice organique à la langue fait naître en moi des soupçons qui ne tardèrent pas à s'éclaircir. Un jour, il cessa brusquement son travail; le servant de sa division lui en fit de sévères reproches; ils provoquèrent la colère du jeune homme; il fut question de l'enfermer dans sa loge. Là dessus, Petit-Jean cessa de se contraindre : il s'exalta et se mit à se battre contre les servants. Dès cet instant, il continua à parler, quoique, de temps en temps, sa bouderie le reprit»[1].

La perspective de l'expérience carcérale fait sortir l'adolescent de son mutisme. La «guérison» est ici accidentelle. Plus tard, en s'inspirant de Babinski, elle deviendra délibérée, préméditée, le choc thérapeutique et celui qui l'inflige devenant tout bénéfiques au traitement.

Guislain décrit un autre cas «d'une aliénation purement fantastique» qui, nommée paraphrénie, introduit la future paranoïa comme une classe de folies délirantes[2]. Agé de 19 ans au moment de l'aliénation «à la suite de pénibles études et de scrupules religieux», le jeune patient est interné. Guislain nous le présente indocile : «il refuse d'entrer au lit et de se mettre à table» (dans les deux sens de l'expression, probablement), laconique : «il ne répond à aucune question qu'on lui fait», abstinent de nourriture et impulsif : «pendant la nuit, il déplace son lit contre la porte de sa chambre (...). Avant de s'asseoir, il essaie la chaise pour voir si elle pourra le supporter; pendant des heures, il tâche de mettre sa culotte en guise d'habit.»

Cet adolescent ne se comporte manifestement pas comme il faut. Ingérable, on l'interne juqu'à retrouver chez lui tous les signes de la folie cliniquement décrits, sans aucun commentaire d'échec éducatif ou de motivation pédagogi-

---

[1] GUISLAIN, J. *Traité sur les phrénopathies*, 2d. éd. Bruxelles: Etablissement Encyclographique, 1835, pg. 236.

[2] GUISLAIN, J. *Ibid.* pg.242.

que en relation avec le traitement. Guislain poursuit la description de cet «aliéné atteint de paraphrénie» en le citant - enfin - pour une parole où s'exprime l'inquiétante étrangeté qui est sienne : «je me sens dans une position étrange; je me suis forcé, malgré moi, à faire le signe de la croix, de prendre telle ou telle position, de me livrer à tel ou tel geste, sans que je puisse arrêter ce mouvement de mes bras ou de mes jambes».

La folie de se sentir habité par un autre soi-même nous évoque le «vol de la pensée» de Schneider, considéré comme l'un des critères permettant à coup sûr le diagnostic de schizophrénie. Nul n'y échappe, et surtout pas l'adolescent confronté au discours pédagogique qui décide de son bien en-deçà de la multiplicité de ses désirs. L'échec scolaire constitue le signe apparent de l'échec éducatif aux lourdes conséquences, jusqu'au déclenchement d'épisodes psychotiques propres à confirmer que l'on n'est pas gérable.

L'ébranlement tumultueux, désordre des corps

Jusqu'ici, les termes de «folie», «aliénation» ou «maladie mentale» avaient recouvert des désordres imprécis, tout à la fois liés à des causes morales et physiques. C'est à Feuchtersleben que l'on doit le terme de psychose. Curieusement, ce médecin viennois n'adhérait pas du tout au courant organiciste; sa définition nous l'indique : «toute psychose est en même temps une névrose (...) mais toute névrose n'est pas nécessairement une psychose»[1]. Les psychoses font ici manifestement partie des névroses, mais, dans la foulée du courant organiciste, les deux termes auront vite fait de s'opposer puis de s'exclure mutuellement - classifications obligent. Le versant organiciste de l'Ecole Allemande, balayant les Fleuchtersleben au passage, a pour principal chef de file Griesinger, auteur du premier traité da psychiatrie.

Freud en annotera soigneusement les pages consacrées à la transformation du Moi à l'adolescence pour s'inspirer et introduire le concept de défense réussie ou échouée. Griesinger décrit la puberté comme le centre d'un remaniement du Moi :

> «avec la révolution totale qui se produit dans l'organisme à cette époque de la vie, de grandes masses de sensations nouvelles, de penchants nouveaux, d'idées vagues ou distinctes, et d'impulsions nouvelles de mouvement, passent dans un espace de temps relativement court à l'état de conscience»[2].

---

[1] FEUCHTERSLEBEN, E. (von) *Manuel de psychologie médicale* (1845), *cité in* J. Laplanche et J.B. Pontalis, *Vocabulaire de la psychanalyse.* Paris: P.U.F., 1967, pg.359.
[2] GRIESINGER W. *Traité des maladies mentales. Pathologie et thérapeutique.* 2d éd. Trad. Dr. Doumic. Paris: Delahaye, 1865, pg. 56.

Griesinger parle d'une «métamorphose radicale», d'un «ébranlement tumultueux». Visiblement, la puberté l'inspire dans ces lignes admirables de finesse, mais: «ce n'est pas sans motif que nous avons choisi cet exemple très propre à expliquer la folie par des analogies nombreuses». On ne peut plus clairement assimiler folie et adolescence; «au début, ces idées nouvelles se présentent devant le Moi ancien comme un Toi étranger.(...). Souvent les individus ressentent cette pénétration dans le cercle des idées anciennes comme une prise de possession de l'ancien Moi par une puissance obscure et irrésistible»[1].

Rimbaud écrivait «Je est un autre», la régression spéculaire est propre à tout adolescent; et pourtant Griesinger l'utilise pour expliquer le développement d'une psychose; le Moi ancien et le Toi nouveau s'opposent comme Dieu et diable, Bien et Mal, Corps et esprit, conscient et inconscient, homme et femme.

Griesinger conclut sa description des mécanismes «psychotiques» par une «terminaison en démence incurable». C'est bien à cette dernière indication que Griesinger doit son succès. Outre les minutieuses observations autour de la transformation pubertaire, Griesinger a décrit la «monopsychose», ou psychose unique, comme une dégradation propressive du Moi en diverses phases psychotiques distinctes. Le processus fait donc partie intégrante de la nosographie. Le déplacement pinélien - la partie pour le tout - réapparaît dans la notion d'un processus commun à toutes les psychoses. Kahlbaum et Kraepelin vont s'en inspirer. Une vision manichéenne des apports psychiatriques successifs constituerait un leurre qu'il nous faut éviter. Griesinger développe le courant organiciste si annonciateur d'abus et d'inexactitudes, il n'en révèle pas moins une définition nuancée des causes et des facteurs déclenchants à la psychose :

> «selon nous, c'est dans les causes d'ordre moral que la folie prend le plus souvent sa source réelle (...) et je suis convaincu que si l'on pouvait rechercher toutes les causes morales, on arriverait partout aux mêmes conclusions»[2].

Voilà un «maître à penser» organiciste attribuant toutes les folies à des causes morales! De nos jours, pourtant, l'Organisation Mondiale de la Santé vient d'affirmer qu'il existait des affections mentales purement organiques, sans lien conjonctural, de quoi nous assurer de l'éternel remaniement de l'abusif. Chez Griesinger, précurseur de Freud avec sa théorisation du Moi mais aussi chez Kraepelin dans l'élaboration d'un processus psychotique commun, le souci pédagogique prédomine, comme chez tous les organicistes. Il n'est pas inutile de citer un cas clinique décrit par Griesinger où transparaît tout le poids

[1] GRIESINGER, W. *Ibid*, pg. 56.
[2] GRIESINGER, W. *Ibid*, pg.196

d'un transfert positif de la part du psychiatre dans un diagnostic de curabilité et de guérison.

> Folie systématisée et Monomanie. En 1824, il y avait à l'hôpital de la Charité, à Berlin, depuis huit ans environ, un jeune homme qui était plutôt l'objet de soins et de surveillance qu'il n'était soumis à un traitement médical; il se promenait dans les corridors et dans les chambres paraissant prendre part à tout ce qui se passait autour de lui, mais ne s'occupant, à vrai dire, de rien; il riait et se moquait de tout avec un fier dédain; si l'on venait à lui adresser une demande, il répondait avec grande assurance et avec un air très satisfait de lui-même, parce que, et c'était là la base de son égoïsme inébranlable, il était tout, savait tout, possédait tout et pouvait tout. Aucune position n'était plus élevée que la sienne, aucun savoir n'égalait le sien, sa fortune était aussi grande que son savoir et proportionnée à la position qu'il se figurait avoir. Cette conviction qu'il avait de sa grandeur, de son esprit et de sa puissance s'exprimait dans tous ses gestes et éclatait dans tous ses mouvements. Un acteur consommé aurait de la peine à exprimer une magnificience aussi grande et un dédain aussi fier que ce jeune homme en montrait, simplement vêtu d'une blouse et appuyé sur une caisse en bois; c'est qu'en effet jamais homme n'a eu une aussi profonde conviction de ses mérites et de sa splendeur. D'après les renseignements qui ont été donnés, ce malheureux jeune homme, à la suite d'un examen pour lequel il avait beaucoup travaillé et dans lequel il avait échoué, était devenu taciturne, triste, et était tombé enfin dans l'état où nous l'avons trouvé. En effet, c'est souvent de cette manière que l'on voit apparaître les idées fixes. La même chose s'observe chez ceux qui, par des spéculations malheureuses, sont tombés dans la misère la plus profonde, et qui, épuisés par les travaux intellectuels, ne peuvent plus les supporter, leur esprit se trouble, et tout à coup ils se présentent à leurs parents désolés, parlant de leurs richesses.
>
> A côté de ce malade dont je viens d'esquisser rapidement le portrait, et qui m'était bien connu, j'en fis venir un autre qui était entré depuis peu de jours dans l'asile, et dont je vais dire le peu que je savais sur son compte. M.S, âgé d'environ trente ans, dans une bonne position par son commerce qui lui rapportait beaucoup et par son patrimoine, d'un caractère agréable, mais facilement impressionnable, adonné depuis plusieurs années à une vie irrégulière, distrait par les plaisirs, souvent surexcité et affaibli par l'abus des liqueurs alcooliques, était devenu aliéné. Une longue série non interrompue de jouissances et de plaisirs de toute sorte semblait donc avoir amené chez lui l'explosion d'une disposition ancienne à la folie. A toutes les questions qu'on lui adressait, il répondait : «Je suis colonel, adjudant-général; je suis un joueur distingué de billard, un cavalier extraordinairement habile; dernièrement, je suis monté à cheval dans le Cirque et j'ai distancé tous les autres par l'adresse, la force, l'art et l'élégance merveilleuse avec laquelle j'ai conduit les chevaux les plus fougueux. Je suis très riche, je vous invite chez moi, je veux me distraire et m'égayer un peu.
>
> L'homme que vous m'avez donné ici, et que vous appelez un gardien, me plaît; il m'a vu aussi monter à cheval dans le Cirque, etc.». Je lui répondis : «Demain, je vous présenterai à un homme qui est ici, qui certainement prendra de l'intérêt pour vous, et dont la connaissance pourra sans doute vous être utile» M.S... me

dit alors très vite : «J'en suis très content, j'aime avoir beaucoup d'amis, et j'aime aussi à être bien avec tout le monde».

M.H... était debout dans le corridor, appuyé à sa caisse de bois, l'air satisfait de lui-même, lorsque je lui amenai M.S..., en lui disant : «Voici un monsieur dont la connaissance sera peut-être de quelque intérêt pour vous.». M.H... s'avança fièrement vers M.S..., se plaça et, après l'avoir contemplé quelques instants en rejetant la tête en arrière, lui dit : «Qui êtes-vous?» M.S... : «Je suis colonel de Sa Majesté Impériale l'Empereur de Russie et adjudant général». M.H... : «Il ne m'est pas désagréable de faire votre connaissance; je m'intéresserai volontiers à vous suivant votre qualité, et vous pouvez être sûr de ma protection, car je suis feld-maréchal et, à mes heures de loisirs, je m'occupe de l'organisation des forces navales et militaires de la Russie». M.S... , accablé de l'arrogance inouïe de son interlocuteur, regardait avec un certain embarras autour de lui, tandis que M.H...le contemplait de toute sa hauteur et que, plein du sentiment de l'énorme prédominance qu'il avait sur cet homme, il lui disait : «Avez-vous encore quelque autre qualité que je pourrais utiliser? Oui, monsieur le maréchal, répondit M.S... en s'approchant de M.H... avec une sorte de familiarité, je suis le premier parmi les écuyers, je suis un cavalier de première force, et admirable». Alors M.H... se rejette en arrière, et semblant plus grand encore, il lui lança un regard aussi dédaigneux que possible.

«Vil bateleur! dit-il; misérable pantin, digne d'être dans une maison de fous». Et il s'éloigna gravement; il alla reprendre sa place ordinaire près de sa caisse de bois, écrasant de son regard le pauvre M.S... qui était fortement intimidé. J'emmenai alors M.S... en lui disant à voix basse : «Comment avez-vous pu dire de pareilles bêtises à ce monsieur!» M.S... me répondit : «Je ne suis jamais monté à cheval comme je l'ai dit tout à l'heure, mais je pensais souvent combien il serait beau de pouvoir le faire. Je voudrais pouvoir dire à ce monsieur que je ne suis pas monté à cheval avec les écuyers du Cirque; je vous en prie, menez-moi tout de suite près de lui». Je lui répondis : «Vous vous êtes pour toujours brouillé avec lui; comme vous le sentez fort bien, vous vous êtes mis là dans une mauvaise position en disant de pareilles choses; ne recommencez plus à l'avenir, car vous voyez le mépris que vous a attiré cette fanfaronnade mal avisée». M.S... «Mais, je suis cependant colonel et adjudant général. Ceci est autre chose, lui répondis-je, et nous nous en occuperons plus tard; mais, pour le moment, vous avez à jamais perdu l'estime de cet homme. Prenez garde que la même chose ne vous arrive avec d'autres personnes». Le gardien se promena avec M.S...et il me raconta plus tard qu'il avait continué à parler avec lui de cette affaire; il me dit que dès ce moment M. S... cessa de se croire un écuyer habile, mais qu'il croyait encore être colonel. Le malade, qui était dans cet état depuis quatre mois environ, guérit complétement dans l'espace de quelques mois qui suivirent cette rencontre dans laquelle M.H... avait si fortement ébranlé les idées délirantes, qui dès lors furent arrêtées dans leur développement ultérieur. M.H... l'évitait toujours, ne lui adressait jamais la parole et le traitait avec un profond mépris. M.S... était toujours honteux à sa vue, comme s'il se souvenait du dédain que M.H... lui avait témoigné lors de leur première entrevue; ce n'est que lorsqu'il fut tout à fait rétabli qu'il parvint à se défaire de l'embarras qu'il éprouvait en présence de M.H... Quand il fut complètement guéri, et qu'il allait quitter l'asile, M.S... tendit la main à M.H... pour qui, depuis sa convalescence, il témoignait un attachement

> véritable; mais celui-ci le reçut avec le même mépris qu'auparavant, persuadé plus que jamais de sa puissance, de sa fortune et de l'énorme distance qui les séparait. M.H... resta dans l'asile, il était incurable; M.S..., au contraire, a dû sans doute sa guérison à la rencontre qu'il avait eue avec lui lors de son arrivée dans l'hôpital.»[1]

Si M.H... reste dans l'asile, et ce probablement jusqu'à la fin de ses jours, c'est très clairement à cause de son indocilité sous l'oeil subjectif du psychiatre.

Il est pourtant davantage objet de surveillance que de traitement médical. Son problème majeur semble résider dans un «égoïsme inébranlable» et les cas se suivent et n'ont pas fini de se ressembler, dans l'ironie et le dédain affichés.

M.S... est accueilli d'emblée avec plus de chaleur : son caractère agréable, son patrimoine...Entre gens de bien, on peut toujours s'entendre.

Il ne fait aucun doute, avant même tout traitement, que M.S... bénéficie d'un préjugé favorable de la part de Griesinger, et que c'est ce préjugé qui l'extrait de la clinique et lui vaut sa «guérison». M.H..., au contraire, pour sa fronde, sa lucidité et sa fierté, se voit condamné à l'incurable. Pour n'avoir pas bien joué les cartes de l'institution et du triomphe thérapeutique inventif et perspicace de Griesinger... Au-delà d'une injustice aussi apparente, on perçoit le désir latent d'une cause organique repérable qui permette une fois pour toutes de couvrir l'arbitraire du préjugé. C'est avec la découverte de Bayle que la psychiatrie s'empare du corps de l'aliéné pour fonder son système.

La première pierre à l'édifice

La marque des travaux de Bayle s'inscrit de façon fondamentale dans l'histoire de la psychiatrie. Avec Bayle, on entrevoit comment le succès des chercheurs s'articule moins sur l'originalité des découvertes que sur leur caractère providentiel dans certain contexte. Bien qu'antérieurs à ceux de Griesinger, les théories de Bayle ne s'imposeront qu'à la seconde moitié du XIXème siècle. Sa thèse, écrite en 1822 et publiée en 1825, rencontre un tel insuccès que, déçu, Bayle abandonne la psychiatrie. Après la description par Griesinger d'un processus psychotique séquentiel, des chercheurs comme Parchappe et Baillarger rappellent à grands cris sa théorie d'une anatomo-pathologie de la paralysie générale.

L'enjeu est essentiel. Pour la première fois dans toute l'histoire de la psychiatrie, un chercheur décrit un syndrome déjà connu et morbide comme un processus séquentiel évolutif reconnaissable par des signes physiques et psy-

[1] GRIESINGER W. *Ibid.*, pg. 389.

chiques simultanés et reposant sur une base anatomo-pathologique univoque[1]. C'est la porte ouverte à toutes les recherches sur l'anatomo-pathologie des maladies mentales. On fourbit les scalpels, on ajuste les microscopes; Foucault décrit admirabement les raisons de cet engouement tout-puissant : avant cette découverte, la culpabilité de la faute sexuelle s'immisçait dans le symptôme comme dans la relation thérapeutique:

> «la faute était partagée entre le malade et sa famille, entre le malade et son entourage, entre les malades et leurs médecins; la grande complicité des sexes rendait ce mal étrangement proche, lui prêtant tout le vieux lyrisme de la culpabilité et de la peur»[2].

La confusion innocentait le malade mental et culpabilisait le médecin. Avec l'objectivation du mal dans l'espace du corps, la psychiatrie se protège «de sa propre accusation par l'appui d'une sereine observation à distance».

Foucault décrit alors la «mauvaise folie», l'hystérie, sans faute repérable ni assignation organique comme la «bonne folie», la paralysie générale, le permet. Bayle conjugue l'ambition d'une rigueur scientifique et le puritanisme ambiant pour localiser la faute sexuelle. Foucault représente cette tentative organiciste à l'analyse de la syphilis nerveuse. Il est curieux de constater, une indiscrétion médicale l'a révélé, que Foucault meurt du Sida, maladie sexuellement transmissible, comme la syphilis qu'il avait décrite dans un XIXème siècle si philistin dans son attitude à l'égard de la maladie mentale. Les philosophes comme les scientifiques décrivent souvent quelque chose de leur histoire.

En 1825, dans «Nouvelle doctrine des maladies mentales», brochure dans l'air du temps, Bayle ne résiste pas à la tentation d'étendre sa découverte au reste des maladies mentales. Baillarger se fera l'écho de cette ambition en distinguant la démence paralytique pure des folies paralytiques dans lesquelles le délire peut s'installer longtemps avant la maladie. Le temps de «voir venir», en quelque sorte. Son analyse d'un hypochondriaque de 26 ans mérite d'être citée :

> «Sommaire : 26 ans - délire hypochondriaque, insensibilité de la peau. Raideur de tout le corps - hématémèse - mort -quelques adhérences des membranes à la couche corticale. Le délire avait commencé à se manifester dans les premiers jours de janvier 1828, mais il n'avait complétement éclaté que plus tard, ***à la suite d'une orgie***. Le malade se mit à dire, entre autres extravagances, qu'il n'avait plus de sang, qu'il avait la machoire démanchée, qu'il était un homme en fer. En même temps, il reste taciturne et presque muet, et pendant trois semaines se tint presque constamment au lit sans pouvoir en sortir. A cette période de mélancolie

---

[1] BAYLE, A.L.J. *Recherche sur les maladies mentales.* Paris : 1822. Réédition partielle, «*La paralysie générale*» Paris : Masson, 1922.

[2] FOUCAULT, M. *Histoire de la folie à l'âge classique.* Paris: Gallimard, coll. Tel, 1972, pg. 541.

> hypochondriaque succéda un état de délire maniaque alternant avec la taciturnité. ***Le malade se livrait à l'onanisme.*** Au milieu du mois de mars, un aliéné se jete sur lui enlève ***avec les dents une partie de la peau du scrotum.*** Le testicule est mis à nu; pendant cet accident, et pendant les pansements, on n'observa aucun signe de douleur ni même de sensibilité. Etat de calme, affaiblissement, stupeur. Au milieu du mois d'avril, le malade qui avait été soumis à ***un traitement énergique (sinapsismes, vésicatoires sous la région du coeur, cautérisation de la nuque avec le fer chaud)*** est pris d'une hématémèse considérable. Maigreur très grande, face profondément altérée, roideur de tout le corps, teinte livide de toute la peau, stupeur; mort le 25 avril. ***A l'autopsie***, on constate entre autres altérations, que le cerveau ne remplit pas exactement la cavité du crâne, l'arachnoïde contient une grande quantité de liquide séreux. Les membres dont les vaisseaux contenaient plus de sang que dans le cas normal, adhéraient en plusieurs points, mais dans une très petite étendue, à la substance grise qui est généralement un peu molle».[1]

L'analyse débute par un sommaire autopsique; c'est ce qu'il reste du jeune homme (l'hématémèse est un vomissement de sang). L'étiologie moralisante apparaît ensuite en décrétant l'orgie comme la cause de l'affection. Juste après la mention de l'onanisme, un malade arrache au patient une partie de la peau du scrotum. C'est là un signe important de l'analogie pour Baillarger entre l'onanisme et la violence sexuelle, comme entre la folie et la mort. Reprenons l'analyse : un jeune homme de 26 ans se livre aux orgies et à l'onanisme dont il ne dit rien. On le traite avec une sauvagerie sidérante, les patients comme le médecin, mais on n'observe toujours aucune émotion. Enfin, le malade est pris d'une hématémèse et meurt après quatre mois de ce traitement énergique. L'autopsie, dérisoire instrument du savoir après-coup, décrit les rapports organiques présumés avec l'aliénation.Voilà comment s'articulait, en 1865, le discours médical inspiré par Bayle. Force est de constater qu'il ne s'est pas réellement modifié : aujourd'hui encore, on autopsie les suicidés pour faire progresser la recherche sur les anti-dépresseurs, comme si la misère et le désespoir s'étaient inscrits dans de quelconques cellules du cerveau...

Avec Baillarger, comme pour Griesinger, il nous faut nuancer ce qui revêt les apparences d'un abus délibéré. Si les psychiatres de l'époque se fondent dans l'illusion d'une causalité organique, c'est aussi dans l'espoir d'un traitement plus rapide des aliénations. De même, jusqu'à la première guerre, ils tenteront de maintenir l'hystérie comme une entité distincte. C'est Baillarger qui, en 1854, s'efforce de préserver la monomanie d'Esquirol des assauts d'un autre grand disciple de Griesinger : Jean-Pierre Falret. Pour ce dernier, organiciste convaincu, après la description détaillée d'un processus délirant en 3 étapes (incubation, systématisation et période ultime incurable), il ne saurait être question de maintenir cette entité esquirolienne qui conserve intactes les

---

[1] BAILLARGER, J.G.F. *Travail sur la paralysie générale.* Paris : Delahaye, 1865, pg. 716, observation 39.

Pinel libère les aliénés de la Salpêtrière (1796)

Michel Foucault

Femmes esquissées par la psychiatrie

Lypémaniaque d'après Esquirol (1838)

Hystéro-épileptique photographiée à la Salpêtrière (fin du XIXème)

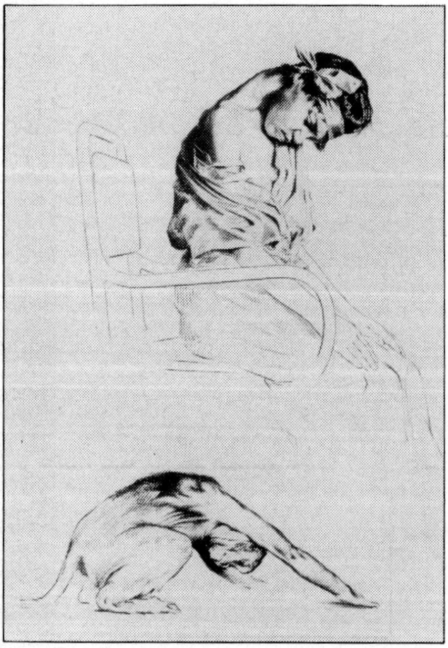

Similitude des postures chez une femme et un singe catatoniques (selon Baruk, 1950)

Ancêtres de la camisole chimique au XIXème siècle

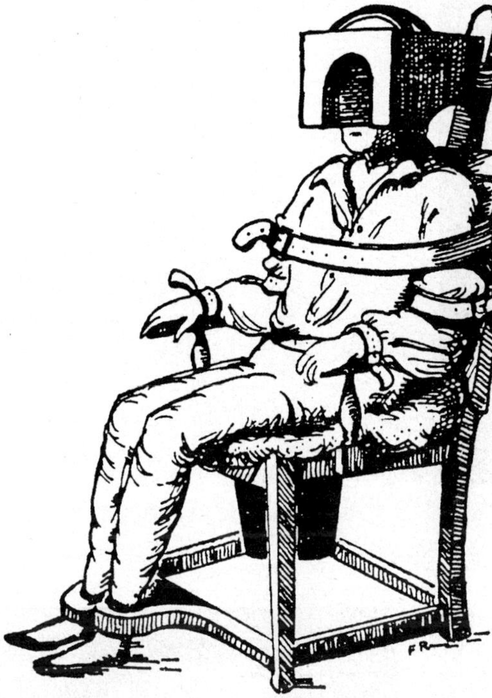

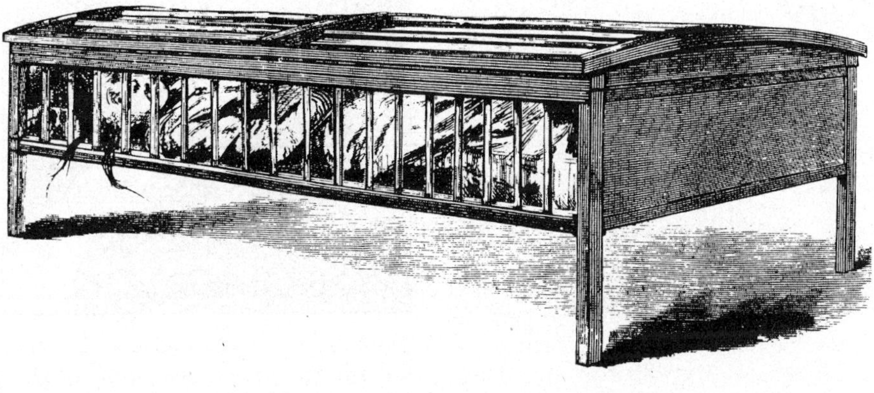

Eugène Minkowski

Henry Ey

facultés. Son mémoire «De la non-existence de la monomanie» obtient un succès retentissant[1].

E. Roudinesco a indiqué que, loin d'avoir constitué une rupture classiquement décrite envers le réformisme pinélien ou esquirolien, le courant organiciste a perpétué leur revirement de «gestionnaire clinicien» en s'autorisant des classifications de plus en plus propres à rassembler les psychoses[2]. J.P. Falret contribue à cette continuation logique en décrivant les folies rémittentes ou circulaires[3], ces dernières introduisant la psychose maniaco-dépressive, sur une base organique et morbide, bien entendu. Une autre pathologie d'envergure, la paranoïa, s'élabore avec les recherches de Lasègue qui, dès 1852, entame la description du délire de persécution. Des différents travaux de cet auteur, le plus célèbre reste néanmoins sa monographie sur le Delirium tremens, décrit comme un rêve éveillé : «Le délire alcoolique n'est pas un délire, mais un rêve»[4]. Le délire possède un sens caché.

L'hystérie mal venue

Nous avons vu que l'hystérie conservait droit de cité dans la clinique de la fin du XIXème siècle. Elle est pourtant devenue la mal-aimée par excellence.

Le fils de J.P. Falret, Jules Falret, décrit les femmes hystériques aux «idées extraordinaires», aux «goûts dépravés», aux «instincts pervers», commettant des «actes excentriques, étranges, insolites ou malpropres»[5]. Ces malades qui «refusent de se laver» et qui sont d'une «malpropreté révoltante», d'une «avarice sordide», collectionnant les «matières les plus dégoûtantes» et se livrant à des activités «bizarres et ridicules» entretiennent des idées «étranges» et «souverainement absurdes» dont elles éprouvent «de la honte sans pouvoir pourtant s'en débarrasser».

Il est patent que cette clinique hors-norme et dérangeante au discours pédagogique ne pourra résister envers et contre une découverte aussi captivante que la paralysie générale de Bayle. De façon théorique, J. Falret définit la folie hystérique (folie- sanction de l'ordre moral) en des termes moins incisifs d'apparence : versatilité émotive, esprit de contradiction systématique, ten-

---

[1] FALRET, J.P. *Des maladies mentales et des asiles d'aliénés.* Paris : Baillière et fils, 1864.

[2] ROUDINESCO, E. *La bataille de cent ans. Histoire de la psychanalyse en France I.* Paris : Seuil, 1986, pg. 205.

[3] Folie circulaire : entité morbide qui rassemble manie-mélancolie et intervalles lucides. Folie rémittente à courts accès : invasion subite de la folie, marche uniforme et déclin brusque avec des récidives.

[4] LASEGUE, C. *Ecrits psychiatriques.* Toulouse : Privat, 1971.

[5] FALRET, J. *Etudes cliniques sur les maladies mentales et nerveuses.* Paris : Baillière et fils, 1980, pg. 506.

dance à la mythomanie et au mensonge, impulsivité, goût pour la rêverie romanesque, propensions érotiques ou jalouses, tyrannie familiale, excentricités; panoplie classiquement attribuées aux femmes par les mysogines et aux adolescents par les pédagogues. J. Falret distingue sept autres catégories naturelles dans sa nosologie, parmi lesquelles le délire de persécution de Lasègue amélioré d'une phase de persécuteurs:

1. L'exaltation maniaque.
2. La période prodromique de la paralysie générale.
3. La folie hystérique.
4. Le délire de persécution.
5. Les folies héréditaires de MOREL.
6. Les accès courts des folies épileptiques.
7. L'hypocondrie morale.
8. L'aliénation partielle avec prédominance de la crainte du contact des objets extérieurs.

Nouvelle dégénérescence

Si Jules Falret s'inscrit dans un courant récapitulatif des apports antérieurs; d'autres, tels Morel, participent d'une tendance plus personnelle et novatrice dans la description des psychoses. L'héritage essentiel de Morel consiste en une théorie dont on n'a, hélas, pas fini de parler : l'hérédité dégénérescente. Le gène supposé pathologique se transmet, de génération en génération, atteignant un degré chaque fois plus aigü de déchéance morale et physique, jusqu'à la stérilité, l'imbécillité, l'idiotie et, en point d'orgue, la dégénérescence crétineuse[1]. Si la théorie semble désuète en relisant Morel, les adeptes de l'étiologie génétique demeurent légion de nos jours.

En 1986, Debray «confirme» que «l'ensemble des travaux actuels (...) permet de supposer que le syndrome schizophrénique comporte une étiologie génétique», tout en précisant que «le mode de transmission exacte demeure non-précisé»[2]. Et pour cause...

Le 27 février 1987, soit cent ans après Morel, Janice Engeland publiait le rapport d'une étude consacrée aux incidences du chromosome 11 défectueux sur la psychose maniaco-dépressive dans la communauté amish de Pennsylvanie, reconnaissant malgré tout que le gène ne pouvait à lui seul expliquer l'ensemble des cas.

Avec l'apparition chez Morel d'une démence (d'apparition) précoce, les

---

[1] MOREL, B.A. *Traité théorique et pratique des maladies mentales.* Paris : Baillière et fils, 1860.

[2] DEBRAY, Q. Etiologie génétique des schizophrénies. In *Manuel de psychiatrie biologique* (Direction Mendlewicz, J.) Paris : Masson, 1987.

aliénistes français lui attribueront la première individualisation du concept kraepelinien. Pourtant, outre leurs homonymies, ces deux notions ne sont en rien apparentées : chez Morel, cette affection guette les héréditaires et, surtout, les hystériques. La distinction illustre que l'hystérie ne fait pas partie, selon Morel, des affections héréditaires.

A cet instant de l'histoire de la psychiatrie, on assiste à la mise en place de ce qui fondera et autorisera bientôt toute la psychiatrie contemporaine : la subjectivité de la folie et de son traitement, douloureusement vécue dans le transfert, se voit évacuée par l'anatomo-pathologie présumée des maladies mentales.

La promesse inaugurée par les travaux de Bayle ne se confirmera jamais: la paralysie générale demeure la seule et unique pathologie inductrice d'une affection mentale à cause organique. Face à cet échec de l'étiologie, la psychiatrie n'aura d'autre recours que l'observation clinique des malades aux fins de déterminer quelle lésion organique engendre telle pathologie. Le procédé en dit long sur l'impuissance de la démarche; c'est ici que s'inscrit tout l'intérêt du néologisme, camouflage à succès de trop fâcheux démentis.

Le néologisme prestidigitateur

Un psychiatre allemand, Khalbaum, proposera trois innovations terminologiques qui ne s'imposeront que beaucoup plus tard, en cette fin de siècle qui voit la psychiatrie tenter de gommer son incompétence.

La paranoïa, la catatonie et l'hébéphrénie (cette dernière inventée par Hecker, son élève) se définissent et s'apparentent par un processus séquentiel commun. Puisqu'on ne découvre aucune lésion organique susceptible d'expliquer les pathologies mentales, il faut présumer que ces causes s'inscrivent dans le temps, qu'elles font évoluer la maladie vers un stade terminal. Quand on découvre à quel point l'adolescence se prête aux manifestations «psychotiques» les plus diverses, il n'est pas surprenant de constater l'immense succès qui sera conféré à l'hébéphrénie, la «folie des adolescents». Selon Khalbaum, des individus intelligents, connaissant des développements intellectuels souvent brillants, sombrent soudainement dans une imbécillité grave et inexplicable, et cela durant l'adolescence. Il ne fera bientôt plus de doute, avec Kraepelin, que c'est durant la puberté que la lésion présumée opère ses effets. La démence précoce peut s'ériger en concept...

Krafft-Ebing, le professeur de Freud, indique pourtant qu'il n'y a pas lieu d'autant pavoiser :

> «il me paraît encore douteux qu'il y ait lieu de considérer l'hébéphénie comme une forme morbide à part. (...) Je n'ai rencontré que rarement ce genre de psychose (8 sur 3000). (...) L'hébéphrénie n'est probablement qu'une forme de la folie de la puberté en général. (...) Le pronostic n'est pas absolument mauvais; dans un

cas, il y eut guérison, dans l'autre une amelioration durable»[1].

Nous nous trouvons donc en face d'une folie rarissime, au pronostic plutôt favorable, s'apparentant manifestement à la puberté proprement dite et qui, paradoxalement, s'amorce comme le modèle d'ensemble de toutes les démences à issue morbide, donc incurables! Krafft-Ebing lui-même, malgré ses réticences, ne déroge pas à l'habitude moralisatrice pour décrire les hébéphrènes, et cela dans des termes qui nous évoquent le comportement de n'importe quel adolescent :

«Ces malades ont l'air de se jouer de leurs anomalies de caractère et d'y mettre quelque coquetterie.
(Ils font preuve) d'une activité puérile, (...) d'un penchant à la flânerie (avec) une apparence de conscience des actes et de paroles stupides. Leur élocution est insipide et pleine de phrases pompeuses et vides, avec une préférence (...) pour les grands mots»[2].

Voilà des attributs étonnamment communs et courants pour décrire les caractéristiques comportementales de 8 hébéphrènes sur 3000 cas observés.

Comment expliquer cet amalgame de la part d'un psychiatre qui peut se montrer infiniment plus subtil? Sans aucun doute, le néologisme se révèle tout-puissant. Sa greffe sur l'imprécision scientifique ne souffre aucun rejet, pas même celui qu'engendre l'évidence. C'est encore Krafft-Ebing qui ajoute :

«Les maladies psychiques de cet âge (la puberté) sont ***excessivement variées*** et ont une pathogénie bien différente; (...) les folies épileptiques et hystériques aussi se développent très souvent à l"âge de la puberté»[3].

Après de telles descriptions d'adolescents, la femme ne manque pas d'apparaître comme le second versant énigmatique auquel se confronte le psychiatre en quête de définitions :

«Les personnes de sexe féminin sont plus prédisposées que celles du sexe masculin (parce que) la prédisposition héréditaire joue en général un plus grand rôle chez la femme (...). Les déplacements de l'utérus (provoquent) des troubles génitaux»[4].

---

[1] KRAFFT-EBING, R. (von) *Traité clinique de psychiatrie.* Trad. de la 5e éd. allemande par le Dr. E. Laurent. Paris : Maloine, 1987. pg.181.
[2] KRAFFT-EBING , R. (von) *Ibid.* pp. 179-181.
[3] KRAFFT-EBING , R. (von) *Ibid.*
[4] KRAFFT-EBING , R. (von) *Ibid.*

La vénérable idée d'Hippocrate, l'utérus comme le noeud de la folie (et étymologie de l'hystérie), se conjugue chez Krafft-Ebing avec la découverte de Morel de la prédisposition héréditaire.

L'analyse par Krafft-Ebing d'un sujet à la fois femme, adolescente et hébéphrène, mérite d'être citée in extenso :

> «Folie maniaque à l'âge de puberté avec symptômes hébéphréniques. Guérison de Melle Z., dix-neuf ans, issue d'une famille tarée. La grand-mère du côté maternel était une imbécile; deux frères de la mère sont morts fous, un autre s'est suicidé. La mère était de caractère anormal; un frère est idiot. La malade était intellectuellement moins douée que sa soeur ainée, s'est développée très lentement au point de vue physique et intellectuel, a eu de tout temps un caractère renfermé et se sentait déprimée par l'observation faite par elle-même qu'elle était inférieure en beauté et en esprit à sa soeur ainée. La malade n'a jamais souffert de maladies graves. Les règles sont apparues à l'âge de 17 ans sans malaise et sont revenues régulièrement à l'époque suivante. Depuis l'apparition de la puberté la malade paraissait parfois un peu exaltée, agitée, passionnée. Une gouvernante grincheuse et sévère a dirigé son éducation et a cherché à la maintenir aussi longtemps que possible parmi des enfants.
> Au mois de décembre 1879 on se décida à faire faire à la jeune fille son entrée dans le monde. Elle débuta par un voyage en Italie. Dès le mois de janvier, à Naples, elle frappait un observateur attentif par son instabilité, son agitation, son exaltation. Elle commençait à avoir de l'enthousiasme pour tout ce qui est noble et beau, trouvait les beautés de Naples ravissantes,caressait des projets de mariage, voulant se rendre indépendante, parce qu'elle n'était plus une enfant et qu'elle s'était laissée jusqu'ici trop guider par les autres. Elle prenait des airs de protection avec sa grand-tante et sa soeur ainée, lui donnait des conseils sages et prudhommesques, mais était en même temps assez enfant pour jouer avec des petites filles aux jeux d'enfants et pour oublier un moment tous ses projets de faire la grande dame et de le devenir. Son humeur variait brusquement, passant d'une gaité débordante à un pessimisme sentimental et à une inquiétude pleurarde pour sa santé. La malade est très émotive et un désir non satisfait peut la mettre dans une émotion violente. Bien qu'elle fût encore d'une naïveté tout enfantine en ce qui concernait ses vues et ses désirs, elle se plaisait pourtant à vouloir s'imposer en grande dame à son entourage, et souvent, avec une solennité comique, elle faisait remarquer qu'elle ne se laisserait plus traiter en enfant.
> Au mois de juin 1880, à l'époque prémenstruelle, la maladie légèrement indiquée jusqu'alors s'accentua nettement par une exaltation maniaque. La malade dormait mal, devenait inconstante, bavarde, avait des idées précipitées, était aménomaniaque, se déclarait au comble du bonheur, trouvant tout superbe, chantant, dansant, sautant, jubilant et ayant par intervalle aussi de l'exaltation religieuse.
> Avec l'apparition de la menstruation, la maladie rétrograda et revint à son état antérieur. Vers le milieu du mois de juillet une nouvelle exacerbation prémenstruelle se produisit, cette fois avec une teinte érotique. Elle croyait qu'un jeune homme, qui lui avait été en effet destiné par ses parents, mais qu'elle n'avait pas revu depuis son enfance, était caché dans la maison et que ses parents

l'empêchaient de le voir. Elle en demandait compte à son entourage, et, très irritée, cherchait son fiancé dans tous les coins du vaste château.

Après une rémission qui se manifesta avec l'apparition des règles, il y eut un nouvel accès au mois d'août et beaucoup plus accusé. Elle était inconstante, exaltée, ne se mouvait qu'au milieu d'émotions, se prenant d'une vive indignation à cause d'une branche de bois mort du parc, ravie à l'aspect d'une simple fleur des champs; elle montrait de fréquents et brusques changements d'humeur, avait des désirs sans nombre, changeant rapidement; elle était très loquace, avec des idées décousues. A partir du commencement du mois d'août on donna chaque jour à la malade 4 grammes de bromure de sodium.

L'état présent que j'ai dressé au commencement de septembre 1880, à l'occasion d'une consultation, n'a donné au physique aucun résultat, sauf une légère congestion un peu durable du cerveau, un retard des règles, un sommeil troublé et des maux de tête passagers; au point de vue psychique, il a permis de constater des phénomènes d'exaltation maniaque légère avec un cachet hébéphrénique, exaltation qui pouvait encore avec peine être contenue au salon, au milieu du monde. La malade bavarde sans fin, se perd dans des détails fatigants, est brusque dans ses mouvements; son caractère varie sans cesse entre l'orage et la sérénité : tantôt elle rit, tantôt elle pleure. Devant les étrangers et au salon, elle sait se contenir tant bien que mal, mais parfois dans ses promenades au bois elle se roule de plaisir sur l'herbe. Pendant des heures entières elle marche d'un pas accéléré au point qu'on ne peut la suivre sans se fatiguer.

La malade offre un mélange bizarre de l'enfant et de la femme. On s'aperçoit à son aspect qu'elle est encore à moitié enfant, qu'il n'y a pas longtemps qu'elle a quitté sa chambre d'enfant, tandis qu'en même temps elle cherche à jouer à la dame du monde, rôle que pourtant elle n'est pas de taille à jouer. Elle essaie d'en imposer aux autres, mais continuellement elle quitte son rôle; elle cherche à remplacer le grand air qui lui manque par une certaine nonchalance et par l'aplomb, mais dans ses efforts elle devient grotesque et d'un comique achevé. Son étrange état de transition et de formation biologico-psychique se manifeste aussi par sa conversation qui, inépuisable et décousue comme chez les maniaques en général, revêt encore un cachet tout particulier par ses méprises dans le choix des termes, par son langage précieux et affecté, mélangé de locutions banales, même garçonnières, par ses expressions énergiques, ses associations d'idées souvent tout à fait baroques et enfin par le mélange de remarques puériles et de sentences prudhommesques.

Au point de vue sexuel aussi la malade se trouve dans une phase de transition étrange : de l'état d'enfant à l'état de vierge. Elle a un vague pressentiment des rapports sexuels, mais malgré cela elle paraît encore enfantine. Son amour romanesque pour le «fiancé» avec lequel elle s'est fiancée par «sympathie de sentiments», est un badinage d'amour idéaliste et enfantin et rien moins qu'une affection passionnée, sérieuse, preuve de plus que son âme d'enfant n'est pas encore tout à fait détruite et que son âme nouvelle n'est pas encore développée.

Le caractère hébéphrénique de la maladie se dessine encore plus nettement dans la vie intime de famille et dans les lettres de la malade. Elle comble sa soeur ainée de bons conseils, elle l'assure qu'on trouvera pour elle aussi un bon parti, elle prend un air de tutrice avec sa grand-tante; elle l'exhorte à bien surveiller sa soeur ainée afin que celle-ci ne donne pas son coeur trop à la légère. Elle écrit

à son frère de longues épîtres pleines d'exhortations à être sage, comme si elle était la grand-mère de ce jeune homme; elle écrit des lettres puériles et prudhommesques à la fois à une amie, lui recommande de choisir des lectures saines et convenables pour les longues soirées d'hiver; elle lui dit que maintenant elle est obligée de tenir lieu de mère à sa soeur et à son frère; elle se plaît à morigéner la gouvernante et d'autres personnes plus âgées qu'elle et se met dans une colère extraordinaire quand on ne lui obéit pas ou qu'on ose l'appeler chère enfant. «Jusqu'ici j'étais trop bonne, je dois montrer un peu d'énergie, sans cela la maison ne marcherait pas; je serai comme un homme». En même temps elle fait des vers ineptes de mirliton contre sa gouvernante et se divertit énormément en les lisant.
Aux mois de septembre et d'octobre, la malade est en état d'exhaltation maniaque avec exacerbations qui se manifestent à l'époque menstruelle. Elle va et vient dans la maison, cherche partout à imposer le respect, est ordinairement gaie, mais irritable et se met en colère pour les causes les plus futiles; en même temps elle est rebelle, difficile à vivre, fait tantôt le gamin mal élevé tantôt l'enfant. Elle court à tort et à travers dans le parc, tambourine des morceaux sur le piano, n'a de consistance pour rien et fait tout à la hâte. Elle a la rage épistolaire; ses lettres sont pleines de tournures boursouflées et de sentences ridicules. Le caractère prudhommesque de son langage et de ses écrits frappe aussi son entourage. La gouvernante est maltraitée; elle proteste contre sa tutelle, «puisque son éducation est terminée». La malade aime les manières du grand monde qui deviennent chez elle des poses comiques et grotesques. Parfois, parmi les symptômes aménomaniaques il y a des heures d'humeur douloureuse et morose et de l'irritation, et elle déclare qu'elle sent qu'elle a changé de tête. Le sommeil est souvent troublé, la fluxion cérébrale par moments nettement prononcée.
A partir de fin octobre la malade devient plus calme et plus rangée. Le caractère enfantin disparait. Elle devient plutôt femme, mais assez souvent encore des réminiscences de sa vie enfantine, de la recherche dans l'expression, des phrases banales, des idées enfantines réapparaissent.
Au mois de novembre l'exaltation maniaque baisse, la malade reconnaît sa maladie. Elle en a honte et sait se dompter. Elle devient naturelle dans ses sentiments et ses conceptions, et abandonne tout à fait ses badinages amoureux. Fin décembre la famille trouve que la malade est redevenue tout à fait normale, mais qu'elle n'a que le degré de développement d'une jeune fille de quinze ans bien élevée. Les phénomènes fluxionnaires ont disparu, les règles sont régulières. Il résulte des renseignements ultérieurs que le développement psychique adulte a eu lieu sans anomalie»[1].

Krafft-Ebing insiste assez sur le terme: sa description d'un cas banal d'adolescente nous semble bien prudhommesque. On peut s'interroger sur l'existence d'une psychose chez une jeune fille de 19 ans qui, jusqu'alors cantonnée sous le joug d'une gouvernante (prudhommesque), s'exalte à l'idée de découvrir le monde, de se marier et de trouver Naples ravissante; à plus forte raison dans la perspective de quitter un milieu aussi austère. On comprend tout

[1] KRAFFT-EBING, R. (von). *Ibid.*, pp. 181-184.

à fait que cela ne se déroule pas sans mal, que les propos de salon interdisent tout délire d'un prince charmant entre les murs du château. Krafft-Ebing ramène toutes ces manifestations sans trouble mental à l'hérédité tarée. Son traitement n'a pas dû briller par l'estime ou la sympathie et l'on n'ose soupçonner ce qu'il en eût été des électrochocs si le psychiatre avait pu y recourir. Toujours est-il que la patiente s'assagit, que le développement adulte a lieu sans anomalie (ce qui n'eut pas été le cas sans cette phase prudhommesque) et que, cela surtout transparaît pour le médecin, les règles sont devenues régulières. Cette jeune fille a eu bien de la chance de vivre sa puberté en 1880. Un siècle plus tard, nombre de médecins, face à l'urgence insupportable de l'adolescente délirante, auraient recouru aux neuroleptiques, aux électrochocs, à l'hospitalisation, au diagnostic de schizophrénie, la marquant pour toujours d'une folie incurable qui s'est pourtant soignée avec le temps...

Des îlots de résistance: Magnan et Charcot

Parmi le contexte organiciste à outrance décrit plus haut, il demeure quelques îlots pour envisager les pathologies autrement que sous l'angle évolutif et morbide.

Ainsi, Magnan, à contre-courant, décrit-il les «bouffées délirantes», épisodes délirants éphémères et accidentels. En 1987, l'ensemble des psychiatres français conserve une créance pour ce concept, au point de l'intégrer progressivement au tout-puissant DSM III, et ce malgré l'attrait marqué de l'ouvrage pour le syndrome schizophrénique (incurable).

Ainsi Charcot maintient-il une clinique de la passion et du féminin. Certes, le but avoué des recherches demeure la découverte d'une cause organique à l'hystérie. Néammoins, la description du phénomène continue de reposer sur des causes mécaniques.

Pour évoquer Charcot, il nous faut revenir à la Salpêtrière, ce lieu magique et fascinant. Pour le siècle, désespérément bourgeois et moraliste, le «théâtre» de Charcot s'affirme un haut-lieu culturel. On s'y bouscule au portillon. Outre Freud, des auteurs célèbres (tels Daudet ou Maupassant) assistent aux représentations d'un Charcot à qui des patientes éperdues donnent la réplique.

Partout ailleurs, le spectacle eût été censuré; mais, ici, l'alibi médical autorise tout, jusqu'à l'exhibition érotique érigée en enseignement. Charcot, le premier à photographier «ses» hystériques, ne leur rendra pas l'exultation qu'il leur doit. Tout au plus s'avise-t-il de dénoncer leurs mensonges et leur perversité.

A la Salpêtrière, le regard est omniprésent: on observe l'hystérique, on la photographie. Rosalie, au sortir de l'hôpital, occupe un poste de secrétaire médicale chez un radiographe, elle va même jusqu'à mourir de la maladie des rayons.

Après Charcot, le plupart des hystériques disparaîtront de la clinique, ils n'y auront plus droit de cité. Ils y reparaîtront bientôt, catalogués déments précoces, nouvelle passion du maître, et présenteront à ce dernier tous les traits et comportements correspondants au concept bienvenu.

Une folie cousue de fil blanc

Aucun concept nouveau n'efface le précédent par l'effet du hasard. Emil Kraepelin conjugue l'histoire de la psychiatrie avec les voies sinueuses du déplacement et de la refonte, de la métonymie et de la métaphore.

Kraepelin surgit parmi le contexte neurologisant décrit plus haut. Huit éditions de son traité se succèdent en trente ans. Dès la première, le père de la démence précoce annonce la couleur endogène de l'étiologie :

> «Bien qu'il y ait entre la démence précoce (à cet instant, c'est encore l'hébéphrénie) et la paralysie générale de nombreuses analogies cliniques, on n'a pas encore trouvé la moindre cause extérieure susceptible de donner naissance, d'une manière ou d'une autre, à sa symptomatologie»[1].

Voilà comment se construit la trame d'une maladie au succès fou : présomption d'analogie et recherche à tout prix de la cause extérieure. «Nous savons seulement que l'époque de la puberté est propre à son développement (et que) de plus, les fonctions de reproduction chez la femme et le séjour dans les prisons favorisent son éclosion». On retrouve la castration et la question du féminin comme les facteurs déclenchants de la folie, en toute logique propre à l'adolescence. Puisqu'il importe à présent de découvrir chez eux les causes extérieures présupposées, les adolescents sont observés, menacés, manipulés.

«Je suis celui qui doit être épié»

Dans la même édition, Kraepelin décrit le cas d'un jeune homme de 18 ans,

> «de bonne constitution, (...) son visage, pâle d'ordinaire, rougit à certains moments. Il refuse de bouger. Il s'assied, ferme les yeux, il ne s'occupe pas de ce qui se passe autour de lui. Il ne bouge pas davantage quand on lui parle et il répond à voix basse; mais le ton s'élève petit à petit et il finit par crier : «vous

[1] KRAEPELIN, E. *Introduction à la psychiatrie clinique.* Trad. de la 2e éd. allemande par A. Devaux et P. Merklen. Paris : Vigot, 1907, pg. 424.

voulez savoir qui je suis; je vous l'ai déjà dit; celui qui est épié, a été épié et doit être épié»[1].

Durant l'interrogatoire de Kraepelin, le jeune homme répond en miroir et répète manifestement un discours familier qui lui est du reste tacitement adressé :

«Demandons-lui son nom. En réponse il s'écrie «quel est votre nom? Il n'entend rien et ne peut rien comprendre (...) Pourquoi ne me réponds-tu pas? Tu redeviens grossier? Comment peut-on être si grossier? Tu ne dois pas être bien poli! Tu es un grossier personnage, un sale personnage. Je n'ai jamais vu un aussi misérable et dégoûtant personnage (...) Tu ne comprends donc rien, rien je te le dis. Veux-tu maintenant obéir? (...) Tu deviens encore impertinent».

Kraepelin conclut la transcription du monologue : «ces injures finissent en cris inarticulés». Curieux tout de même qu'un discours pédagogique extériorisé de cette façon par un adolescent se transforme en injure pour le pédagogue, Kraepelin confirmant que le jeune homme «met toutes sortes de bizarreries dans l'exécution des ordres qu'il reçoit». Le voici à présent tellement insupportable qu'il faut «le pousser pour le faire partir», il sort en criant «bonjour, messieurs, ça ne m'a pas plu». Le «dément précoce» de Kraepelin, l'hébéphrène de Kahlbaum doivent faire preuve d'une imbécillité profonde. Bien que l'adolescent ici décrit réagisse avec discernement au discours investigateur du psychiatre (celui qui est épié), il importe pour Kraepelin de prouver la stupidité de son comportement : «la répétition incessante des mêmes tournures de phrases qui peu à peu se transforment en injures stupides et non motivées». Ces tournures de phrases, ce sont celles du psychiatre et du pédagogue. A énoncé identique, l'énonciation change d'attribut selon la source; chez Kraepelin, le scientifique, le discours psychiatrique est cohérent, s'inscrit dans les pages d'un traité; chez le dément précoce, c'est une injure stupide et non-motivée, «il n'y a que de l'ineptie et de l'incompréhensible». Kraepelin se dévoile davantage encore dans son diagnostic différentiel de la manie : «on pourrait prendre ce malade à priori pour un maniaque, mais, à un examen plus attentif, on relève une série de détails qui vont à l'encontre de ce diagnostic». Alors, en quoi ce dément précoce s'affirme-t-il dément précoce plutôt qu'autre chose, Kraepelin nous répond que «c'est un sujet impossible à aborder; s'il saisit toutes les questions, il ne consent cependant pas à faire une réponse tant soit peu compréhensible». Kraepelin n'écrit pas «parvenir à» mais «consentir à». La folie qui s'impose au monde entier, c'est encore et toujours l'ingérable. Le processus psychiatrique se poursuit dans la quatrième édition du traité kraepelinien de 1893 : entre la paranoïa et la névrose, une nouvelle classe s'intercale; les «processus psychiques dégénératifs» rassemblant :

---

[1] KRAEPELIN, E. Ibid., pg. 100.

1. La démence précoce légère ou grave (ou hébéphrénie)
2. La catatonie
3. La démence paranoïde.

On relève l'influence de Kahlbaum dans la classification des termes et des idées, les trois affections s'apparentant par un processus morbide commun. Le terrain est prêt pour le coup de grâce. En 1899, la sixième édition, reprenant l'argument du processus morbide dégénératif, mentionne que le terme de démence, l'état terminal, et précoce, reconnaissable à des signes précurseurs durant l'adolescence, désigne l'ensemble des démences[1]. Le terme définit donc à la fois l'hébéphrénie -la folie des adolescents, 8 cas sur 3000 et de bon pronostic- et toutes les démences, catatonie, paranoïa hallucinatoire et les anciennes psychonévroses!

Le succès en est immense. Réservant malgré tout une place à part aux paranoïas dites fantastiques (moins de guérisons et d'apparition plus tardive), Kraepelin, dans sa huitième édition influencée par l'impact bleulérien, substitue à l'ancienne démence précoce un groupe de démences endogènes à deux composantes :

1.une démence précoce restreinte
2. un groupe des paraphrénies (délire chronique hallucinatoire de l'Ecole Française; le délire (cfr. les travaux de Magnan)

Kraepelin lui-même ne peut constamment réprimer l'incertitude et l'impuissance :

«Nous ne possédons nulle part des étiologies indiscutables (...) Sur le terrain de la clinique, il nous arrive (...) à chaque pas de nous heurter à nombre de constatations pleines d'obscurité. Nous sommes encore loin de connaître avec exactitude les causes, les symptômes, la marche et la terminaison des diverses formes morbides, et nous n'avons pas actuellement le droit de fonder un système. Nous sommes limités à l'aperçu»[2].

Des observations aussi justes et critiques ne pèseront guère dans la balance du succès; la psychiatrie ne retiendra que la fascinante démence précoce, avec toute sa généralisation, son caractère endogène et son développement à la puberté. Kraepelin poursuivait : «les progrès de notre science sont appelés à transformer et à élargir (le système) dans ses détails, peut-être même dans ses grandes lignes». L'appréhension ira se vérifier bientôt, le détail consistant en une «spaltung» dissociative comme le symptôme majeur; la

[1] KRAEPELIN, E. *Psychiatrie.* 6e éd. Leipzig : Joham Ambrosius Barth, 1899
[2] KRAEPELIN, E. *Introduction à la psychiatrie clinique.* Trad. de la 2e éd. all. par A. Devaux et P. Merklen. Paris : Vigot, 1907, pg. 429.

grande ligne s'écrira d'après le nouveau nom de la démence précoce, la schizophrénie.

L'extension de la démence précoce

La démence précoce, par ses effets métaphoriques endémiques, se propage partout en Europe.

Dès 1882, en France, Ball décrit l'hébéphrénie sous une terminologie qui nous est devenue familière : «une forme caractérisée par de l'excitation, des idées vaniteuses, le désir de plaire et surtout d'attirer l'attention (susceptible d') aboutir à une folie confirmée et conduire à la démence»[1]. L'hébéphrénie revêt toutes les apparences de l'hystérie, processus morbide en plus. Les jours et les années de l'hystérie sont comptés; parallèlement, la paix mondiale est en sursis. Après l'écho favorable de Christian à la démence précoce en 1899, Sérieux institue cette dernière dans un tableau clinique d'ensemble en 1902, l'associant aux mécanismes organiques de la toujours unique référente paralysie générale[2].Les positions s'avèrent toutefois plus nuancées qu'il n'y paraît. Avec Capgras, Sérieux affinera le concept empirique de la démence précoce en préservant une place distinctive à la paranoïa. Ces auteurs définissent une psychose systématique chronique qu'ils nomment «délire d'interprétation» nous évoquant par parenthèse celui de la psychiatrie contemporaine, et qui s'apparente à la paranoïa en opposition avec la démence précoce, le délire chronique et les bouffées délirantes de Magnan. Cette volonté d'un maintien spécifique à la paranoïa se révèle typique de la tendance psychiatrique française. Dès 1900, Seglas avait exclu de la démence précoce les délires systématisés fantastiques; Ballet, en 1903, critique poliment Kraepelin dont

> «la conviction (...) est d'une très grande hardiesse. (...) Kraepelin range dans la démence précoce (...) la presque totalité des délires systématisés, y compris le délire chronique de Magnan.(...) Il est inutile d'insister sur les réserves formelles qu'impose une telle généralisation»[3].

Pour Ballet, «la démence précoce et les délires systématisés (...) doivent être séparés dans les classifications aussi nettement qu'ils se distinguent dans la clinique». Ballet nommera les délires chroniques et hallucinatoires «psychoses hallucinatoires chroniques»[4]. Il faut remarquer qu'en 1987, la majorité des psychiatres français considère les délires chroniques de Magnan comme indépendants de la schizophrénie, de même que la paranoïa et, pour huit cliniciens

---

[1] BALL, B. *Quatre cours sur les maladies mentales*, Paris : Asselin, 1882.
[2] SERIEUX, P. *La démence précoce.* Paris : Coueshant, 1902.
[3] BALLET, G. *Traité de pathologie mentale.* Paris : Doin, 1903, pg. 810
[4] BALLET, G, La psychose hallucinatoire, *L'Encéphale*, 1911, II, 401 K..

sur dix, la psychose hallucinatoire chronique de Ballet et le délire d'interprétation de Sérieux et Capgras[1]. Mais là aussi la nuance s'impose : les critiques contemporaines de Kraepelin en France sont sans doute méritoires; il n'en reste pas moins que la distinction polie plutôt qu'un rejet total autorise le développement du versant contesté. La schizophrénie bien que mise à mal par une alternative, poursuit son élaboration sous le terme provisoire de la démence précoce.

Ordre phallique et psychoses de guerre

Tout cela dans le contexte «paranoïaque» de la pré-guerre de 14 qui verra l'hystérie disparaître définitivement de la clinique pour s'éclater dans les tranchées. Il n'est pas inutile de décrire la paranoïa ambiante en ce début de siècle. Comme on le verra, l'ordre phallique se trouve en très piteux état, particulièrement en Autriche-Hongrie. Elisabeth de Wittelsbach, mieux connue sous le nom de Sissi, épouse de François-Joseph II (un Habsbourg) met au monde deux fils et meurt assassinée en 1898. Le premier descendant, Rodolphe, renonce à son trône pour vivre une impossible passion; il se tue avec sa maîtresse, Marie Vetsera, dans le pavillon de chasse de Mayerling en 1889. Le trône vacant, c'est l'archiduc François-Ferdinand qui l'obtient, celui-même dont l'assassinat, à Sarajevo en 1914, déclenche la guerre par le déchaînement des alliances. Maximilien, beau-frère de Sissi, se voit octroyer par Napoléon III la couronne impériale du Mexique. Incapable de s'y imposer, il se fait capturer et fusiller en 1867; son épouse, Charlotte, fille de Léopold Ier de Belgique, en perd la raison.

En 1914, François-Joseph II, toujours règnant sur l'Autriche-Hongrie, est un vieillard de 84 ans sans plus de descendant direct, déchiré par les tragédies familiales et contesté dans son pouvoir. L'assassinat de son neveu à Sarajevo le conduit à exiger les excuses serbes dans un climat particulièrement tendu, la guerre éclate. En Grande-Bretagne, la situation n'est guère plus édifiante : jusqu'en 1910, c'est Edouard VII qui règne, non sans avoir été écarté du trône par la reine Victoria et mené une vie scandaleuse et célèbre dans le Paris de la «belle époque». A sa mort, c'est son second fils, Georges V, qui monte sur le trône, le premier fils, le duc de Clarence, étant décédé.

On pourrait encore mentionner le règne très controversé de Louis II de Bavière, destitué par son ministère pour une aliénation mentale (contestée par ailleurs) et victime de multiples diagnostics contestables. Le «roi chaste» destitué meurt dans des conditions mystérieuses, des suites d'un suicide probable et après l'assassinat virtuel de son psychiatre.

Ces évocations comme de facteurs déclenchants de la guerre, dans la précarité de la fonction paternelle règnante, peut nous éclairer sur le rôle du

---

[1] PULL, C.B. et Coll. Rapport de psychiatrie. *Les critères diagnostiques en psychiatrie: historique, état actuel et perspectives d'avenir.* Paris: Masson, 1986, pg.93.

père à la fois dans l'histoire individuelle et politique des gens et des peuples. Freud écrira «Totem et Tabou» en 1913 (voir ch.II). Parmi les 65 millions de combattants de 14-18, nombre de soldats confrontés à une boucherie sans précédent présenteront des épisodes hystériques «indignes» de l'esprit patriotique, en même temps qu'une conscience pour le moins divisée entre la panique et l'héroïsme.

Seglas, en 1895, avait décrit la division de la conscience, futur symptôme majeur de la schizophrénie, chez l'hystérique : «la désagrégation mentale, qui fait le fond de l'hystérie, peut aboutir à la formation de consciences, de personnalités secondaires»[1].

Janet, le premier grand psychologue, dépassant à l'époque Freud lui-même en notoriété, désigne à son tour la dissociation au cœur de l'hystérie, particulièrement au niveau du langage : «Il y a, en un mot, une véritable dissociation des idées dans l'hystérie. Si nous considérons ce qui se passe pour le langage, nous voyons que les faits sont analogues. Le langage ou certains langages fait entière partie de la conscience ou bien il est tout entier en dehors»[2]. C'est donc par le langage que la dissociation apparaît et s'articule. Janet précise aussi que «la dissociation est le caractère essentiel de toutes les maladies de l'esprit». Après une telle démarche logique, il semble que tout discours humain se révèle un discours dissocié, donc hystérique, puisqu'à la fois dans la conscience et au dehors, et que toute démarche psychique et langagière relève d'une pathologie. Janet conclut pourtant que «dire que la dissociation (...) existe dans l'hystérie, c'est simplement répéter une fois de plus que cette névrose entre dans le grand groupe des maladies de l'esprit». Nouvelle généralisation, l'hystérie est toute prête à se fondre, avec son symptôme dissocié, dans le grand groupe de la schizophrénie. Freud rencontrera Janet dans un contexte où la célébrité du premier se conjugue à l'embarras freudien (voir ch.II). En décrivant la psychasthénie (ancienne neurasthénie) comme une forme d'obsession, Janet influencera totalement Freud dans le concept de névrose obsessionnelle.

Janet est un pédagogue pour lequel la réussite s'inscrit dans la synthèse et la bonne association; la dissociation s'avère donc un travers responsable d'échecs, une pathologie.

Laruelle, médecin belge, distingue encore la psychose hystérique de la démence précoce par l'effet agissant de la psychothérapie dans l'hystérie. Ce discours à contre-courant ne pouvait se maintenir parmi la nosologie ambiante et Laruelle revient sur cette distinction. En 1908, au Congrès des Psychiatres et des Neurologues Belges, le rapport mentionne que «les adversaires de la folie hystérique sont en grande majorité et, la discussion terminée, le docteur Laruelle se déclare d'accord avec ceux des orateurs qui n'admettent plus

---

[1] SEGLAS, J. *Leçons cliniques sur les maladies mentales et nerveuses.* (Salpêtrière 1887-1894). Recueillies et publiées par le Dr. H. Meige. Paris : Asselin et Houzeau, 1895.

[2] JANET, P. *Névrose.* Paris : Flammarion, 1919. pg. 344.

l'existence de la folie hystérique proprement dite, absorbée, déformée, en partie par la démence précoce, en partie par la psychose maniaco-dépressive»[1].

Epitaphe pour l'hystérie

La guerre a éclaté.

Babinski, médecin des armées françaises, va consommer le démantèlement de l'hystérie.

Janet nous l'avait annoncé : la pédagogie associative et synthétique s'accomode mal de soldats angoissés pour lesquels la logique raisonnante ne fait guère partie des préoccupations premières. Celui qui a peur, qui refuse d'obéir, d'aller au front, dénote un manque de synthèse du bien commun, la patrie. Si le soldat blessé par l'ennemi mérite une décoration, celui qui, blessé dans son coeur, présente un symptôme hystérique est seulement digne de mépris. Quelle indécence aussi que ces êtres virils, geignant et simulant. Puisque l'hystérie est le propre des femmes, le soldat hystérique devient psychotique de guerre. Babinski, élève de Charcot, propose alors le néologisme de «pithiatisme» ou guérissable par la persuasion Voici comment Babinski décrit la manière de guérir les hystériques :

> «Le premier contact, le ***premier corps à corps*** réalisent au point de vue thérapeutique des conditions particulièrement favorables. (...). ***Il faut se représenter le suggestionné comme un acteur qui est en scène*** (sans l'assimiler du reste à un simulateur; nous nous sommes déjà expliqués à cet égard). ***Un choc moral, une frayeur, la simple surprise*** causée par un accident imprévu, en modifiant le cours de ses idées, sont susceptibles de lui faire oublier momentanément son rôle. C'est ainsi qu'un sujet atteint d'une paralysie hystérique, par exemple, émotionné, désorienté par les ques tions qui se succèdent, par les ordres multiples qui lui sont donnés, par les épreuves auxquelles on le soumet, par tous ces rites médicaux qu'entoure un certain mystère, oubliera un instant son rôle de paralytique et fera exécuter quelques mouvements à la jambe ou au bras paralysé. C'est ce moment qu'il est important de ***guetter***; on s'empressera alors de faire constater au malade qu'il a cessé d'être impotent. Confus ou stupéfait, il se laissera aller à reproduire les mouvements qui se sont effectués, comme à son insu. Il est essentiel alors de persévérer, de tâcher d'obtenir séance tenante la cure complète ou tout au moins un résultat définitif qui confirme les prévisions et les promesses formulées»[2].

---

[1] LARUELLE, La psychose hystérique. *Bulletin de Médecine Mentale de Belgique*, 1907 (cité par Maleval), pg. 218.

[2] BABINSKI, J., FROMENT, J. Hystérie-pithiatisme et troubles nerveux d'ordre réflexe. 2d. éd. *Précis de médecine et de chirurgie de guerre*. Paris : Masson, 1918, pg. 217.

«Le premier corps à corps» s'inscrit bien dans une métaphore militaire. Pour Babinski, on guérit l'hystérique à son insu, contre son gré; il convient de démasquer le symptôme sans préjuger des conséquences de cette agression caractérisée pour le patient. Et si le choc moral ne s'avère pas suffisant, le psychiatre possède d'autres moyens de persuasion:

> «Mais si l'on a affaire à des sujets moins préparés à saisir un raisonnement scientifique, il est bon de frapper leur imagination par l'adjonction d'un moyen matériel. L'électrisation est un de ceux qu'on emploie alors le plus communément et elle est l'un des plus efficaces, ce qui se comprend aisément. En effet, ***les profanes ont volontiers foi en la puissance de l'électricité***; de plus, les mouvements que provoquent dans un membre paralysé les variations d'intensité du courant sont de nature à ***frapper l'imagination*** et à éloigner de l'esprit l'idée d'impotence; enfin, le ***saisissement physique et moral*** que provoque l'électrisation est propre à déterminer la distraction, la surprise dont nous avons déjà cherché à montrer les heureux effets»[1].

Il n'y a pas si longtemps, les neurologues utilisaient couramment l'appareil de Babinski pour soigner les adolescents mutiques. Les décharges électriques s'amplifiant, elles finissaient par arracher un cri désespéré censé prouver le bon fonctionnement des cordes vocales, par la douleur.

Avec Dupré, l'hystérique se transforme en mythomane «plus ou moins conscient»[2]. Observons de plus près ce que Dupré définit sous ce terme : «les éléments pathologiques qui, chez l'enfant et l'adolescent s'associent à la mythomanie (...) sont : la vanité, la malignité et certains appétits vicieux, comme la cupidité, la lubricité, etc...». Ce n'est qu'un début; la critique s'accentue à mesure de la colère, de la rage et de l'impuissance :

> «le débile simple (...) se tient généralement à sa place et reste à son rang. Le débile déséquilibré au contraire, a souvent des appétits vaniteux (...) qu'il est poussé (...) à satisfaire par des actes absurdes (qui) donnent le mieux la mesure, à la fois du défaut d'intelligence et de l'excès de vanité de ces infirmes congénitaux».

Les adolescents deviennent infirmes congénitaux, mais ceci ne vaut pas le terme de «mythomane infantile migrateur» que Dupré attribue aux fugueurs, «ces petits Robinson qu'on retrouve dans le bois voisin, ou parfois bien plus loin, lorsqu'ils ont pris le chemin de fer». Voilà pour les mythomanes vaniteux. Ceux qui font preuve de malignité sont-ils logés à meilleure enseigne ? «J'entends, ici, par malignité, toutes les formes (...) de l'instinct de destruction, (...) la plus cruelle férocité (...), la méchanceté, la jalousie, la haine, le désir de nuire (...)

---

[1] BABINSKI, J. *Ibid.*, pp. 218-219.

[2] DUPRE, E. *Pathologie de l'imagination et de l'émotivité.* Paris : Payot, 1925, pp. 14-16.

le mensonge et l'affabulation, (...) la médisance, la calomnie, l'hétéro-accusation (!) et la simulation dirigée contre autrui et destinée à perdre la victime choisie par l'auteur du complot». Les jeunes sujets Robinson migrateurs se muent chez Dupré en «petits monstres (d'une) activité nuisible (et) concentrée vers un but de destruction (et aux) qualités spécifiques de la mentalité animale». Que pouvait-on inventer de plus infâmant encore qu'une assimilation au monde animal ? L'auteur nous le découvre en attribuant le «mensonge, simulation et fabulation (comme) l'arme de choix employée par les enfants et les femmes pour satisfaire (...) en cas de perversité des instincts, leur penchant inné à l'agressivité et à la destruction». Les femmes et les enfants d'abord, responsables du naufrage, «qui mentent et simulent simplement pour se divertir (...), semer le mal autour d'eux et s'attaquer ainsi à des personnes qui n'ont en rien mérité leur rancune ou leur animosité».

Ce texte, qui, malgré les apparences, ne provient pas d'un incunable, date de 1925. L'ouvrage s'intitule «Pathologie de l'imagination et de l'émotivité», titre aussi approprié que les «Mémoires d'un névropathe» du président Schreber.

Le triomphe du néologisme

«Je nomme la démence précoce schizophrénie»

La nosologie kraepelienne bat de l'aile dans un contexte de tensions et de conflits précédemment décrits. Les symptômes observés chez les soldats et les prisonniers de guerre s'apparentent davantage aux bouffées délirantes de Magnan qu'à l'évolution en démence incurable de prodromes précoces.

Moebius traduit les leçons cliniques de Magnan en allemand et constitue un premier courant critique des théories kraepeliniennes. L'autre versant -et de taille- de la critique est représenté par Jung et Bleuler.

Nous analyserons au prochain chapitre l'impact des deux hommes sur les travaux de Freud. Pour l'heure, c'est Jung qui présente Freud à Bleuler, introduisant les concepts freudiens dans la démarche psychiatrique d'explication aux psychoses : l'importance de l'affectivité (dont Jung s'inspirera pour créer les complexes émotionnels) et le clivage repéré dans l'hystérie.

Tout ne se passe pas sans mal et Jung se désole bientôt : «les mécanismes freudiens ne sont pas assez compréhensifs pour expliquer pourquoi il en résulte une démence précoce plutôt qu'une hystérie»[1] .

Bleuler, de son côté, rejettait l'existence d'une constitution paranoïaque, le délire engendré par la peur reposant d'après lui sur des mécanismes nor-

---

[1] JUNG, C.G. (cité Par Maleval). *Folies hystériques et psychoses dissociatives.* Paris : Payot, 1981, pg. 32.

maux. C'est manifestement le problème posé par les psychoses de guerre qui accentua ces remises en question. Mais la conception psychologisante et pédagogique, avec son vernis synthétique et associatif, ne souffre pas longtemps les interrogations. En 1906, Bleuler introduit pour la première fois le terme de schizophrénie : «Je nomme la démence précoce schizophrénie parce que, comme j'espère le démontrer, la dissociation (Spaltung) de diverses fonctions psychiques est un de ses caractères les plus importants»[1].

L'intuition bleulérienne que le symptôme majeur de la démence précoce consiste en une dissociation coïncide une nouvelle fois avec les travaux de Freud. A la même époque, ce dernier décrivait le clivage hystérique, mais aussi la division entre conscient et inconscient, illustrant une séparation propre à tout individu. En analyse, Freud repérait les vérités du patient dans l'illogisme des associations.

De nos jours, tout travail psychanalytique suppose qu'on s'extraie du raisonnement conscient et réflexif pour découvrir quelque chose de soi, l'Autre de Rimbaud, dissocié dans le discours. Si Bleuler refuse de placer sur un même axe l'ensemble des symptômes jugés typiques de la démence précoce, catatoniques, hébéphréniques et paranoïdes -ce qui définit une volonté de meilleure compréhension des psychoses - le symptôme majeur de spaltung inclut l'ensemble des mécanismes psychiques normaux dans la schizophrénie. Cette condensation catastrophique, fruit d'un souci premier de la distinction,apparaît très clairement dans sa description de symptômes primaires et secondaires (dont, de nos jours, on ne tient même plus compte). Les symptômes primaires, propres à déclencher toutes les psychoses n'occupent, comme l'a montré De Waelhens, que deux pages et demie sur les 394 du traité[2]. Le reste de l'ouvrage développe l'ensemble des incidences et symptômes secondaires dont la forme simple, la plus fréquente, apparaît surtout hors des asiles ! Analysons de plus près la classification bleulérienne. Les symptômes primaires sont au nombre de deux. Ils déterminent tout le comportement schizophrénique.

La perturbation des liens associatifs

A l'époque où l'association constitue le moteur de la pensée consciente, positive et chrétienne, sa perturbation provoque une modification globale de la présence au monde, l'étrangeté et l'incompréhensible comme l'échec éducatif. Bleuler définit deux temps de la dissociation, celle primaire (Zerspaltung) caractérisée par un éclatement, une désagrégation; et une Spaltung proprement

[1] BLEULER, E. *Dementia Praecox oder Gruppe der Schizophrenien*, 1911. (cité par Maleval).

[2] DE WAELHENS, A. *La psychose. Essai d'interprétation analytique et existentiale.* Louvain : Pathei Mathos, Nauwelaerts, 1972, pp. 16-17.

dite, un clivage de la pensée en différents groupements.

L'embarras

Le second symptôme primaire vise les états d'embarras et d'engourdissement où le malade s'empêtre malgré ses efforts pour rassembler sa pensée ou coordonner ses mouvements.

Il s'agit là d'un concept très imprécis. Nous pensons par ailleurs que l'embarras peut trahir un contexte émotionnel propice à un passage à l'acte; l'adolescent dans ce cas ne relève plus du psychotique, mais du délinquant!

Tout amoureux transi, hésitant ou troublé témoigne de ce symptôme et, s'il semble évident que l'intensité de l'embarras n'est pas identique à celle observée chez les patients schizophrènes, qui peut en tracer la limite, qu'est-ce qui nous empêche de penser que le contexte de la clinique, de l'observation et du diagnostic n'amplifie pas le symptôme courant, n'y a-t-il pas là un pouvoir absolu conféré au psychiatre dans son interprétation ?

Les symptômes secondaires

Les symptômes secondaires -cette secondarité, rappelons-le, n'étant plus reprise dans les manuels- sont censés s'appuyer sur la dissociation et l'embarras. Outre la catatonie, la démence paranoïde et l'hébéphrénie, on y retrouve la «forme simple» constituée par les «têtes en l'air», les nerveux, les psychopathes dégénérés, les alcooliques, les vagabonds, les excentriques; tous les bizarres et les marginaux. Maleval observait très justement qu«'il n'est donc guère difficile de trouver chez Bleuler les éléments pour justifier les diagnostics de schizophrénies politiques»[1].

Selon Bleuler toujours, il faut encore intégrer aux symptômes secondaires les cas d'obsession et de doute, les paranoïas hallucinatoires, l'amentia de Meynert, les manies et les mélancolies hallucinatoires, les kleptomanies ou pyromanies, les dégénérés de Magnan, la plupart des hypocondriaques et, bien entendu, tous les hystériques. Il ne fait en effet plus aucun doute que l'hystérique est un schizophrène; son identification à la personne aimée constituant l'exemple le plus flagrant de comportement dissocié. Aussi Bleuler introduit-il une nouvelle forme de Spaltung : les cas de personnalités multiples, insistant sur une dissociation encore plus marquée que les précédentes.

Sous cet angle, l'hystérie se transforme en pathologie plus grave que la schizophrénie, puisque caractérisée par une dissociation accentuée... Et si Bleuler avait cherché à minimiser l'impact freudien ? La paranoïa, que Freud avait abondamment étudiée sous des intuitions de narcissisme et d'homosexualité, se révèle selon Bleuler «dans l'état actuel de nos connaissances,

---

[1] MALEVAL, J.-CL. *Folies hystériques.* Paris : Payot, 1981, pg. 284.

identique (au mécanisme) que l'on trouve dans la schizophrénie»[1]. Au moment précis où Freud décrit le clivage hystérique et l'inconscient -concepts porteurs d'une immense remise en question de l'individu et de la folie- Bleuler définit la Spaltung comme le symptôme majeur d'une affection morbide et incurable. A l'auto-érotisme découvert par Freud comme un signe de la prépondérance du sexuel dans la libido, Bleuler substitue l'autisme, façon présumée pour les schizophrènes de «se protéger du monde extérieur (...) qui doit parfois leur apparaître étrangement hostile»[2].

La prodigieuse complexité de l'humanité, son articulation pressentie sur un fond de folie commune; tout cela porte désormais l'appellation contrôlée de schizophrénie...

Cette synthèse des théories organicistes et d'une certaine psychanalyse fonde la première théorie psychiatrique d'explication à l'ensemble des phénomènes observés dans la clinique.

Nommée «organo-dynamisme», cette conception trouvera avec H. Ey un digne successeur...

L'extension de la schizophrénie

Kretschmer procède à une première généralisation dans le sens annoncé par Bleuler. Sa typologie consiste en une classification des individus d'après leur morphologie.

On perçoit immédiatement tout le danger d'une telle démarche : l'hérédité conditionne les traits corporels et la transmission supposée des tares; le racisme s'en inspire; mais encore, avec Kretschmer, on ne s'occupe plus seulement de la psychose déclarée, mais aussi des prédispositions, donc des folies potentielles, sous l'éventualité constante de diagnostic fatal. Les schizoïdes apparaissent en futurs schizophrènes déjà contaminés que Kretschmer décrit avec dédain : «nous avons devant nous un individu qui se présente comme un point d'interrogation, nous sentons quelque chose d'effacé, d'ennuyeux (...) une timidité de mollusque»[3].

Nous sommes en 1930, dans un contexte allemand qu'il est inutile de rappeler. Kretschmer évoque, à son insu, bien au-delà de sa démarche scientifique, le paysage ambiant :

> «(Derrière la façade des schizoïdes), rien que des ruines, de la poussière grise, de l'ennui bâillant et mortel, ou le souffle glacé d'une âme vide.

---

[2] BLEULER, E. *Dementia Præcox oder Gruppe der Schizophrenien*, Trad. par Dagnar-Deiser. Leipzig und Wien: Franz Deuticke, 1911, pg. 400.

[2] BLEULER, E. *Ibid.*

[3] KRETSCHMER, E. *La structure du corps et le caractère.* Trad. de la 6e éd. par Jamkélévitch. Paris : Payot, 1930, pp. 150-151.

(Ils) sont comme ces maisons romaines; des villas qui ont fermé leurs volets (...), mais où, à la lumière tamisée de l'intérieur, l'on célèbre des orgies»! (...) Ces individus sont probablement souvent des demi-détraqués (...) chez lesquels les débris intacts d'activité psychique sont conservés parmi les décombres inertes».

La guerre approche, les débris et les décombres menacent la belle villa romaine promise aux ruines et à la poussière grise... Kretschmer se revendique de Bleuler «qui trouva la clé de la vie intérieure schizophrène et qui découvrit ainsi les trésors de richesses psychologiques dont on ne sait encore qu'infiniment peu».

Aujourd'hui, nous en savons déjà infiniment plus; «car la clé de la vie intérieure schizophrène est en même temps une clé (et la clé unique) d'une grande partie de l'activité et de l'affectivité humaine normales». Voilà la clé qui dénoue le point d'interrogation du psychiatre : la pathologie déjà au coeur de la normalité et surtout de l'adolescence, «car les émotions pubérales normales : la timidité, la gaucherie, la sentimentalité, l'hypertension pathétique ont des affinités avec les traits du tempérament schizoïde» et , plus loin, «la psychésthésie de l'homme normal moyen atteint son point culminant dans l'exaltation typique sentimentale et dans la sensibilité de la puberté, pour se refroidir lentement à partir de la 25ème année, jusqu'à une certaine conception tranquille de la vie qui peut devenir une plate et prosaïque sécheresse où manque tout élan»[1]. L'institution psychiatrique aide quelquefois à refroidir plus rapidement,dès avant 25 ans, les adolescents trop sensibles par des bains ou des douches glacés : «un adolescent (...) est si gauche et maladroit qu'on voudrait le secouer. Si on l'assied sur un cheval, il tombe. Il sourit, un peu ironique, mais il ne dit rien»[2]. Notre clé pour pressentir ce qui conditionne l'envie de secouer l'adolescent, c'est Kretschmer qui nous la livre : «l'on ne peut savoir ce qu'ils ressentent (...) ce qu'ils éprouvent, (...) ce n'est pour personne, c'est pour eux seuls»[3]. Le mollusque timide mais villa romaine orgiaque en profondeur mérite d'être secoué parce qu'il ne dévoile pas sa jouissance, tout au plus traduit-il de l'ironie, ce dangereux mélange de plans (comme la malice chez Broussais). L'esclave ne dit mot à son maître, il est donc schizoïde, «je m'en-fichiste» demi-détraqué. Quel adolescent peut-il dès à présent échapper à ce diagnostic? Kretschmer lui-même se surprend à mesurer l'étendue de son propos: «D'ailleurs où finit la bizarrerie personnelle et où commence le système délirant? Et enfin tout le monde se transforme très nettement à la puberté, et la schizophrénie coïncide le plus souvent avec cette période de la vie».

Kretschmer est toujours enseigné. Les étudiants continuent à potasser sa typologie comme une science exacte. C'est oublier les incidences et les abus

[1] KRETSCHMER, E. *La structure du corps et le caractère.* Trad. de la 6e éd. par Jamkélévitch. Paris : Payot, 1930, pg. 152.
[2] KRETSCHMER, E. *Ibid.* pg.150.
[3] KRETSCHMER, E. *Ibid.*

engendrés par des généralisations dont nul n'est à l'abri.

Outre sa «progression» dans l'étendue des psychoses, on doit également à Kretschmer le délire sensitif de relation, concept adopté de nos jours par huit psychiatres sur dix en distinction de la schizophrénie[1]. Les sujets hypersensibles seraient prédisposés au délire par l'accumulation insupportable des revers et des situations pénibles.

L'intérêt d'un tel concept consiste en un éclairage de la paranoïa d'après des facteurs déclenchants réels communs à tous les individus mais à l'encontre desquels les hypersensibles réagissent avec trop d'intensité. Derrière cette approche, les causes organiques, l'hérédité et la dégénérescence,demeurent centrales.

L'automatisme mental de Clerambault.

A cette approche phénoménologique, Gaëtan Gatian de Clerambault oppose le concept d'érotomanie, beaucoup plus convaincant que les notions pudibondes enseignées par Bleuler. Fût-ce le seul terme, cette «envie délirante d'être aimé» nous ramène au sexuel évacué par l'Ecole Allemande. On ne parle déjà plus de Charcot, les hystériques se sont muées en démentes précoces ou en schizophrènes; et pourtant c'est une passion hystérique qu'introduit Clerembault pour traiter de la paranoïa.

Seul maître reconnu par Lacan, Clerambault se révèle un personnage controversé et fascinant : d'une chasteté très esthétique, probablement pervers et mysogine, voire paranoïaque, sa passion du drapé témoigne du féminin énigmatique et insaisissable. Roudinesco décrit comment Clerembault participe «à cet élan de la modernité à travers lequel le féminin retrouve, exacerbées, ses lettres de noblesse»[2].

La base du délire demeure toutefois organique, mais dans la perspective structurale d'un automatisme mental au caractère neutre, autonome et a-thématique, constituant la base aux délires de grandeur, de persécution, de possession, etc...

Le cerveau, muscle de la pensée, peut-il être si rapidement et fortement perturbé face aux agressions extérieures?

C'est peu vraisemblable, aussi Clerambault énonce-t-il deux règles à l'automatisme mental : les lois de l'âge et de la massivité. Selon lui, l'encéphale réagit différemment à une même agression en fonction de l'âge : idiotie chez le foetus, imbécillité chez l'enfant, démence précoce chez l'adolescent, démence

[1] PULL, C.B. et Coll. Rapport de psychiatrie. *Les critères diagnostiques et psychiatrie: historique, état actuel et perspectives d'avenir.* Paris: Masson, 1986, pg.93.

[2] ROUDINESCO, E. *La bataille de cent ans. Histoire de la Psychanalyse en France II.* Paris : Seuil, 1986, pg. 122.

paranoïde à l'âge adulte et, à partir de la quarantaine, la psychose hallucinatoire proprement dite.

Parallèlement, plus l'atteinte est massive et globale, plus les phénomènes apparaissent grossiers et complets d'emblée, sans marche progressive des formes insidieuses. Il saute aux yeux que l'adolescence constitue précisément à la fois l'âge le plus exposé au bouleversement intérieur et la période où ce bouleversement se révèle le plus radical.

Clerambault précisait justement : «nous ne croyons aucunement que tout délire de persécution hallucinatoire commence par de l'automatisme mental. Il existe des cas où l'hallucination proprement dite surgit d'emblée (...) et où le sujet, en général, a moins de trente ans.»[1] Clerambault nous met en garde contre la généralisation des psychoses, précisant que l'érotomanie, si caractéristique de l'adolescence (l'amour platonique, passion délirante d'être aimé au-delà de l'amour de l'autre) ne constitue pas toujours une paranoïa.

Autant du moins que sa théorisation structurale plutôt que phénoménologique du délire, c'est le personnage de Clerambault qui marquera le premier tiers du siècle de la psychiatrie. Celui que Bercherie décrit comme, «un véritable anachronisme vivant» se suicide le 17 novembre 1934. Quarante années plus tard, Lacan dira de lui : «j'ai vu plusieurs fois l'espérance, ce qu'on appelle les lendemains qui chantent, mener des gens que j'estimais (...) au suicide tout simplement. Pourquoi pas? Le suicide est le seul acte qui puisse réussir sans partage»[2].

Outre des psychiatres comme Kretschmer, encenseurs de Bleuler, ou Clerambault, absolument au-dessus de la mêlée, la plupart des chercheurs de l'époque s'inscrivent dans l'acceptation ou la critique de Bleuler.

De la démence précoce, «mauvais terme»

Chaslin, dès 1912, préfère au terme de «démence précoce» celui de «groupe provisoire des folies discordantes»:

> «les troubles mentaux divers décrits par Kraepelin sous le nom d'ensemble de démence précoce ne constituent pas (...) au début des états démentiels (...), pas plus qu'ils n'apparaissent précocement, c'est-à-dire chez des jeunes gens; aussi ai-je cru préférable de les grouper provisoirement sous le titre de folies discordantes à cause de leur véritable caractéristique principale, la discordance»[3].

[1] CLERAMBAULT G.G. (de) *Oeuvre psychiatrique* . 2 volumes. Paris: P.U.F., 1942, pg. 489.

[2] LACAN, J. *Télévision.* Paris : Seuil, l973 , pp. 66-67.

[3] CHASLIN, P. *Eléments de sémiologie et clinique mentale.* Paris : Asselin et Houzeau, 1912, pp. 257-258.

Par ce terme, Chaslin entend «une ataxie», un désordre, une gène affective. Comme on le constate, il s'agit d'un mauvais concept, la discordance évoquant plutôt ce qui sonne faux. C'est exactement dans cette nuance que la discordance est devenue couramment un symptôme aujourd'hui reconnu, apparenté à l'embarras pour Bleuler et dans une signification très différente de ce que Chaslin entendait! Rappelant l'introduction par Morel d'une démence précoce comme d'une démence «rapide chez des jeunes gens», Chaslin procède à sa propre généralisation : «on peut donc se demander (...) si l'âge juvénile ne favoriserait pas l'apparition de la démence», et cela «quel que soit le type clinique». Distinction subtile du lien entre l'adolescence et la psychose, à l'encontre du concept kraepelinien qui suppose que toute démence prenne inévitablement sa source durant la puberté. «La démence précoce juvénile de Morel (...) n'est qu'un syndrome juvénile, si je puis dire»[1].

Chaslin, malgré ces distinctions très pertinentes, et outre le terme de discordance utilisé de nos jours dans un sens outrancier, n'est plus guère cité ni reconnu. Il est vrai que Chaslin lui-même trouvait «que cette expression démence précoce est mauvaise, pourtant il m'arrive de l'employer, entraîné par l'exemple»[2].

On trouvera sous la plume de Chaslin une autre illustration exemplaire du débat de l'époque:

> «Chacun des types que j'ai décrits sous le titre général de folie discordante est-il un type à part d'une folie à part ou seulement une forme d'une folie? Le lien commun entre ces types, la «discordance», est-il suffisant pour n'en faire qu'une folie? - ***Je pourrais me dispenser de répondre, puisque j'ai assez dit que la clinique seule ne nous permet pas de trancher la question jusqu'à présent*** et que je ne faisais pas de nosographie. Le mot de type clinique ne préjuge rien. Quoi qu'il en soit, cliniquement il y a un lien entre ces types; il semble qu'il y ait des formes de passage; enfin les folies discordantes paraissent se développer très approximativement en trois périodes, de début, d'état et enfin terminale. C'est surtout Kraepelin qui a réuni sous le nom de «démence précoce» l'Hébéphrénie de Hëcker et Kahlbaum, la Catatonie de Kahlbaum, la Démence Paranoïde, et qui tend à en faire une entité (bien qu'avec réserves). Il y a rattaché aussi les folies systématisées hallucinatoires, qui pourtant sont assez distinctes cliniquement et dont je les sépare résolument.
> ***Ce mot de «démence précoce», choisi par Kraepelin, est mauvais***, car, ainsi qu'on l'a vu, la démence n'arrive le plus souvent qu'au bout de longues années. Aussi Bleuler emploie-t-il le mot de «schizophrénie» pour caractériser ces folies et j'ai choisi celui de folies discordantes, le mot discordance correspondant à l'ataxie intra-psychique de Erwin Stansky, à la dysharmonie intra-psychique de Urstein. La démence même, quand elle arrive, ne paraît pas d'ordinaire très profonde; elle ressemble assez à celle des folies systématiques où le plus

[1] CHASLIN P. *Ibid.* pg. 257.
[2] CHASLIN, P. *Ibid.*

souvent elle manque ou est très partielle. ***Le «dément précoce» est toujours moins dément qu'il ne paraît.*** Si démence «précoce» veut dire début de l'affection très tôt, c'est encore mauvais, car, en contraste avec les cas qui débutent à 8 ans (la démence précocissime de S. de Sanctis), il y en a qui débutent tardivement dans l'âge mûr ou même la vieillesse, et ***on a décrit de la «démence précoce tardive»***, de la catatonie tardive! On peut, pour revenir au syndrome démence, le voir apparaître réellement très tôt, et très accentué chez les jeunes gens; Morel avait déjà signalé ces cas et on pourrait leur réserver le nom de démence précoce qu'ils méritent : cela se voit surtout dans l'hébéphrénie qui serait ainsi la vraie démence précoce, peut être la seule. Mais le cas de Lab... H., fou systématique, qui est tombé dans une vraie démence juvénile, fait penser deux choses : soit que ***l'âge de la puberté ou de l'adolescence peut être fatal***, tout comme la cinquantaine, quel que soit le type clinique; soit qu'il faille réunir ensemble, sous le nom de démence précoce véritable de Morel, et l'hébéphrénie et tous les types qui aboutissent à la démence dans la jeunesse. ***Ici encore je ne peux que signaler cette question difficile***»[1].

De son aveu que la question est difficile, la psychiatrie ne retiendra rien. Pourtant, Kraepelin et Bleuler ont été ouvertement critiqués par des psychiatres contemporains...

Schizomanes

Claude, dès les années 20, introduit la psychanalyse au coeur de la psychiatrie. Le résultat de sa démarche, c'est une description d'une constitution schizoïde en opposition à la démence vraie (de Morel) hébéphrénique.

Claude décrit les «schizomanes» comme «des malades inertes, inactifs, absents (qui) donnent l'apparence d'inaffectivité; ils ne s'intéressent pas à ce qui se passe autour d'eux»[2]. Le symptôme majeur selon Claude, c'est la discordance affective, l'inertie ou l'indifférence apparentes. Tout se situe au niveau du regard, dans une attitude qui se révèle malaisée : «un degré de plus, et le schizomane devient schizophrène. Il paraît désorienté.(...)Il a l'air absent, lointain, il est sujet aux rires et aux pleurs sans motif apparent». On voit poindre Minkowski et le diagnostic de sentiment.

En 1926, Claude ramène l'hébéphrénie (à substrat anatomo-pathologique probable) et la paraphrénie de Kahlbaum, sans aucun succès. Lors du Congrès de Psychiatrie et de Neurologie de langue française en Juin 86, une majorité s'est déclarée en faveur du concept nosographique de psychose

---

[1] CHASLIN, P. *Ibid.*, pp. 829-830

[2] CLAUDE H. *Démence précoce et schizophrénie.* Compte-rendu du XXXème congrès des Médecins aliénistes et Neurologistes de France et des pays de Langue Française. Genève-Lausanne, 2-7 août 1926, Paris, Masson, 1926, pg.149

hallucinatoire chronique, ou paranoïa, concept des délires systématisés plutôt que fantastiques, comme nous l'avons déjà rappelé.

L'imprécision du diagnostic

Avec Henri Ey, une synthèse de l'histoire organiciste et de l'apport psychologique se réalise. Contemporain de Claude, mais davantage systématique dans la démarche, Ey introduit l'organo-dynamisme et procure ses lettres de noblesse à la schizophrénie, au point d'en être devenu l'ouvrage de référence majeur. On retrouve pourtant au coeur du manuel de Ey quelques observations éclairantes : «la préoccupation du diagnostic d'une évolution schizophrénique est quotidienne chez le psychiatre : une psychose aigüe qui «traîne» un épisode dépressif «atypique», une névrose qui «se dissocie», une «crise d'originalité juvénile» grave ou prolongée, des troubles caractériels bizarres et bien d'autres tableaux encore, soulèvent ce problème diagnostique, le plus difficile et le plus grave de la psychiatrie»[1]. Que de guillemets en effet, pour dépister une pathologie aussi définitive...

La modification d'une apparence

Si Ey se révèle l'ordonnateur de la schizophrénie; Baruk constitue le continuateur des travaux de Kraepelin autour de la catatonie et de l'hébéphrénie.

Un texte de 1950 nous indique l'absence d'évolution du discours organiciste anti-hystérique :

> «l'hébéphrénie se traduit par des crises nerveuses qui rappellent la grande crise hystérique de Charcot (...) mais ces crises nerveuses diffèrent des crises d'hystérie par le fait que le fond mental est touché»[2].

Supposition gratuite et qui ne rencontre aucune confirmation dans la description par Baruk des manifestations hébéphréniques :

> «ce malade, par exemple, croira qu'on cherche à lui enlever ses inventions (...); ses états délirants prennent souvent une forme de haine violente et parfois de haine familiale. C'est chez ces hébéphréniques que l'on voit (...) certaines haines du fils à l'égard de ses parents qui peuvent être à l'origine de meurtre atroce».

Voilà le style de propos résolument d'actualité : l'adolescent meurtrier

---

[1] EY H. *Manuel de Psychiatrie.* Paris : Masson, 1967, pg 561..
[2] BARUK, H. *Précis de psychiatrie.* Paris : Masson, 1950, pg.140.

sert de référence à l'ensemble des cas, il y a donc lieu de se méfier de ces dangereux psychopathes; Baruk oblitère l'inconscient et l'oedipe pour s'autoriser, par le biais du meurtre atroce, une causalité organique impossible à définir et qu'il décrète comiquement dans «la modification du faciès : cette modification donne une impression très difficile à définir, bien que très nette».

On ne peut être moins précis!

> «Le regard semble avoir perdu sa vie, il est fixe, mort comme celui d'une statue et rappelle tout-à-fait ces visages raides et guindés que l'on voit chez les peintres primitifs (...). Quelquefois cette impression de statue ou de «mort vivant» est fugace mais n'en a pas moins une certaine valeur tant il est vrai que le regard en psychiatrie a une importance de tout premier ordre.»[1]

De quel regard Baruk nous entretient-il? Celui de l'hébéphrène ou le sien propre? Etrange et éloquente confusion...

Même en 1950, les facteurs déclenchants ne se sont guère modifiés : Baruk nous relate l'importance d'une «déception sentimentale», d'un mariage. Si l'on retrouve une fois de plus la puberté au centre des psychoses, nulle trace encore de cause organique; au mieux Baruk nous parle d'un «peu de consistance», d'un «repliement sur soi-même en opposition avec les autres érotomanies» ce qui laisse à penser qu'il ne s'agit plus là de schizophrénie.

Baruk a néammoins souligné les réserves d'une extension sans contrôle du diagnostic de schizophrénie :

> «il faut se méfier des diagnostics faux des schizophrénies avec un pronostic qui démolit l'avenir des sujets et réalise ce que nous avons désigné sous le nom de pronostic destructeur»[2].

De l'inquiétante étrangeté

Binswanger constitue sans conteste le pilier du courant phénoménologique. Très inspiré de philosophie, il décrit l'outil diagnostique du sentiment, qui deviendra le si fameux Praecox Gefühl, ou pressentiment d'étrangeté dont on mesure, à la lecture des lignes ci-dessous, tout l'arbitraire et l'imprécision: «les symptômes éclatants (de la schizophrénie) sont peu apparents, nous n'arrivons pas à les préciser, mais malgré ça nous avons la certitude de nous trouver en présence d'une schizophrénie»[3].

---

[1] BARUK, H. *Précis de psychiatrie.* Paris : Masson, 1950. pg 142.

[2] BARUK H. La révision de la schizophrénie. *Annales Médico-psychologiques* 1974, 132è année, tome II n°2. pp. 262-272.

[3] BINSWANGER *cité in* MINKOWSKI, E. *La schizophrénie. Psychopathologie des schizoïdes et schizophrénies.* Paris : Payot, 1927, pp.72-74.

La certitude se fonde manifestement sur le préjugé. Binswanger poursuit:

«(notre sentiment) ne peut se rapporter qu'aux actes psychiques particuliers à l'aide desquels nous percevons, en général, (...) la personnalité d'autrui en entier (...) et non (...) seulement une de ses «parties», dans le sens que les sciences naturelles confèrent à ce mot».

Les actes psychiques particuliers aident à percevoir l'entière personnalité : nouvelle démarche métonymique des parties pour le tout.

«Tout-à-coup, la certitude nous vient que nous avons un schizophrène devant nous, c'est-à-dire nous «voyons» (cette personne) maintenant comme telle, parce que nous nous apercevons qu'elle nous est étrangère, que nous n'avons pas de contact affectif avec elle (...); elle me «frappe».

Tout se passe en fonction du psychiatre, c'est lui qui éprouve le sentiment d'étrangeté, c'est encore lui qui se frappe, c'est toujours lui qui n'obtient pas de contact affectif. Quel est l'argument majeur avancé par l'auteur pour nous rassurer ? : «Je ne suis pas psychiatre pour rien». Et voilà tout, même si le psychiatre est aussi pour quelque chose dans le destin psychiatrisé d'un être, détruit à tout jamais.

«Après tout ce qui vient d'être dit, il est clair que la psychologie du contact d'homme à homme devrait constituer un chapitre important de la (...) psychopathologie contemporaine (...) Car il ne faut pas oublier que la source de notre expérience ne réside pas uniquement dans la raison, mais aussi dans les sentiments».

Avec Minkowski, le Praecox Gefühl s'érige en institution et cela malgré les propres réserves de son instigateur : «Qui saurait dire en pratique, au moment de la puberté (en présence d'une accentuation notable), s'il s'agit uniquement d'un déplacement de la proportion psycho-esthésique ou d'une véritable poussée schizophrénique ?»[1] Plus loin, Minkowski ajoute: «le concept de schizophrénie, tout en restant parfaitement clair et précis, n'avait pas de limite bien déterminée. L'édifice restait branlant»[2].

A plus forte raison lorsque le fou refuse de faire le fou :

«Mignard a pu dire un jour (...) que ces rémissions (améliorations des schizophrènes) n'étaient, au fond, rien d'autre que des guérisons ayant le grand tort de gêner les aliénistes, c'est-à-dire de ne pas vouloir se conformer à leur idée préconçue et au pronostic porté en vertu de celle-ci»[3].

[1] MINKOWSKI, E. *La schizophrénie.* Paris : Payot, 1927, pp. 55-56.
[2] MINKOWSKI, E. *Ibid.*, pg. 65.
[3] MINKOWSKI, E. *Ibid.*, pg. 86.

Si Ey introduit l'organo-dynamisme, Minkowski fonde l'évolution psychiatrique et collabore à la doctrine totalisante de la maladie mentale, privilégiant le regard centré sur la folie plutôt que sur l'histoire personnelle des sujets. Les influences multiples de Bleuler, Binswanger et Bergson, le célèbre philosophe chrétien, lui permettent de doter sa clinique d'un complément métaphysique conforme à l'idée totalisante que la psychiatrie se fait de l'être humain:

> «en présentant aux aliénistes français la notion de schizophrénie, je n'ai pas pu m'empêcher d'y apporter une note personnelle. Qui saurait m'en blâmer ? (...) Je fis ainsi du contact vital avec la réalité le point central de la schizophrénie»[1].

Après Kraepelin, pour qui le point central consistait dans un processus évolutif commun; après Bleuler lui préférant la dissociation et l'embarras, après Clerembault et l'automatisme mental, les discordances affectives de Chaslin, voilà selon Minkowski le contact vital avec la réalité comme noeud de la schizophrénie. Y a-t-il là de quoi fonder une certitude, un diagnostic, un traitement et un pronostic? C'est à De Waelhens de conclure :

> «La relative faiblesse du point de vue de Minskowski se trouve encore aggravée par le rapprochement que l'auteur tente d'esquisser avec les caractériologies de Kretschmer. Les vues de Kretschmer-Minskowski n'éclairent en rien les processus qui déclenchent proprement la psychose : sa nature, son action, son évolution. Tout ceci nous paraît combiner ou plutôt confondre d'une manière fort malheureuse les psychologies fondées sur l'intuition plutôt que sur la perception des structures d'une part, et, d'autre part, les concepts hybrides, donc celui de constitution, dont le statut est informulable en rigueur; en fin, en troisième part, un processus vraisemblablement organique, chargé d'expliquer les modifications pathologiques du comportement et dont le sens ne peut relever que de l'interprétation et de l'herméneutique. On voit s'accumuler ici comme à plaisir la plupart des confusions, des imprécisions et des obscurités qui empêchent la psychiatrie classique d'accéder à son niveau de perfection où un savoir devient capable de s'interroger sur ses propres fondements»[2].

La compréhension

En Allemagne, c'est Jaspers qui fournit ses lettres de noblesse au concept du diagnostic fondé sur l'incompréhensible.

Bleuler est un vieillard, Kraepelin est mort; Jaspers s'inscrit comme un apport frais aux théories antérieures, fournissant à la fois l'inventaire des connaissances psychiatriques de l'époque et une importante mise au point critique.

---

[1] MINKOWSKI, E. *La schizophrénie.* Paris: Payot, 1927, pg. 86

[2] DE WAELHENS, A. *La psychose. Essai d'interprétation analytique et existentiale.* Louvain : Pathei Mathos, Nauwelaerts, 1972, pp. 18-19.

Jaspers distingue deux types de troubles psychopathologiques; ceux au développement compréhensible, «réactions (...) dont le contenu est en rapport compréhensible avec l'événement originel' et les troubles au développement incompréhensible pour lesquels Jaspers mentionne des causes organiques diverses (maladies cérérales) et les cycles d'évolution «typique» au substrat organique probable, parmi lesquels «on trouve une altération marquée de la personnalité (...) qui correspond dans de nombreux cas au type de la schizophrénie de Bleuler»[1].

La dissociation, l'incohérence et la discordance doivent être regroupées sous une même impression d'inintelligibilité , autorisant Jaspers à différencier (une nouvelle fois!) l'hystérie et la schizophrénie : «on peut ainsi, chez des hystériques, établir des rapports compréhensibles entre les expériences psychiques et les contrastes étranges d'abondance ou de froideur»[2]. En 1928, Freud a déjà décrit son impuissance à repérer un traumatisme explicatif de chaque affection. Jaspers n'en a cure et publie un tableau tellement lumineux qu'on se demande pourquoi toutes les recherches précédentes n'ont toujours pas abouti à l'explication définitive des symptômes (cfr. pg. 63).

N'était-ce son caractère si rudimentaire et simpliste, il y aurait lieu de s'inquiéter du caractère tout-puissant du raisonnement et du préjugé à l'intérieur d'un semblable tableau. La «compréhension» jaspersienne libère le psychiatre de tout inconscient, semble effacer le poids du transfert (et du contre-transfert) et, surtout, place la schizophrénie au seuil même des limites interprétatives du psychiatre! Fort de son «savoir», Jaspers critique Bleuler et Jung :

> «les phénomènes psychiques morbides (...) ne sont pas très fréquents. Il s'agit le plus souvent d'hystérie. (...) Bleuler et Jung (...) ont étendu les concepts obtenus par l'étude de l'hystérie aux psychoses du groupe schizophrénique. (...) On rencontre quelquefois une analogie frappante entre l'hystérie et la schizophrénie»[3].

Jaspers perçoit bien le caractère hystérique de la schizophrénie, mais à quel prix! L'hystérie a tout intérêt à servir convenablement l'intuition jaspersienne sous peine de basculer dans l'autre diagnostic, morbide. Malgré les apparences, rien ne s'est réellement modifié. La balle (perdue?) est encore et toujours dans le camp du psychiatre...

---

[1] JASPERS, K. *Psychopathologie générale.* Trad. de la 3e éd. allemande par A. Kastler et J. Mendousse. Paris : Alcan, 1928, pp. 346-348.
[2] JASPERS K. *Ibid.* pg. 346.
[3] JASPERS K. *Ibid.* pg. 348.

Expérience vécue	La lutte entre désirs et instincts en provoque le refoulement partiel		D'une façon compréhensible prend naissance la représentation de l'accomplissement réel du désir ou d'une issue favorable («réalisation détachée	contenu compréhensible d'un phénomène objectif
Fille de 15 ans. Etudiant veut l'embrasser. Elle se défend et l'en empêche	Désir d'embrasser	Sentiment de pudeur devant un acte sexuel défendu	"J'ai été embrassée d'une façon excessive."	Lèvres gonflées
Un jeune garçon s'est livré à l'onanisme et a volé sa mère	Besoin de confesser sa faute sexuelle et son vol	Crainte de l'aveu	Le garçon a l'intention de confesser un soir déterminé son défaut, mais il est retenu par un sentiment de honte. A ce moment apparaît l'idée: "Je ne peux même plus parler de ce que je veux! Tout est obscur devant moi.»	En même temps phénomènes hystériques, le garçon devient muet et voit tout en noir. Il ignore le monologue précédent. Celui-ci réapparaît par la psychanalyse.
Jeune fille de 16 ans aime un curé qu'elle a vu une fois	Désir d'être à lui	Sentiment de l'impossibilité de cet acte défendu	"Le curé me fait des avances."	Elle répand des calomnies: le curé la poursuivait avec des expressions obscènes et grossières. Elle sait qu'elle ment; instinct irrésistible; elle ne peut rien contre lui, elle se fait les reproches les plus amers

Quand la psychiatrie entend des voix

Schneider propose une approche empirique de la schizophrénie.

Il n'a d'yeux que pour des syndromes et gomme les nuances bleuleriennes autour des causes de la pathologie. Schneider est aujourd'hui la référence essentielle du DSM III[1]. Sa méthode de rassemblement de tous les signes cliniques dans l'air du temps comme sa distinction des symptômes de premier ou de second rang imprègnent le savoir psychiatrique actuel au coeur de tous les manuels.

Si Bleuler distinguait les symptômes primaires et secondaires, Schneider semble procéder d'une façon similaire. Une lecture approfondie nous montre qu'il n'en est rien : «dans le diagnostic de schizophrénie, il n'est pas indispensable que les symptômes du premier rang soient présents(...) nous sommes souvent contraints de fonder (ce diagnostic) sur les symptômes de second rang, et peut-être même exceptionnellement sur les seuls symptômes de l'expression lorsqu'ils sont bien clairs et prononcés»[2].

Même si c'est pour la forme, analysons de plus près ces différents symptômes, en commençant par ceux du premier rang, tous spécifiques (bien entendu) et parmi lesquels un seul suffit pour poser le diagnostic de schizophrénie :

> «Il existe certaines variétés d'hallucinations auditives qui ont la plus grande importance diagnostique pour admettre la schizophrénie : l'audition de ses propres pensées (écho de la pensée), voix qui s'expriment sous forme de propos et de répliques et voix qui accompagnent de remarques les actions du malade(...): un schizophrène répond quand on lui demande si il entend des voix : «ce sont mes pensées que j'entends»[3].

Pourtant, il nous semble que nombre de discours, surtout pédagogiques et réflexifs nécessitent que l'on «pèse ses mots». Tout individu formule dans sa pensée les mots qu'il s'apprête à prononcer. Pour Schneider, ce seul critère révèle une schizophrénie.

> «Un symptôme extrêmement important pour le diagnostic de la schizophrénie est le vol de la pensée.(...) Mais ici (...) existent d'innombrables malentendus.(...) On acceptera un trouble schizophrénique certain uniquement lorsque le malade raconte que d'autres hommes lui volent sa pensée»[3].

---

[1] AMERICAN PSYCHIATRIC ASSOCIATION. Diagnostic and statistical manual of mental disorders (DSM III). Washington, 1978, 1979.

[2] SCHNEIDER, K. *Psychopathologie clinique.* Trad. de l'allemand par J.P. Legrand. Louvain : Nauwelaerts, 1957.

[3] SCHNEIDER K. *Ibid.* pg. 102.

[3] SCHNEIDER, K. *Psychopathologie clinique.* Trad. de l'allemand par J.P. Legrand. Louvain : Nauwelaerts, 1957, pp. 106-107.

DEMENCE PRECOCE (KRAEPELIN) 1899	SCHIZOPHRENIE (BLEULER) 1906	SCHIZOPHRENIE (SCHNEIDER) 1939
Symptômes fondamentaux - fléchissant affectif, indifférence - atteinte de la volonté, absence de vouloir - troubles du cours de la pensée et du jugement - perte de l'unité intérieure	**Symptômes primaires** - perturbation des liens associatifs - états d'embarras et d'engourdissement	**Symptômes de premier rang** 1. Perception auditive de la pensée (écoute et énonciation) 2. Hallucinations auditives (voix conversent entre elles) 3. Hallucinations auditives (voix commentent les actes du sujet) 4. Sensations corporelles imposées 5. Vol de la pensée 6. Imposition de la pensée
Symptômes accessoires - hallucinations - idées délirantes - automatismes gestuels catatoniques - accès dépressifs ou excitatifs - impulsions	**Symptômes secondaires** - démence - hallucination - délires - états crépusculaires	7. Divulgation de la pensée 8. Perception délirante, signification anormale attribuée à des perceptions réelles 9. Sentiment imposés ou contrôlés 10. Impulsions contrôlées ou imposées 11. Volonté imposée ou contrôlée **Symptômes de second rang** - autres hallucinations - intuitions délirantes - disthymies de tonalité dépressive ou joyeuse - appauvrissement affectif

Qu'en est-il dès lors de tous les conditionnements éducatifs, militaires ou encore publicitaires ? De même, la «compréhension» psychiatrique (cfr Jaspers) ne constitue-t-elle pas un vol, sinon un viol, de la pensée caractérisé ? L'obsession devient-elle une psychose ? Les innombrables malentendus dont parle Schneider ne signent-ils pas l'invraisemblable généralisation que la psychiatrie a bien du mal à ne pas formuler? Là n'est pas la question pour Schneider, d'autres symptômes viennent renforcer notre sentiment d'étendue de la pathologie : si les sensations corporelles imposées font partie du premier rang, que dire alors des neuroleptiques, des électrochocs ou de l'appareil de Babinski? La perception délirante, signification anormale attribuée à des perceptions réelles pose toute la question de la psychiatrie et de ses efforts perpétuels pour percevoir une causalité organique aux phénomènes hystériques, de même que les sentiments, les impulsions ou la volonté imposées ou contrôlées qui fondent depuis belle lurette tout le discours pédagogique et institutionnel!

Malgré ces évidences, les conceptions de Schneider s'inscrivent dans la plupart des classifications internationales de psychiatrie. Les symptômes de premier rang figurent à la base des recherches de l'Internal Pilot Study on Schizophrénia» (IPSS) d'après laquelle six symptômes possèdent un pouvoir discriminateur très élevé[1]. Rappelons leur similitude avec les critères caractéristiques de la schizophrénie exposés dans le «Diagnostic and Statistic Manual of Mental Diseases» (DSM III); ils apparaissent en outre au sein du glossaire anglais des maladies mentales et dans la classification internationale de la Wordl Health Organisation[2,3].

Les symptômes de premier rang possédant un fort pouvoir discriminateur selon l'IPSS. sont:

1.voix parlant au malade (p += 0,93) .
2.voix parlant du malade (p = 0,95)
3.commentaires énoncés par les voix (p = 0,97)
4.transmission de la pensée (p = 0,97)
5.délire de contrôle (p = 0,97)
6.insertion, vol de la pensée (p += 0,97)

Il est important de souligner combien Schneider ne mentionne jamais que des symptômes observables et descriptifs, et non une quelconque étiopathogénie comme chez Bleuler.

---

[1] WORLD HEALTH ORGANIZATION (ed.) *The international pilot study of schizophrenia.* Geneva: World Health Organization Press, 1973, Vol.I.
[2] GENERAL REGISTER OFFICE. *A glossary of mental disorders.* London : Her Majesty's Stationery Office, 1968
[3] WORLD HEALTH ORGANIZATION. *Manual of the international statistical classification of diseases, injuries, and causes of death, revision 9* (ICD 9). Geneva : World Health Organization, 1967.

Il faut encore observer que dans l'IPSS, la valeur prédictive des symptômes de premier rang dépendait essentiellement de facteurs culturels. Diverses études, dont celle de Taylor, indiquent que les cas fondés sur des symptômes de premier rang dans les pays industrialisés se révèlent de mauvais pronostic, contrairement à ceux décelés dans les pays en voie de développement, indication confirmée par l'Organisation Mondiale de la Santé annonçant des investigations organicistes pour expliquer cette divergence «culturelle»[1].

Toujours à propos du pronostic, C.B. et M.C. Pull insistent sur les identités des symptômes de premier rang dans la schizophrénie et les bouffées délirantes et se demandent si le bon pronostic ne relève pas plutôt de ces dernières[2].

Avec Schneider, force est de constater que la psychiatrie contemporaine n'a pas progressé d'un pas.

A force de n'utiliser qu'une sémiologie aussi imprécise et inscrite dans la subjectivité du praticien, on comprend mieux pourquoi les recherches contemporaines sont à ce point décevantes et le resteront, le seul espoir de repérer la défaillance biologique rendant compte après-coup de l'homogénéité de la schizophrénie ne suffit pas -et c'est très bien ainsi- à constituer un groupe spécifique de patients schizophrènes.

On s'étonnera pourtant du ton triomphaliste et annonciateur de bonne nouvelle adopté par la psychiatrie contemporaine, tel ce postulat de Debray :

> «c'est dans le cerveau, cette énorme glande endocrine aux cent milliards de neurones, que l'on décodera progressivement le substrat organique des fonctions mentales normales et pathologiques»[3].

En 1987, toutefois, aucune perturbation biologique ne correspond encore à un critère absolu de diagnostic de schizophrénie, les anomalies biologiques observées en pathologie mentale ne revêtant jamais qu'une valeur d'indice (souvent faible d'ailleurs). Parmi l'ensemble des illusions neurologistes, il nous faut mettre en exergue la recherche contemporaine autour de l'hérédité dégénérescente. Janice Engeland avait décrit le chromosome 11 porteur du gène responsable présumé de la psychose maniaco-dépressive dans la communauté amish de Pennsylvanie et exprimait son espoir qu'avec une telle découverte, les malades ne se sentiraient plus culpabilisés.

Par ailleurs, les techniques d'imageries cérébrales, la caméra positron ou la résonnance magnétique nucléaire se révèlent tout aussi décevantes; ces méthodes d'exploration in-vivo métabolique et morphologique du cerveau par

[1] TAYLOR, M.A. Schneidererian first- rank symptoms and clinical prognostic features um Schizophrenia. *Arch. Gen. Psychiatry*, 1972, pg. 26, 64-67.

[2] PULL, C.B., PULL, M.C. La conception de la schizophrénie chez Kurt Schneider. *In* P. Pichot (s.l.d.) *Actualités de la schizophrénie*. Paris: P.U.F., 1981, pp. 83-96.

[3] DEBRAY, Q. Etiologie génétique des schizophrènies. *In Manuel de psychiatrie biologique* (Direction: Mendlewicz, J.) Paris: Masson, 1987, pg. .26.

des méthodes non-abasives ne fournissent aucun critère externe objectif utile à la psychiatrie.

Dès lors, aucune des perturbations biologiques identifiées actuellement aussi bien dans le cadre des états dépressifs que dans celui des états schizophréniques ne peut être retenue comme critère externe fidèle d'un sous-type diagnostic précis. La plupart des anomalies n'obéissent pas à la définition rigoureuse d'un marqueur[1]. Comme l'a montré Marchais, s'il n'existe pas de marqueur de trait (critère biologique suffisamment spécifique et permanent en matière de psychose ou de schizophrénie), c'est parce que ces marqueurs sont appréciés par rapport à des critères et des repères nosographiques.

Or comme ceux-ci n'ont aucune valeur fondamentale, les renseignements fournis pas ces marqueurs ne peuvent qu'en être tributaires. Si le DSM III est devenu un best-seller de la littérature psychiatrique et y compris dans sa première édition en français publiée à 5000 exemplaires et épuisée en moins d'un an, l'énorme danger qu'il représente est l'impact qu'il a déjà sur la jeune psychiatrie en supplantant complètement la nosographie classique. Vaillant a schématisé les inconvénients du DSM III en cinq points : Le DSM III témoigne pour lui d'un patriotisme de clocher, ignorant délibérément les autres cultures et l'ensemble de l'histoire de la psychiatrie non américaine. Le DSM III s'avère réductionniste. Il fait fi de la distinction entre un trait et un état pathologique . Le DSM III est de plus adynamique en ce qu'il ignore les notions de conflit, d'évolution longitudinale et de développement. Enfin, le DSM III sacrifie constamment la validité diagnostique au profit de la fidélité interjuges[2].

---

[1] PULL, C.B. et Coll. Rapport de psychiatrie. *Les critères diagnostiques et psychiatrie: historique, état actuel et perspectives d'avenir.* Paris: Masson, 1986, pg. 152.

[2] VAILLANT, G.E., PERRY, J.C. : Personality Disorders, in KAPLAN, H-I. *Comprehensive textbook of psychiatry/ IV.* Baltimore: Williams and Wilkins, 1985, pp. 958-986.

Conclusions

Dans un article sur les aspects récents de l'étiologie génétique de la schizophrénie, Debray constate «qu'il demeure difficile de travailler sur la schizophrénie comme un tout. De nombreux critères doivent désormais être recherchés afin d'établir des sous-groupes qui pourraient correspondre à des étiologies diverses»[1]. Voilà des lustres que c'est le cas, et Debray semble nous parler d'avenir. «En attendant que les recherches se précisent de cette façon, il faut pour l'instant constater que le facteur génétique joue sûrement un rôle dans l'étiologie de certaines schizophrénies, mais qu'il demeure méconnu dans son mode d'action et dans la place qu'il occupe par rapport à l'environnement».

Tout ce que le long cheminement psychiatrique est parvenu à réaliser, c'est une perpétuelle redondance de découverte à venir d'une hérédité présupposée...

Ce parcours historique a néammoins tenté de souligner les effets d'une invention qui ne doit rien au hasard. Que ce soit le nom donné à la folie rarissime des adolescents qui ait désigné, en 1899, l'ensemble des processus démentiels peut être entendu comme le symptôme même de la psychiatrie; l'espoir inauguré par Bayle d'éviter à tout jamais et pour toujours l'inquiétante interpellation à propos du désir, de la jouissance et de la mort, a permis de fonder la psychiatrie biologique, celle qui contourne radicalement le réel de la castration en construisant un savoir sur des prémisses fausses. Grâce à la généralisation de Kraepelin, le discours hystérique de l'adolescent «en crise», déraisonnable, ingérable, paresseux, sexuellement désirable et désirant devient une pathologie au nom propre, qui évolue vers la démence et qui, dès lors, autorise tous les traitements, du pithiatisme à l'électrochoc.

Le néologisme de schizophrénie présentera par la suite cet immense avantage de faire référence à la «Spaltung» hystérique, sans mentionner la précocité que tout clinicien scrupuleux se devait de contester. La concession freudienne embellira l'informulé; une multitude de mots-clés viendront fleurir le discours psychiatrique à la tombe de l'adolescent inconnu : autisme, perte de la réalité, discordance affective, dissociation, inintelligibilité. Si Krafft-Ebing n'a rencontré que quelques hébéphrènes au 19ème siècle, nos asiles sont à présent remplis de vieux déments précoces, de schizophrènes plus ou moins schizoïdes, de border-lines, de mères schizophrénogènes ou autres familles à transaction schizophrénique.

Ciampi s'est justement interrogé sur l'inquiétante transition de l'hystérie et des bouffées délirantes vers une schizophrénie incurable et chronique :

«il s'agirait moins d'une maladie au sens clinique du terme que des conséquen-

---

[1] DEBRAY, R. Aspects récents de l'étiologie génétique de la schizophrénie. In P. Pichot (s.d.l.) *Actualités de la schizophrénie.* Paris : P.U.F., 1981, pg. 142.

> ces psychologiques et psychosociales relativement plausibles d'une situation de contraintes spécifiques consécutives à une ou plusieurs poussées aigües psychotiques.(...) On discutera (...) si la schizophrénie chronique est totalement ou en partie un artéfact dans le sens d'une conséquence due à la situation après la maladie aiguë»[1].

Voilà un psychiatre que l'on ne peut taxer de lacanien qui décrit l'évolution vers une démence chronique comme un artéfact...

Si un adolescent, dans son appel insistant vers le père, recherche la réponse pacifiante à l'énigme que lui pose le réel de la castration, la rencontre avec un psychiatre nanti d'un savoir sur sa crise constitue un artéfact catastrophique. Le psychiatre devient alors le père réel, préservé de la castration par les attributs magiques de sa connaissance et de la «vérité», possédant même le don de prévoir toute l'évolution jusqu'à l'aliéner définitivement par le diagnostic, jusqu'à violenter son corps par des neuroleptiques et des électrochocs. Le caractère abusif de la psychiatrie contemporaine juvénile réside ici, dans sa réponse toute faite, dans sa production d'une psychose chronique propre à vérifier ses prémisses théoriques, dans son triomphe d'avoir posé le bon diagnostic de schizophrénie. Si l'adolescence est caractérisée par l'effort de subjectivation dans le fantasme, et si cet effort s'exprime dans une chaîne de symptômes aléatoires et relatifs comme dans une dérive métonymique de partie pour le tout; c'est aussi par un glissement métonymique que le processus dégénératif supérieur s'est mué en démence précoce. Freud avait décrit le processus de déplacement dans le rêve comme l'indice du désir- et l'on ne peut s'empêcher de lire la dérive métonymique psychiatrique comme la quête du bon diagnostic susceptible d'évacuer du transfert la question du désir, de baliser la culpabilité liée au sexuel dans l'hystérie et de trouver (ou d'annoncer) une issue organiciste totalisante psychodynamique avec une bonne maladie mentale héréditaire et incurable.

La schizophrénie, grâce à son néologisme, construction métonymique et métaphorique en tous points comparable à la glossolalie et au langage délirant, ne pouvait qu'introduire un triomphe bien plus retentissant encore : le camouflage de la question du clivage, ce terreau du XIXème siècle sur lequel s'était découvert l'inconscient. Occulter cette découverte en produisant par le néologisme un nouveau diagnostic psychiatrique, dans un processus de condensation, c'était dégager aveuglément toute la force d'engendrement propre à la métaphore.

---

[1] CIAMPI, L. Ist die chronische Schizophrenie ein Artefakt? Argumente und Gegenergumente. *Fortschr. Neurol. psychiat.*, 1980, 48, 237-248.

Freud ou le parcours d'un père

«C'est faux de dire: Je pense.
On devrait dire: On me pense.
Pardon du jeu de mots. Je est un Autre, tant pis pour le bois qui se trouve violon et nargue aux inconscients, qui ergotent sur ce qu'ils ignorent tout-à-fait »
RIMBAUD, lettre à G. Izambard, 13.5.1871

«Il fallait accuser le père de perversion»

Le parcours freudien, exceptionnel et déterminant dans son questionnement autour de la psychose, s'amorce à partir d'influences majeures au caractère essentiellement nosographique. Ainsi Krafft-Ebing, son professeur à Vienne, enseigne-t-il au jeune Freud la notion d'une constitution paranoïaque, conception reprise ensuite par l'ensemble des cliniciens. L'autre apport de cet enseignement consiste en un modèle pathogénique repris de Morel à propos du concept de névrose. Il s'agit là d'un état névrotique basal, au sens d'une perturbation fonctionnelle diffuse du système nerveux tant locale que centrale et préexistante à l'éclosion des troubles mentaux constitutionnels sans pathogénie organique repérable.

A Griesinger, Freud doit la représentation de la folie comme d'un grand cycle, un procès dont chaque espèce évoluerait en crescendo dans la dégradation progressive de l'esprit: la «psychose unique». Il y différenciait les formes primaires, quand le bouleversement émotionnel provoque directement le dérangement mental; des formes secondaires, où le bouleversement s'est émoussé, s'intègre à la personnalité, au Moi, laissant ce dernier affaibli, déformé, dissocié. Freud avait soigneusement annoté ces pages où Griesinger, dans son traité, décrivait ses conceptions de l'ego. Le terme d'amentia, fréquemment utilisé par Freud pour désigner «sa» psychose de référence, la confusion hallucinatoire, avait été introduit par Meynert et désignait de part et d'autre une forme stuporeuse et une forme délirante recouvrant aussi bien l'onirisme que les psychoses délirantes aigües.

Freud est élève de Charcot. Comme beaucoup d'autres, il assiste à de fantastiques représentations théatralisées de patientes hystériques à la Salpêtrière. C'est au coeur de cette scène et du spectacle offert par des femmes éperdument amoureuses se jetant aux bras de leur médecin que Freud découvre et pose les premières questions de la psychanalyse : le transfert et l'inconscient. Les symptômes jusqu'alors scientifiquement décrits se teintent et se marquent d'une prédominance de la relation thérapeutique, illustrant à quel point ces symptômes observables relevaient d'un phénomène avant tout langagier de séductions mutuelles et inconscientes entre les patientes et leur médecin. C'est dans cet ordre d'approche que Freud introduit sa propre conception du symptôme hystérique, celle d'un état psychique dissocié inconscient d'identification à la personne aimée : la conversion hystérique. L'accès hystérique, par contre, témoignerait d'un état dissocié envahissant complètement la conscience et aboutissant à la totale subjugation du moi par la psychose.

Le questionnement freudien se poursuit : comment l'ego d'un sujet peut-il réagir et se défendre face aux émotions douloureuses et insupportables?

Défenses réussies ou échouées

Dans «Névrose, psychose et perversion»[1], Freud décrit trois cas d'adolescentes «en crise» dont le moi cherche à se défendre.Ils sont tous trois éloquents à plus d'un titre.

«Une jeune fille souffre de reproches obsédants...»

Bien que «clairement consciente de l'absurdité de ces reproches obsédants», la jeune fille décrite par Freud s'attribue tous les méfaits du monde : «lit-elle dans le journal l'histoire de faux-monnayeurs, l'idée lui vient qu'elle aussi a fabriqué de la fausse monnaie». Et ainsi de suite, jusqu'à des sentiments aigüs de culpabilité qui la conduisent à se plaindre à ses parents et au médecin «d'avoir réellement commis ces méfaits». Freud nous parle alors d'une «psychose par simple accroissement quantitatif-psychose par débordement». Cette théorisation de l'accroissement quantitatif à l'intérieur d'une description d'un cas d'adolescente illustre combien Freud est près de dire que la puberté consisterait en un temps de psychose par débordement. Mais il est prudent. Ce qu'il pressent n'est pas encore énoncé, comme la relation pourtant visible entre ce temps psychotique et la sexuation de la jeune fille qui «s'était laissé amener par une amie à la masturbation»; qu'elle «pratiquait (...) depuis des années avec la pleine conscience de sa faute, en se faisant les reproches les plus violents mais, comme il est habituel, les plus inutiles». La masturbation évoque la sexualité, mais permet l'hypothèse d'un traitement approprié à une faute, non à un état. Du reste, au bout de quelques mois de traitement, la jeune fille guérit, «sous la surveillance la plus stricte».

«Une autre jeune fille souffrait de la crainte de succomber à l'envie d'uriner...»

Freud commence cette seconde description par une genèse très précise de l'obsession. Le «besoin de cette sorte» était apparu lors d'un concert et l'avait «véritablement obligée à abandonner (la salle) pendant la représentation». Bien vite, cette phobie l'éloigne de tout rapport social car «elle ne se sentait bien que lorsqu'elle savait être à la proximité de cabinets où elle pouvait se rendre discrètement». Mais voici qu'après «un examen attentif», Freud peut préciser les circonstances de cette «impérieuse envie d'uriner» : le voisinage durant le concert d'un monsieur qui «ne lui était pas indifférent. Elle commença à penser à lui et à s'imaginer qu'elle était sa femme, assise à ses côtés». Ici, Freud aurait

[1] FREUD, S. (1894-1924). *Névrose, psychose et perversion.* (Trad. J. Laplanche). Paris: P.U.F., 1973, pp. 9-13.

pu entrevoir que la conversion d'une pulsion érotique en symptôme illustrait une envie délirante d'être aimée, qu'il s'agit là d'une question tout à fait adolescente et que la relativité de semblables symptômes ne permet pas d'affirmer qu'on soit en face d'une adolescente psychotique au-delà d'un temps pour comprendre lié à la sexuation. Freud peut en frôler la découverte, il choisit néammoins l'explication que «dans cette rêverie érotique, elle éprouva cette sensation corporelle que l'on peut comparer à l'érection de l'homme et qui, chez elle -je ne sais si c'est un fait général- se termina par une légère envie d'uriner. (...) Les rêveries érotiques, qu'elle se permettait volontiers, provoquaient chaque fois cette sensation voluptueuse». Là encore, la description minutieuse d'une causalité sexuelle plutôt que d'une sexuation propre à la puberté émergeant dans le réel de chaque adolescent permet un traitement qui «conduisit au contrôle presque parfait de cette phobie». Les termes utilisés par Freud de surveillance et de contrôle dans ces deux cas observés augurent déjà de ce qu'un accroissement quantitatif lié à la sexuation ne peut être posé pour lui que comme un débordement.

«Une jeune fille a voué impulsivement son premier attachement à un jeune homme et croit fermement qu'elle est aimée en retour...»

Ce troisième cas illustre un autre type de défense «beaucoup plus énergique et efficace» que Freud nomme confusion hallucinatoire. «Le moi rejette la représentation insupportable en même temps que son affect et se comporte comme si la représentation n'était jamais parvenue jusqu'au moi. (A ce moment), la personne se trouve dans une psychose que l'on ne peut classifier que comme «confusion hallucinatoire»».

La jeune fille s'imagine être aimée et se trompe. Freud observe qu'«elle s'en défend tout d'abord en convertissant de façon hystérique les expériences (douloureuses) en question, maintenant ainsi sa croyance». Elle se sent malheureuse et malade. A l'occasion d'une fête de famille et «en proie à la plus haute tension», la jeune fille attend désespérément la venue de l'homme qu'elle aime. A partir de ce jour, un épisode psychotique surgit, «elle vit pendant deux mois dans un rêve heureux dont le contenu est le suivant : il est là, il est toujours près d'elle».

Il n'est plus question des déceptions antérieures, elle nage dans l'euphorie et «ne se déchaîne que lorsque son entourage prend des mesures pour l'empêcher de faire quelque chose qui serait la conséquence logique de son rêve bienheureux». Freud clôture son propos en déclarant que «cette psychose, à l'époque incompréhensible, fut découverte dix ans plus tard par une analyse hypnotique». Revoici Charcot et la Salpêtrière...

Ces trois analyses illustrent le souci chez Freud de théoriser la psychose d'après la réussite ou l'échec du moi à se défendre. Les deux premiers cas décrivent des symptômes relatifs au type de manifestations extérieures propres à l'adolescence sexualisée; le troisième, que Magnan aurait diagnostiqué «bouffée délirante», présente un modèle d'épisode hallucinatoire et délirant extrêmement fréquent en psychiatrie juvénile. Freud ne pouvait pas encore comprendre, mais seulement entrevoir qu'à l'adolescence, la sexuation du corps provoque un bouleversement fondamental (l'ébranlement tumultueux dont parlait Griesinger) et dislocateur de l'équilibre entre un imaginaire subitement surdéveloppé, un réel insatisfaisant et, par là même, un symbolique inconstruisible.

L'objet de la passion imaginaire, faute d'avoir pu être symbolisé, apparaît dans le réel d'une façon hallucinée et délirante. A défaut d'une telle interprétation, (et pour cause, c'était alors incompréhensible), la jeune fille est demeurée deux mois dans sa certitude délirante.

Dès 1894, Freud tente d'utiliser son principe de défense pour distinguer la névrose de la psychose. Pour lui, le comportement névrotique se manifesterait par une séparation de l'affect et de sa représentation, comme c'est le cas dans l'hystérie et l'obsession où le symptôme observable s'est éloigné du traumatisme originel. La psychose consisterait, par contre, en une extériorisation d'un affect très puissant. Lorsque l'affect est rejeté, Freud parle d'une défense réussie, ou confusion hallucinatoire; lorsque affect est revécu, la défense échouée provoque une psychose par débordement, soit surtout la psychose hystérique.

Quelques mois après ces premiers travaux, dans une lettre à Fliess, Freud ravive le concept de paranoïa cher à Krafft-Ebing par la description des mécanismes de déplacement et de projection.

Ce dernier concept ne pouvait apparaître que dans la logique et la foulée de l'hystérie et l'obsession, dans la découverte que la paranoïa se distingue d'elles par l'attribution d'une «manifestation intérieure à une cause extérieure». D'emblée, Freud précise qu'«il s'agit du mésusage d'un mécanisme psychique très courant», que «nous sommes accoutumés à voir nos états intérieurs se révéler à autrui» et que «c'est ce qui donne lieu à l'idée normale d'être observé et à la projection normale (...) tant que nous restons conscients de nos propres modifications intérieures»[1]. Au travers d'une telle observation, Freud découvre comment la névrose ne consisterait qu'en un mésusage d'un procédé courant et normal. Lors du cas présenté de la jeune fille basculant de la névrose vers la confusion hallucinatoire, Freud, en révélant le rôle déterminant joué par la puissance de l'affect, insistait aussi sur une conception de la psychose comme d'une exagération de la névrose. Le tâtonnement freudien possède du moins le mérite d'une pertinence inscrite dans la démarche et l'observation cliniques. Parallèlement, et de nos jours encore et toujours, des chercheurs s'évertuent à découvrir un gène responsable des affections; manipulant cerveaux, microscopes et procédés multiples avec la sereine conviction d'exorciser un jour le caractère aléatoire des concepts de névrose, psychose et normalité .

---

[1] FREUD, S. Manuscrit H. Lettre à Fliess du 24.1.1985. *In La naissance de la psychanalyse.* (Trad. A. Berman). Paris : P.U.F., 1956, pg. 100.

On trouvera comment Freud rend compte de sa clinique dans le tableau récapitulatif de la page suivante. Nulle trace encore de déments précoces, pas plus que de schizophrènes en 1895...

Recherche d'un traumatisme

Dans l'ordre logique de l'affection-névrotique ou psychotique- caractérisée par une défense du moi, Freud recherche assidûment l'origine du traumatisme initial.

Extraordinaire investigation qui débute en janvier 1896 avec la publication du manuscrit K[1]. Freud y développe le clivage hystérique, le décrivant comme une résurgence d'un traumatisme sexuel précoce et non d'un effort de défense récent. Outre sa description des névroses de défense comme de «déviation pathologiques d'états affectifs psychiques normaux», Freud mentionne que ces troubles apparaissent dans les mêmes circonstances que leurs prototypes affectifs à deux conditions: «il faut que l'incident provocateur ait été d'ordre sexuel et ensuite qu'il se soit produit avant la maturité sexuelle». Toujours d'après Freud, ce traumatisme sexuel infantile constituerait même le point commun des principaux troubles décrits.

Ainsi, en regard d'un premier cheminement à partir du transfert et de l'inconscient; d'une conception de l'hystérie, de l'obsession et de la paranoïa selon les mécanismes de défense du Moi, Freud découvre une connotation sexuelle commune à ces grandes pathologies et va jusqu'à tracer le déroulement des névroses de défenses en y introduisant l'étape d'un refoulement. A partir de la névrose obsessionnelle, Freud développe une analyse très fine de quatre stades de son développement :

1. le stade de l'immoralité infantile où se produisent les événements traumatiques de l'après-coup.
2. la maturité sexuelle avec le refoulement (de ce qui a été désiré).
3. l'apparition de la défenseque Freud appelle formation réactionnelle (négation de ce qui rappelle le refoulé).
4. l'échec de la défense et le retour obsédant du refoulé.

La tentation est immense de relever un traumatisme sexuel explicatif de chaque type d'affection, mais s'il parvient pour l'hystérie à en repérer le modèle entre un an et demi et quatre ans; rien d'analogue ne surgit pour les cas de psychoses. Dans une nouvelle lettre à Fliess, en 1897, Freud s'explique l'échec de sa tentative sur un ton désabusé : «Maintenant, je ne sais plus où j'en suis»[2].

---

[1] FREUD, S. Manuscrit K. Lettre à Fliess du 1.1.1896. «Conte de Noël». In *La naissance de la psychanalyse*. (Trad. A. Berman). Paris : P.U.F., 1956.

[2] FREUD, S. Lettre à Fliess du 21.9.1897. *In La naissance de la psychanalyse*. (Trad. A. Berman). Paris : P.U.F., 1956, pp. 190-191.

	Affect	Contenu en représentations	Hallucinations	Résultat
Hystérie	liquidé conversion	Absent du conscient	-	Défense instable avec gain en satisfaction
Obsessions	Maintenu +	Absent du conscient et remplacé	-	Défense permanente sans gain
Confusion	Absent -	-Absent	Agréable au moi et à la défense	Défense permanente gain brillant
Paranoïa	Maintenu +	+Maintenu Projeté au dehors	Hostiles au moi Favorables à la défense	Défense permanente sans gain
Psychoses hystériques	Mainmise +	Conscient +	Hostiles au moi et à la défense	Echec de la défense

Tableau repris In Freud, S. Manuscrit H. Lettre à Fliess du 24.1.1895. *In La naissance de la psychanalyse.* (Trad. A. Berman). Paris : P.U.F., 1956, pg. 102.

Réduit par la logique même de sa démarche à devoir, pour chaque cas, «accuser le père de perversion», Freud réalise bien «qu'une telle généralisation des actes pervers commis envers des enfants semblait peu croyable», d'autant plus que «la maladie n'apparaît que lorsque les incidents se sont multipliés».

Suivent l'aveu d'une «conviction qu'il n'existe dans l'inconscient aucun «indice de réalité» et la constatation que, dans les psychoses les plus avancées, l'incident de jeunesse ne se révèle pas.

Nous sommes loin encore d'une élucidation de la perversion comme d'une «version vers le père», interprétation qui surgira 80 années plus tard du questionnement freudien autour du père réel, introduisant au concept de Nom-du-Père à l'orée du fantasme, l'imaginaire recouvrant là le champ de la réalité...

La correspondance à Fliess nous a jusqu'ici permis une lecture privilégiée de la recherche freudienne. Sa lettre de 1899, la dernière de notre parcours avant l'abord d'une seconde correspondance, autrement orageuse celle-là, avance la conception d'un auto-érotisme, substitution à la perversion improbable des pères dans l'origine des affections[1]. Le traumatisme s'inscrit dès lors dans la sexuation même, sans la nécessité d'une manipulation extérieure, «parmi les couches sexuelles les plus profondes».

Cette découverte de l'auto-érotisme «qui n'a aucun but psycho- sexuel et n'exige qu'une sensation capable de le satisfaire localement» découle bien de l'expérience freudienne antérieure: «Dans une première et grossière tentative,(...) je pensais que ce choix (vers l'hystérie au lieu de la paranoïa) dépendait de l'âge auquel les traumatismes s'étaient produits, au moment de l'incident.» Freud différencie l'hystérie, allo-érotique et dirigée vers autrui, de la paranoïa, caractérisée par «la poussée d'un courant auto-érotique, comme un retour à la situation de jadis».

En écrivant ces lignes, Freud ne soupçonnait pas l'usage que la pudique Ecole de Zurich réserverait à ce concept, camouflant son versant sexuel sous le terme d'autisme, terme aujourd'hui universellement prononcé pour désigner la psychose des enfants...

La schizophrénie ou le prix à payer

Cette seconde étape de la trajectoire freudienne s'articule autour d'une correspondance (pleine d'enseignements) entre Freud et Jung. Et, pour commencer, quelles raisons peuvent bien conduire le père de la psychanalyse à s'adresser aux évêques de la psychiatrie allemande, dans le contexte organiciste que l'on sait? La reconnaissance, très simplement. Pour Freud, il s'avérait impérieux de sortir par tous les moyens la psychanalyse du ghetto juif viennois

---

[1] FREUD, S. Lettre à Fliess du 9.12.1899. *In La naissance de la psychanalyse* (trad. A. Berman). Paris, P.U.F., 1956, pg.270.

dans lequel elle s'enlisait. Ce sera donnant-donnant, hélas , et la rencontre des deux grands hommes aura pour désastreux effets l'apport freudien à la démence précoce et la schizophrénie dans une dimension psychodynamique qui leur manquait cruellement; mais aussi l'obligation pour Freud d'intégrer ces deux concepts dans la théorie psychanalytique.

«L'intention égoïste que je poursuis est de vous instituer comme mon continuateur»

La lune de miel débute par un échange de bons procédés : Freud découvre à Jung l'auto-érotisme et, par extension, le rôle déterminant du sexuel à l'origine des maladies mentales. Parallèlement, il s'engage à tenter l'application de ses propres concepts à la démence précoce. D'après le tableau synthétique de Fierens ci-dessous, c'est en 1907 que la théorie freudienne des psychoses mentionne cette entité, apparentée à l'auto-érotisme[1]. Les psychoses y sont classifiées comme suit :

1. Les psychoses dues au refoulement de la libido :
a. Le retour du refoulé, la projection : la paranoïa,
b. L'auto-érotisme : la démence précoce,
c. Mélange d'auto-érotisme et de projection : la démence paranoïde.
2. Les psychoses par débordement ou psychoses caractérisées par la subjugation du moi :
a. La psychose hystérique avec régression temporelle et retour au traumatisme,
b. La confusion hallucinatoire ou amentia : avec régression topique et retour à la représentation satisfaisante.

«Je ne peux toujours rien me représenter de précis sous la démence précoce»

La franche amitié ne dure guère.

L'incident qui précipite l'entente des deux hommes vers un désaccord croissant survient à partir de ce que nous nommerons le «cas Otto Gröss».

Avant son évocation, il faut préciser combien la polémique -célèbre- qui naît autour de ce disciple de Freud constitue un épisode très particulier de toute l'histoire de la psychanalyse.

Otto Gröss, psychanalyste, souffre d'un penchant marqué pour l'héroïne. Hospitalisé au Burghölzli, c'est Jung qui se charge de son traitement.

Le 19 juin 1908, Jung écrit à Freud le compte-rendu de ses observations.

---

[1] FIERENS, C. *Des fondements psychanalytiques des psychoses.* Thèse de doctorat en Psychologie, Louvain, U.C.L., 1977, pg 25.

Dès les premières lignes, la noirceur du tableau ne souffre aucune nuance; c'est «l'un des cas les plus graves de ma vie» confie Jung, et qui l'a «consumé au sens le plus plein du mot»[1]. Plus loin, le psychiatre révèle son diagnostic qu'il considère «avec une netteté effrayante: démence précoce». L'écriture est passionnée : Jung fait part à Freud d'une désolation sans bornes : «il (Gröss) m'est souvent apparu comme mon frère jumeau, dementia praecox en moins».

Deux jours plus tard, la réponse de Freud survient. Le ton de la lettre, très «professionnel», confirme le désaccord exprimé dans ces lignes : au terme de démence précoce (qu'il abrège singulièrement en d. pr.), Freud préfère «l'expression démodée»: de paranoïa «pour la raison que d. pr. n'est souvent pas un véritable diagnostic»[2].

Freud poursuit : «L'incurabilité ou la mauvaise issue n'échoient pas regulièrement à la d. pr., aussi peu qu'elles parviennent à la distinguer de l'hystérie et de la névrose obsessionnelle». Et Freud de poser la question du père: «Si c'était une psychonévrose (obsessionnelle) avec transfert negatif, à cause du rapport hostile au père, ce qui peut simuler une absence ou une paralysie du transfert?» . .

C'est là tout l'enjeu d'un conflit majeur : autour du «cas Otto Gröss» -dont on imagine tout le tragique fardeau supporté d'un double éclairage à sa «psychose»- s'amorce l'opposition d'une lecture organique, la démence précoce pour Jung, envers la question du père posé par Freud; comme deux noeuds fondamentaux de l'«accident psychotique», aux antipodes l'une de l'autre.

La divergence entre les deux hommes va s'accentuer autour d'un second cas, plus célèbre encore : le Président Schreber.

La bombe Schreber

On ne traite pas sans passion d'un cas aussi extraordinaire que ce Président Schreber, auteur des fameuses «Mémoires d'un Névropathe», ouvrage polémiqué jusqu'au coeur des tribunaux, et qui fournira la matière à un nombre impressionnant d'écrits et de commentaires sans aucun doute jamais égalé dans toute l'histoire de la psychanalyse[3].

En 1893, Schreber, président de chambre à la cour d'appel de Dresde, est interné pour une paranoïa.

Ses «Mémoires», rédigées durant son hospitalisation et publiées en 1903, constituent la base de multiples travaux autour de cette pathologie en même

---

[1] FREUD, S., JUNG, C.G. (1906-1909). *Correspondance.* T.I. (Trad. R. Finz-Silbermann). Paris : Gallimard, 1975, pg. 223 (lettre du 19.06.1908).

[2] FREUD, S., JUNG, C.G. (1906-1919). *Correspondance.* T.I. (Trad. R. Finz-Silbermann). Paris : Gallimard, 1975, pg. 224 (lettre du 26.06.1908).

[3] SCHREBER, D.P. *Mémoires d'un névropathe.* (Trad. Duquenne et Sels) Paris: Seuil, 1976.

temps qu'une critique acerbe de la séquestration asilaire arbitraire.

Paradoxalement, c'est Jung qui offre l'ouvrage à Freud. C'est donc à partir de ce «cadeau» particulier et du cas d'un unique patient -que Freud ne rencontrera jamais- que le père de la psychanalyse construit son imposante théorie du narcissisme....

Le transfert de Schreber pour son psychiatre, Flechsig, ne cesse d'impressionner Freud : tout en qualifiant Flechsig de «meurtrier d'âme», le Président ne se départit pas d'un amour éperdu éprouvé à son encontre. Cet amour, Freud le traduit dans la maxime célèbre : «Je (un homme) aime lui (un homme)». Le premier temps décrit la dimension langagière du symptôme; le second temps indique le retournement sur la personne propre et le renversement dans le contraire. L'amour de soi s'amorce au premier plan de la paranoïa : voilà qui ne fait plus de doute pour Freud. Dès lors, les délires de persécution, d'érotomanie et de jalousie ne consistent plus qu'en des formes secondaires de délires mégalo-maniaques qui seuls les rendent possibles.

La découverte par Freud d'un narcissisme originel commun à tous les individus -Schreber n'en constituerait qu'une exagération- lui pose la question suivante : quel lien autorise le passage des pulsions narcissiques vers l'amour envers l'autre ? En découvrant le narcissisme, Freud pose immédiatement cette question fondamentale : n'est-ce pas grâce à l'amour de soi qu'un lien peut s'établir entre les pulsions sexuelles et l'amour pour autrui ?

Ce lien, Freud le situe au niveau du corps, et plus particulièrement des organes génitaux :

> «Dans ce «soi-même» pris comme objet d'amour, les organes génitaux constituent peut-être déjà l'attrait primordial. L'étape suivante conduit au choix de l'objet doué d'organes génitaux pareils aux siens propres, c'est-à-dire au choix homosexuel de l'objet»[1].

En lisant bien Freud, on ne manque pas de remarquer que l'homosexualité représente la norme; que c'est à la suite d'un refoulement des pulsions narcissiques qu'apparaît l'attrait pour l'autre sexe. Freud va même jusqu'à considérer l'énamoration comme : «l'image normale des psychoses» et présente les degrés de passion éprouvés pour l'autre sexe «comparés au niveau de l'amour de soi»[2].

Et l' adolescence, dont Freud nous déclare qu'«elle consisterait à faire quelque chose de réel avec le narcissisme, c'est-à-dire avec l'omnipotence des désirs»[3]?

---

[1] FREUD, S. (1911). Remarques psychanalytiques sur l'autobiographie d'un cas de paranoïa (le président Schreber). *In Cinq psychanalyses.* (Trad. M. Bonaparte et R. Loewenstein). Paris : P.U.F., 1977, pg. 306.

[2] FREUD S. (G.W. IX, pg 111) traduit et cité par Florence, J. *L'identification dans la théorie freudienne.* Bruxelles: Publication des Facultés Universitaires Saint-Louis, 1978, pg. 82.

[3] FREUD, S. (1905). *Trois essais sur la théorie de la sexualité.* (Trad. B. Reverchon-Jouve). Paris: Gallimard, 1962.

Dans la logique qui s'élabore autour de l'étude freudienne du narcissisme conjugué à la paranoïa du Président Schreber, l'adolescence constitue certainement un modèle de paranoïa transitoire : en définissant l'énamoration comme l'image des psychoses, Freud en dit long sur ce que vivent typiquement tous les adolescents du monde : la question du narcissisme comme lien entre la pulsion et l'amour autour des organes génitaux se pose inévitablement chez l'adolescent pubère. De même, la construction d'un objet amoureux peut-elle s'avérer plus impérieuse qu'à cette période ? Le premier amour, si déterminant que ses traces demeurent souvent indélébiles à l'âge adulte, dont la littérature et le cinéma se sont abondamment inspirés comme des modèles de l'amour, possède aussi la dimension persécutrice d'aimer un être à un tel point. Tous les grands mythes d'amour se fondent dans la mort; le mot même de passion camoufle une étymologie identique à celle du verbe souffrir . Et qui n'a connu d'adolescence passionnée, tourmentée, romanesque ? Ainsi, dans sa cohérence envers le processus de projection du narcissisme pour décrire la paranoïa, Freud illustre, à son insu, l'apparentement de l'adolescence à une période propice aux épisodes psychotiques.

En 1911, année décisive dans les histoires conjuguées de la psychanalyse et de la psychiatrie, Freud distingue les psychoses en deux grandes catégories:

1. Les psychoses avec perte de l'intérêt libidinal :
a. narcissisme : paranoïa
b. auto-érotisme : schizophrénie
2. Les psychoses avec perte de l'intérêt général : la confusion hallucinatoire ou amentia de Meynert.

Les deux disciplines s'entendent sur des concepts nosologiques. La schizophrénie obtient droit de cité, confirmée par la théorie psychanalytique et la pensée psychiatrique.

Freud conjugue son embarras d'une causalité traumatique introuvable et sa propre ambition narcissique pour, induit par Jung, intégrer la schizophrénie à son classement des psychoses en renonçant aux classifications antérieures,pourtant tellement plus proches de la clinique.

L'intérêt général correspond aux pulsions du moi; l'intérêt libidinal aux pulsions sexuelles.

Pour Freud, un délire se forme d'après le rapprochement des pulsions sexuelles et des pulsions du moi jusqu'à influencer la perception de la réalité. Il ne fait toutefois aucun doute que l'intérêt prédominant reste le sexuel. C'est là que le torchon brûle entre Freud et Jung.

«Je crains qu'il ne nous arrive là un malentendu»

Le 14 novembre de la même année, Jung écrit à Freud que «ce passage dans l'analyse de Schreber où vous vous heurtez au problème de la libido (nature de la libido dont la privation produit une perte de la réalité) est un de ces points où un des sentiers de ma pensée croise l'un des vôtres. Je suis en effet d'avis que le concept de libido (...) devrait être augmenté de sa composante génétique, afin que la théorie de la libido puisse trouver son application dans la dementia praecox»[1]. Singulière façon d'être «en effet d'avis», la concession majeure de Freud étant d'avoir, contre son gré, pris en compte la démence précoce et la schizophrénie dans ses classifications. Cette concession, suffisante pour parfaire l'édifice erroné de ces concepts, bascule néammoins sur ce point: pour Freud, il ne saurait être question d'admettre le point de vue puritain de Jung où la libido s'inscrirait dans l'intérêt pour le monde. Il peut bien concéder un terme nosologique, il n'en demeure pas moins soucieux de vérité.

Excédé, Freud répond à Jung que «seule la force pulsionnelle de la pulsion sexuelle peut être appelée libido» (lettre du 30.11.1911)[2]. C'est ce qui consomme leur rupture. Freud s'opposera avec force à l'usage du mot jungien d'introversion dans le sens d'un repli sur soi quant à l'intérêt général et qui se voilera en autisme.

La démarche personnelle et la nécessité des concessions se conjuguent dans un texte intitulé «Pour introduire le narcissisme»[3]. Freud y confirme que «nous eûmes un motif impérieux de nous intéresser à l'idée d'un narcissisme primaire normal, lorsqu'on entreprit de soumettre la conception de la démence précoce (Kraepelin) ou schizophrénie (Bleuler) à l'hypothèse de la théorie de la libido». Parallèlement à sa question de savoir s'il y a d'abord auto- érotisme ou d'abord narcissisme, interrogeons-nous sur la place occupée par le narcissisme à l'adolescence.

S'insère ici une importante distinction entre les temps logique et chronologique. Si le narcissisme est indispensable à l'appui des pulsions sexuelles sur les pulsions du moi comme au passage de l'auto-érotisme à l'amour, il est certainement premier dans le temps logique, même si l'auto-érotisme le précède dans l'histoire individuelle[4].

Si, pour Freud, l'articulation du moi et de la sexualité autour du narcissisme affirme le fondement de la psychose; l'adolescence, premier temps logique, se révèle alors celui de la condition humaine. Comment ne pas s'étonner, dès lors, quand Freud opère une distinction entre la confusion hallucinatoire et la schizophrénie ou la paranoïa sur cette articulation même jusqu'à prétendre que c'est le pouvoir croissant de la libido qui, déformant certains morceaux de la réalité, caractérisent la schizophrénie et la paranoïa. Là aussi, nous sommes en pleine adolescence!

[1,2] FREUD, S., JUNG, C. G. *Correspondance* (1910-1914). (Trad. R. Finz-Silbermann), Paris : Gallimard, 1975, pg. 220.

[3] FREUD, S., Pour introduire le narcissisme. *In La vie sexuelle.* (Trad. J. Laplanche). Paris : P.U.F., 1977, pg. 82.

[4] FIERENS C. *Des fondements psychanalytiques des psychoses.* Thèse de doctorat en psychologie, Louvain, UCL, 1977, pg. 55.

Nulle part ailleurs, les principes de plaisir et de réalité ne s'entrecroisent avec autant d'«impérieux motifs» et d'acuité.

Freud conclut son article par une observation autour du principe de sublimation : «Le développement du Moi consiste à s'éloigner du narcissisme primaire et engendre une aspiration intense à retrouver ce narcissisme»[1]. L'éloignement se caractérise par une idéalisation du Moi indiquant comment la trajectoire freudienne s'articule sur sa propre expérience -il en ira de même pour le complexe d'Oedipe- en décrivant les mécanismes psychotiques d'après ses mécanismes à lui et constamment dans une référence non-dite, mais parfaitement observable, avec une période de l'adolescence à laquelle Freud reste manifestement très attaché.

Sous un tel éclairage, «on comprend mieux aussi pourquoi la paranoïa est souvent causée par une atteinte du Moi, par une frustration de la satisfaction dans le domaine de l'idéal du Moi». Le moyen pour l'adolescent d'échapper à la paranoïa ?

Ou à la schizophrénie (que Freud nomme ici paraphrénie) dès lors qu'«on comprend mieux aussi la conjonction de la formation d'idéal et de la sublimation dans l'idéal du Moi, la rétrogration de sublimation, et l'éventuel remaniement des idéaux dans les affections paraphréniques»? Formation d'idéal, sublimation, remaniement des idéaux; phases typiques et centrales à la puberté.

Les fondements même de la psychanalyse.

La question de la sublimation revêt une importance toute particulière et mérite qu'on s'y arrête un instant. Il s'agit d'un terme et d'un concept habituels pour désigner une façon «positive» de dépasser les pressions anarchiques de la libido. On sublime dans l'art, dans la gastronomie, dans l'étude ou le travail. Le terme s'est imposé -comme peu d'autres parmi les principes énoncés par Freud- parce qu'il plaisait dans sa dimension optimiste et pédagogique d'un mieux-être pour l'homme. L'être qui sublime se dépasse, croît, progresse, fait avancer l'histoire du monde, sans avoir à trop souffrir ou dépendre de ses pulsions sexuelles.

Voilà poindre le «triomphe» de la psychologie, dans son évacuation de l'inconscient fondamental, les «rêves de l'histoire du monde» à la façon jungienne; tout cela dans une continuité présumée de l'oeuvre freudienne et alors même que la partie la plus rigoureuse et profonde de ses recherches en est exclue et balayée.

Le langage pour justifier la schizophrénie

Freud bute ensuite sur un paradoxe : comment concilier une conception topique de l'inconscient (justifiant la résistance) et celle fonctionnelle qui en permet l'accès ? C'est par l'étude des psychoses -mais particulièrement de la

[1] FREUD, S. *Ibid.*, pg. 82.

schizophrénie- que Freud tente de résoudre la question.

On trouve, dit-il, la solution du paradoxe de l'inconscient parmi les altérations du langage du schizophrène.

Pour illustrer comment un discours incompréhensible peut introduire, par les déclarations du «schizophrène» sur ce discours, à l'éclaircissement et la compréhension de la formation de mots dans la schizophrénie, Freud mentionne trois cas extrêmement intéressants à plusieurs titres.

«Les yeux ne sont pas comme il faut»

> «Le Dr. V. Tausk (Vienne) a mis à ma disposition quelques-unes des observations qu'il a faites dans un cas de début de schizophrénie; Elles présentent cet avantage particulier que la malade était encore disposée à fournir elle-même l'explication de ses discours. Je montrerai donc par deux exemples tirés de ce cas quelle conception je me propose de défendre; je ne doute d'ailleurs pas qu'il serait facile à tout observateur d'apporter, en abondance, un tel matériel.
> Une des malades de Tausk, une jeune fille qui fut conduite à la clinique après une dispute avec son bien-aimé, se lamente : les yeux ne sont pas comme il faut, ils sont tournés de travers. Ce qu'elle explique elle-même, dans un langage cohérent, en lançant une série de reproches contre le bien-aimé : elle ne peut pas du tout le comprendre, il semble à chaque fois différent, c'est un hypocrite, un tourneur d'yeux, il lui a tourné les yeux, maintenant elle a les yeux tournés, ce ne sont plus ses yeux, elle voit maintenant le monde avec d'autres yeux.»[1].

Freud ne possède pas encore les clefs du décodage linguistique. Il ne peut pas, en 1915, décrire le procédé métonymique qui conduit la jeune fille à prendre l'oeil pour le regard et tout ce qu'il peut signifier, pas plus qu'y repérer la métaphore. L'expression traduite de «tourneur d'yeux» s'avère effectivement incompréhensible si l'on ne choisit d'y entendre plutôt des formules comme «tourner de l'oeil» ou «faire de l'oeil». Dans cette lecture, il devient possible de repérer que la question du désir s'est glissée et déplacée dans une formulation érotisée en même temps qu'elle s'est condensée dans un symptôme à structure langagière.

Sous un tel éclairage, on perçoit bien que c'est encore le corps qui s'exprime à la place des mots, non l'inverse, et que le cas présenté par Tausk et Freud demeure dans une problématique hystérique plutôt que «schizophrénique».

Ajoutons à cela que «voir le monde avec d'autres yeux» après une dispute ou une rupture constitue une réaction propre à n'importe quel être humain sans pour autant dénoter un comportement psychotique. La jeune fille de Tausk témoigne à son tour de ce «temps pour comprendre» qui, à l'adolescence, devient temps psychotique et délirant au point d'impressionner les

[1] FREUD, S. L'inconscient. *In Métapsychologie.* (Trad. J. Laplanche et J.B. Pontalis). Paris: Gallimard, 1978, pp. 112-113.

médecins et les psychiatres, jusqu'à l'internement.

Deux autres cas «schizophrènes» bien peu convaincants...

Toujours dans le même article, Freud renchérit par deux autres cas que nous livrons à nouveau «in extenso», tant le style en est révélateur de l'embarras freudien à préférer le terme de schizophrénie pour décrire une conversion hystérique ou une obsession :

> Un patient que j'observe actuellement se laisse détourner de tous les intérêts de la vie par le mauvais état de la peau de son visage. Il affirme avoir des comédons et des trous profonds dans le visage que tout le monde regarde. L'analyse démontre qu'il joue son complexe de castration tout entier au niveau de sa peau. Il s'occupait d'abord sans remords de ses comédons, dont l'expression lui procurait une grande satisfaction, parce qu'à cette occasion, disait-il, quelque chose jaillissait. Puis il commença à croire que partout où il avait éliminé un comédon était apparue une cavité profonde, et il se fit les reproches les plus violents de s'être définitivement abîmé la peau à se «tripoter ainsi constamment avec la main». Il est évident que l'expression du contenu des comédons est pour lui un substitut de l'onanisme. La cavité qui apparaît alors par sa faute est l'organe génital féminin, c'est-à-dire ***l'accomplissement de la menace de castration provoquée par l'onanisme*** (ou plutôt du fantasme qui la représente). ***Cette formation de substitut***, en dépit de son caractère hypocondriaque, ***ressemble beaucoup à une conversion hystérique et cependant on aura le sentiment***, avant même de pouvoir énoncer en quoi réside la différence, ***qu'ici quelque chose d'autre doit se passer*** et que l'on ne saurait mettre au compte d'une hystérie une formation de substitut de ce genre. Un hystérique prendra difficilement une cavité aussi minuscule qu'un pore de peau pour symbole de ce vagin qu'il compare par ailleurs à tous les objets possibles qui comportent un espace creux. Nous pensons aussi que la multiplicité des petites cavités le retiendra de les utiliser comme substitut de l'organe génital féminin. La même chose vaut pour un jeune patient dont Tausk a rapporté le cas il y a quelques années à la Société Psychanalytique de Vienne. Il se comportait par ailleurs tout à fait comme un obsessionnel, passait des heures à sa toilette , etc. Ce qui toutefois était frappant dans son cas, c'était qu'il pouvait communiquer sans résistance la signification de ses inhibitions. Par exemple, en mettant ses chaussettes, l'idée venait le troubler qu'il devait en écarter les mailles, donc les trous, et chaque trou était pour lui le symbole de l'ouverture du sexe de la femme.
>
> Cela non plus ne peut être mis au compte d'un obsessionnel: un obsessionnel, qui, d'après l'observation de R. Reitler, souffrait du même symptôme, passait beaucoup de temps à mettre ses chaussettes, en découvrit, après qu'eurent été surmontées les résistances, l'explication dans le fait que le pied était le symbole du pénis, l'acte d'enfiler les chaussettes un acte d'onanisme et que, s'il devait continuellement mettre et enlever la chaussette, c'était en partie afin de parfaire l'image de l'onanisme, en partie afin de l'annuler rétroactivement.
>
> Si nous nous demandons ce qui confère à la formation de substitut et au symptôme chez le schizophrène son caractère surprenant, nous finissons par

saisir que c'est la prédominance de la relation de mot sur la relation de chose.»[1].

Invraisemblable distinction! Tout au long de sa description du premier cas, l'homme aux comédons, Freud se concentre sur les mots au détriment des indices évidents de culpabilité sexuelle.

L'angoisse du patient ne se mesure pas sous une lecture de son symptôme comme un rappel de l'onanisme, mais bien dans la crainte que cela se voie, ce qui témoigne tout-à-fait d'une attitude hystérique. Outre son intéressante intuition que l'on puisse retrouver quelque chose du désir au sein d'un discours, voici Freud qui procède à d'étonnantes gymnastiques pour démontrer qu'un hystérique ferait preuve de plus de discernement lors de la conversion.

Le dernier cas, à nouveau patient de Tausk, achève de nous prouver le non-fondement de la recherche freudienne sur base de la schizophrénie. La distinction relevée par Freud entre ce jeune schizophrène et l'obsessionnel de Reitler, c'est que le premier pouvait communiquer sans résistance la signification de ses inhibitions. On doute toutefois que Tausk n'ait en rien induit cette formation langagière, lui qui travaillait sur une inquiétante «machine à influencer» (voir chapitre III).

A la lecture de ces trois exemples, on ne peut que constater combien la schizophrénie sert déjà de fourre-tout à l'ensemble des pathologies incompréhensibles. Quant à la fameuse «prédominance de la relation de mot sur la relation de chose», force nous est d'affirmer l'inverse dans les trois cas.

Pour ces tableaux typiques d'épisodes psychotiques déclenchés par l'énigme du désir chez des adolescents, une clinique qui eût entendu ces discours comme un «discours hystérique», sans verser dans son propre discours le définitif diagnostic de schizophrénie, eût permis, à partir de l'équivoque des interprétations, de la prise en compte du discours dans ses dimensions métonymiques et métaphoriques d'expressions d'un désir angoissant, une réponse pacifiante dans le champ de la parole et du langage.

L'indésirable pulsion de mort

La dernière ligne du parcours freudien, le Freud III, pourtant la plus intègre dans ses multiples questionnements, illustre l'ampleur du dépouillement de l'oeuvre par ses héritiers. Ceux-ci auront tôt fait d'éclipser des concepts majeurs nés des interrogations freudiennes, au profit d'autres, contemporains et mineurs, mais nettement plus pédagogiques.

---

[1] FREUD S. (1915). L'inconscient. *In Métapsychologie.* (Trad. J. Laplanche et J. B. Pontalis). Paris : Gallimard, 1978, pp. 115-117.

A partir du «fort-da», Freud introduit la notion de pulsion de mort[1]. Deux éléments d'importance surgissent de cette analyse : la confirmation, d'une part, que Freud nage ou rame à contre-courant: nul à cette époque n'accueillera de bon coeur un concept aussi dérangeant; la certitude, d'autre part, de l'impuissance de Freud à saisir des notions essentielles sans l'éclairage linguistique. Car là où Freud définit une pulsion de mort comme un mécanisme négatif au principe de plaisir, une complaisance ludique à revivre une situation pénible; nous préférons considérer le «fort-da» comme un apprentissage langagier et l'apparition par la parole d'une expression désirante ou angoissée qui vient s'articuler dans le réel. Le «fort-da» ressemble à une multitude de jeux enfantins, parmi lesquels l'universel «on disait que j'étais...» ou encore la spéculation sur «quelle main, gauche ou droite, cache cet objet?» toutes manifestations langagières du plaisir de rêver, deviner ou se représenter:

> *«L'enfant ne présentait aucune précocité au point de vue intellectuel; âgé de 18 mois, il ne prononçait que quelques rares paroles compréhensibles et émettait un certain nombre de sons significatifs que son entourage comprenait parfaitement; ses rapports avec les parents et la seule domestique de la maison étaient excellents, et tout le monde louait son «gentil» caractère. Il ne dérangeait pas ses parents la nuit, obéissait consciencieusement à l'interdiction de toucher à certains objets ou d'entrer dans certaines pièces et, surtout, il ne pleurait jamais pendant les absences de sa mère, absences qui duraient parfois des heures, bien qu'il lui fût très attaché, parce qu'elle l'a non seulement nourri au sein, mais l'a élevé et soigné seule, sans aucune aide étrangère. Cet excellent enfant avait cependant l'habitude d'envoyer tous les petits objets qui lui tombaient sous la main dans le coin d'une pièce, sous un lit, etc., et ce n'était pas un travail facile que de rechercher ensuite et de réunir tout cet attirail du jeu. En jetant loin de lui les objets, il prononçait, avec un air d'intérêt de satisfaction, le son prolongé o-o-o-o qui, d'après les jugements concordants de la mère et de l'observateur, n'était nullement une interjection, mais signifiait le mot «Fort» (loin). Je me suis finalement aperçu que c'était là un jeu et que l'enfant n'utilisait ses jouets que pour «les jeter au loin». Un jour je fis une observation qui confirma ma manière de voir. L'enfant avait une bobine de bois, entourée d'une ficelle. Pas une seule fois l'idée ne lui était venue de traîner cette bobine derrière lui, c'est-à-dire de jouer avec elle à la voiture; mais tout en maintenant le fil, il lançait la bobine avec beaucoup d'adresse par dessus le bord de son lit entouré d'un rideau, où elle disparaissait. Il prononçait alors son invariable o-o-o-o, retirait la bobine du lit et la saluait cette fois par un joyeux «Da!» («Voilà!»). Tel était le jeu complet, comportant une disparition et une réapparition, mais dont on ne voyait généralement que le premier acte, lequel était répété inlassablement, bien qu'il fût évident que c'est le deuxième acte qui procurait à l'enfant le plus de plaisir. L'interprétation du jeu fut alors facile. Le grand effort que l'enfant s'imposait avait la signification d'un renoncement à un penchant (à la satisfaction d'un penchant) et lui permettait de supporter sans protestation le départ et l'absence de la mère. L'enfant se*

[1] Le «fort-da» raconté par Freud in Au delà du principe de plaisir. *In Essais de la psychanalyse.* (Trad. S. Jankélévitch). Paris : Payot, 1967, pp. 16-17.

dédommageait pour ainsi dire de ce départ et cette absence, en reproduisant, avec les objets qu'il avait sous la main, la scène de la disparition et de la réapparition. La valeur affective de jeu est naturellement indépendante du fait de savoir si l'enfant l'a inventé lui-même ou s'il lui a été suggéré par quelqu'un ou quelque chose.

Ce qui nous intéresse, c'est un autre point. Il est certain que le départ de la mère n'était pas pour l'enfant un fait agréable ou, même indifférent. Comment alors concilier avec le principe de plaisir le fait qu'en jouant il reproduisait cet événement pour lui pénible? On dirait peut-être que si l'enfant transformait en un jeu le départ, c'était parce que celui-ci précédait toujours et nécessairement le joyeux retour qui devait être le véritable objet du jeu? Mais cette explication ne s'accorde guère avec l'observation, car le premier acte, le départ, formait un jeu indépendant et que l'enfant reproduisait cette scène beaucoup plus souvent que celle du retour, et en dehors d'elle.»

Freud pressent que le langagier est aussi porteur de mort, mais sa méconnaissance est telle qu'il s'enlise dans des explications mécaniques et scientifiques du seul comportement. C'est dans cet esprit méthodique qu'il définit la tendance à la répétition comme le corrolaire à la pulsion de mort, puisque l'enfant répète inlassablement les mêmes mouvements, et surtout celui symbolisant le départ de la mère. Ici encore, on pourrait opposer à cette interprétation que les mots sont propres surtout à illustrer l'absence, que dans ce sens ils sont inlassablement répétés, et que la phase heureuse du retour ne requiert pas aussi souvent cette symbolisation. Le décodage freudien le conduit à conclure que les pulsions du moi correspondent aux pulsions de mort et les instincts sexuels aux pulsions de vie. Freud hésite; il perçoit que tout est plus complexe qu'il n'y paraît car si le moi est assimilé à la pulsion de mort dans l'expression d'un manque, il faut bien constater que le manque est typiquement d'ordre sexuel. Aussi, au coeur de cette laborieuse argumentation Freud s'interroge-t-il sur les interactions entre le moi et la libido : «le Moi avait pris rang parmi les objets sexuels et n'avait pas tardé à être reconnu comme le plus important de ces objets»[1]. Ce que Freud est occupé de deviner, c'est que le moi est un objet érotisé dans ce qu'il représente pour le sujet l'objet attirant pour l'autre, du moins en a-t-il l'illusion.

Freud méconnaît le stade du miroir, où le moi commence à se représenter sous la forme d'un Autre : «un ego n'est jamais tout seul»[2]. Il comporte toujours un étrange jumeau, le moi idéal (...) ce moi idéal parle» ( ). Nouvel éclairage au «fort-da»... Lacan dira plus loin que «le moi (...) comporte toujours comme corrélat un discours qui (...) n'a rien à faire avec la réalité». C'est précisément cette question de la réalité, dans une compréhension comportementale, et non langagière que Freud réintroduira pour caractériser la psychose.

---

[1] FREUD, S., Ibid., pg. 65

[2] LACAN J. *Le Séminaire. Livre III* (1955-1956). Les psychoses. Paris : Seuil, 1981,pp.63-64.

Nous sommes loin de la sublimation et de ses conceptions optimistes et philosophiques occidentales de la liberté humaine, si le «devenir meilleur» se mue en instinct morbide axé sur la répétition et l'illusion. Inutile d'ajouter combien ces conceptions seront évacuées par les post-freudiens : il n'y a pas là de quoi chercher à devenir un saint, pas plus qu'un «génital oblatif».

La bévue topique ou la réalité perdue.

Au coeur du tâtonnement freudien, l'apparition dans sa deuxième topique d'une nouvelle classification des psychoses peut nous surprendre : Freud ne les y définit-il pas sous l'angle d'une perte de la réalité, s'autorisant même un diagnostic différentiel des névroses d'après le déni ou le refoulement?

L'étude de Freud se marque ici d'une immense ambigüité : après avoir avoué à Fliess la «conviction qu'il n'existe dans l'inconscient aucun «indice de réalité», l'échec de sa tentative à repérer un traumatisme caractéristique de chaque affection, le voici qui s'empare du critère de la réalité pour poursuivre son cheminement.

C'est au sein même de cette contradiction que Freud précise les concepts de ça et de surmoi, paravents de son illogisme et qui, étonnamment, rencontreront un succès manifeste. Le ça intervient dans la névrose de façon conflictuelle avec le moi; le surmoi s'oppose au moi dans la mélancolie; dans la confusion hallucinatoire, le conflit s'institue entre le moi et la réalité. Examinons ces mécanismes de plus près : le moi cherche à refouler les pulsions inconscientes du ça, Freud définit la névrose qui «ne dénie pas la réalité (mais) veut seulement ne rien savoir d'elle»[1]. Passons sur la mélancolie bien compréhensible dès lors qu'un sujet ne se permet plus aucune pulsion sous le contrôle tyrannique de son surmoi; par contre, dans la confusion hallucinatoire, la réalité est déniée; «le moi se crée autocratiquement un nouveau monde (...) bâti sur les désirs du ça (parce que) la réalité s'est refusée au désir d'une façon grave»[2]. Autour des années 1900, le compositeur autrichien Mahler compose un lied bouleversant sur un texte de Rückert : «Ich bin der Welt abhanden gekommen» que l'on peut traduire par «Je me suis détaché du monde». Ce texte, remarquable de la condition de poète (et de musicien), nous semble offrir un démenti à ce que le détachement au monde consisterait en un procédé psychotique. Freud, prudemment, nous indique dans le même texte que «la parenté interne de cette psychose (la confusion hallucinatoire) avec le rêve normal ne doit pas être méconnue».

Remarquons au passage que Freud parle de moins en moins de la

---

[1] FREUD S. (1924). Névrose et psychose. *In Névrose, psychose et perversion.* (Trad. J.Laplanche) Paris : P U F 1973 pg. 30l.

[2] FREUD S. (1927)Le fétichisme *in La vie sexuelle* (Trad.J.Laplanche) Paris. P.U.F. 1969, pp.136-137.

schizophrénie, dans le même temps où la confusion hallucinatoire gonfle en importance, passant de stade de défense réussie à celui de pathologie majeure, et dont nous avons déjà montré l'apparentement conjugué à l'hystérie et à l'adolescence.

L'enjeu réel de ces nouvelles terminologies pour expliquer le critère de la réalité comme distinction entre psychoses et névroses est en fait la certitude de plus en plus affirmée chez Freud que les désordres psychiques se construisent sur la frustration innée qu'engendre le monde réel pour le sujet. Là aussi, nous sommes loin du délire jungien comme rêve de l'histoire du monde...

Sans l'avoir clairement formulé, Freud percevait que le critère de réalité ne suffisait pas pour expliquer la différence entre la névrose et la psychose. Comme chaque fois qu'il tente d'établir la distinction, Freud introduit la perversion en élément médiateur...

C'est précisément le rôle permanent alloué par Freud à la perversion qui constitue à nos yeux l'un des aspects les plus digne d'intérêt de son oeuvre.

«J'eus bien vite lieu de regretter d'avoir osé m'aventurer si loin.»[1]

Dans un article de 1927, à partir de l'analyse de deux cas de jeunes gens, Freud se rétracte une nouvelle fois, mais ici, c'est en pleine cohérence et même par intégrité qu'il procède à son propre déni.

Le fait que la problématique examinée s'articule autour de la mort du père s'avère très certainement déterminante à l'orientation freudienne : «je pus me rendre compte de l'erreur que j'avais commise dans la caractérisation de la névrose et de la psychose (par) l'analyse de deux jeunes gens (qui) l'un et l'autre n'avaient pas pris connaissance de la mort de leur père aimé dans leur deuxième et dixième année; ils l'avaient «scotomisé» Aucun des deux cas, cependant, n'avait évolué en psychose».

Si, par «scotomisation», Freud entend l'oubli qui survient à point nommé, E. Roudinesco a bien montré comment le père de la psychanalyse avait «omis» de signaler les influences de Pichon dans la découverte du concept. De même, lorsqu'il s'agira de définir la forclusion, pourtant pressentie par Freud et Pichon, Laplanche et Pontalis omettront à leur tour cette première élaboration en attribuant sa découverte au seul Jacques Lacan[2].

---

[1] FREUD S. (1927) Le fétichisme. *In La vie sexuelle* (Trad. J. Laplanche). Paris : P.U.F., 1969, pp 136-137.

[2] Définition de la forclusion par Laplanche J. et Pontalis J.B. In *Vocabulaire de la psychanalyse.* Paris: P.U.F. 1967, pp. 163-164 :

«Terme introduit par Jacques Lacan : mécanisme spécifique qui serait à l'origine du fait psychotique ; il consisterait en un rejet primordial d'un signifiant fondamental (par exemple) : le phalus en tant que signifiant du complexe (de castration) hors l'univers symbolique du sujet. La forclusion se différencierait du refoulement en deux sens :

1) Les signifiants forclos ne sont pas intégrés à l'inconscient du sujet;

2) Ils ne font pas retour «de l'intérieur», mais au sein du réel, singulièrement dans le phénomène hallucinatoire.»

Freud définit la scotomisation à partir du cas des deux adolescents : «un morceau certainement significatif de la réalité avait reçu un déni du moi, tout comme chez le fétichiste la désagréable réalité de la castration de la femme (...) Il apparut que les deux jeunes gens avaient «scotomisé» la mort de leur père tout comme les fétichistes la castration de la femme». Freud montre bien que la perte de la réalité comme clef de la psychose est une supposition simplette; en fait, «il n'y avait qu'un courant de leur vie psychique qui ne reconnaissait pas cette mort; un autre courant en tenait parfaitement compte; les deux positions, celle fondée sur le désir et celle fondée sur la réalité, coexistaient;» Le noeud de la coexistence s'inscrit bien dans une problématique du père et de la succession : «le sujet oscillait entre deux hypothèses : l'une selon laquelle son père vivait encore et empêchait son activité et l'autre, au contraire, selon laquelle son père étant mort il pouvait à juste titre se considérer comme son successeur»; ce qui amorce tout le clivage.

A la lumière de ces lignes «panoramiques» de tout le cheminement freudien, nous pouvons constater que si le détour freudien depuis 1924 n'a guère permis de progresser dans la compréhension des psychoses; avec la perversion, ici le fétichisme, Freud engendrera un formidable développement de la question du père, question à laquelle les post-freudiens se heurteront dans leur propre succession au père de la psychanalyse.

L'amorce d'une forclusion

Le concept de forclusion joue un rôle central pour la compréhension de la psychose. Par ce terme, ce mécanisme, Lacan décrivait la symbolisation langagière non-réalisée comme«un trou, un manque au niveau du signifiant»[1]. Ce trou, ce manque, ouvre les portes à la psychose dans ses formes délirantes et hallucinées de substitution à la symbolisation, c'est «le mécanisme qui fait revenir du dehors (...) ce qui a été mis hors de la symbolisation générale structurant le sujet». Toujours d'après Lacan, le signifiant manquant, c'est le Nom-du-Père, concept extrêmement complexe, et pour cause, puisqu'il s'articule sur une question sans réponse : «Que peut vouloir dire être père?». Lacan précise: «Il faut un effet de retour pour que le fait pour l'homme de copuler reçoive le sens qu'il a réellement, mais auquel aucun accès imaginaire n'est possible, que l'enfant soit de lui autant que la mère (...) il faut que l'élaboration de la notion d'être père ait été, par un travail qui s'est produit par tout un jeu d'échanges culturels, porté à l'état de signifiant[2]». Que se passe-t-il lorsqu'un sujet ne peut assumer la réalisation du signifiant «père» au niveau symbolique? Il lui reste l'image à quoi se réduit la fonction paternelle»[3], l'époux de la mère,

[1] LACAN J., *Le Séminaire. Livre III.* Les psychoses. Paris: Seuil, 1981, p.227.

[2] LACAN J., *Ibid.*, pg. 329.

[3] LACAN J., *Ibid.*, pg.230.

le témoin d'une loi, son métier. Ce manque du signifiant peut toutefois faire retour et déclencher la psychose du fait d'un vide insupportable,impossible à combler.

Freud frôle constamment la forclusion. Déjà dans l'analyse du président Schreber, il avait mentionné qu'«il n'était pas juste de dire que le sentiment réprimé au-dedans fut projeté au dehors; on devrait plutôt dire (...) que ce qui a été aboli au dedans revient du dehors»[1].

De même, l'analyse de deux jeunes gens, autour de la mort du père justement, décrivait une «scotomisation» qui, malgré le déni de la réalité, n'aboutissait pas à la psychose.

Là où Freud est le plus près, c'est dans son analyse de «L'homme aux loups».

Il n'est pas inutile de situer la trame de cette analyse. L'homme aux loups souffre d'une phobie. Il voit de façon obsédante des loups au travers d'une fenêtre. Freud décrit textuellement ce souvenir relaté par son patient durant l'analyse:

> «J'avais cinq ans, je jouais au jardin auprès de ma bonne, et j'étais en train d'entailler, avec mon couteau de poche, l'écorce de l'un de ces noyers qui jouent encore un rôle dans mon rêve. Je remarquai soudain,avec une inexprimable terreur, que je m'étais coupé le petit «doigt de la main» (droite ou gauche?) de telle sorte que le doigt ne tenait plus que par la peau. Je n'éprouvais aucune douleur, mais une grande peur. Je n'osai pas dire quoi que ce fût à ma bonne, qui était à quelques pas de moi, je m'effondrai sur le banc voisin et restai là assis, incapable de jeter un regard de plus sur mon doigt. Je me calmai enfin, je regardai mon doigt, et voilà qu'il n'avait jamais subi la moindre blessure»[2].

L'épisode hallucinatoire ne peut s'expliquer ici comme un refoulement, une scotomisation, un déni ou un rejet dans l'inconscient. Il vient au sujet du dehors de lui-même, parce que le signifiant du Nom-du-père n'a pu être symbolisé et qu'il ne permet pas une dénomination. La phobie du loup ne réagit pas comme une défense, ce qui supposerait qu'un traumatisme se soit confronté avec l'inconscient, éternel problème de Freud, mais constitue une tentative de nomination du signifiant manquant, la fonction phallique paternelle.

A cette époque, le père de l'«Homme aux loups» est hospitalisé.

C'est aussi le moment pour lui d'une découverte de l'histoire sainte et de l'angoissant questionnement du «qu'est-ce qu'un père ?» Le signifiant manquant fait retour et c'est ce qui déclenche la phobie. De Waelhens a longuement développé la perception freudienne que l'hallucination n'était pas une fantaisie s'ajoutant à la réalité, mais, au contraire, le signe d'un retrait qui reste susceptible de faire retour.

---

[1] FREUD, S. (1911) *Ibid.* pg. 308.

[2] FREUD, S. (1918). L'homme aux loups. *In Cinq Psychanalyses.* (Trad. M. Bonaparte et A. Loewenstein). Paris : P.U.F., 1977, pg. 390.

La castration de l'«Homme aux loups» n'a pu être symbolisée, faute du signifiant phallique paternel.

Dans ce texte de Freud, Lacan dégage la forclusion de la phrase : «ein Verdrangung ist etwas anderes eine Verwerfung»[1].

La traduction française de M. Bonaparte et A. Loewenstein aboutit à la formule : «Le refoulement est autre chose qu'un jugement qui rejette et qui choisit». L'inexactitude est confondante : le présumé «jugement qui rejette et qui choisit» représente une tournure équivoque, puisqu'il est manifeste que l'«Homme aux loups» n'a pas rejeté la castration, il n'en avait seulement pas entendu parler et ne pouvait donc formuler aucun jugement à son endroit.

L'«Homme aux loups» intéresse notre propos pour une autre raison : devenu le cobaye exemplaire de la communauté analytique, Freud lui fait lire ses observations : il faut chercher la signification de la phobie parmi le souvenir des rapports sexuels parentaux découverts durant l'enfance. Lors de sa cure avec Mac Brunswick, l'«Homme aux loups» présente des épisodes hallucinatoires en rapport immédiat avec les indications de Freud. Dans ce sens, l'«Homme aux loups» constitue probablement le premier exemple d'une psychose induite par la théorie psychanalytique. Ce type d'évolution se rencontre fréquemment en psychiatrie juvénile, après que les thérapeutes ont allongé un peu trop vite et trop longtemps leurs jeunes analysants.

Un père si souvent nommé

Freud a touché du doigt la forclusion sans la développer. La résultante essentielle de son questionnement s'inscrit néammoins dans une formidable interrogation du «qu'est-ce qu'un père» posée par l«'Homme aux loups» et rejoignant la question du père de Freud.

Un retour en arrière s'impose : la mort du père de Freud remonte à 1896. La même année, dans une lettre à Fless, Freud décrit son rêve consécutif à la cérémonie funèbre:

> «Il faut que je te raconte un joli rêve que j'ai fait pendant la nuit qui a suivi l'enterrement. Je me trouvai dans une boutique où je lisais l'inscription suivante: «On est prié de fermer les yeux» J'ai tout de suite reconnu l'endroit, c'était la boutique du coiffeur chez qui je vais tous les jours. Le jour de l'enterrement, javais dû attendre mon tour et étais, à cause de cela, arrivé un peu en retard à la maison mortuaire. La famille m'en voulait beaucoup alors d'avoir décidé que les obsèques se feraient sans bruit et simplement, ce qu'elle devait, par la suite, approuver. Ils prirent aussi très mal mon retard. La phrase de l'écriteau a un double sens.

[1] FREUD S. (1918) L'homme aux loups. *In Cinq psychanalyses.*(Trad. M.Bonaparte et A. Loewenstein). Paris: P.U.F., l977, pg. 390.

> Elle signifie : «Il faut faire son devoir envers les morts». (Il s'agit donc d'une excuse, comme si j'avais manqué à mes devoirs et que j'eusse besoin d'indulgence et «devoir» est pris dans son sens littéral).Le rêve émane donc d'une tendance au sentiment de culpabilité, tendance très générale chez les survivants»[1].

Remarquons que c'est à l'occasion d'un rêve, qu'il apparente à la psychose, que Freud appréhende la mort de son père. Curieusement, après avoir annoncé un double sens à l'inscription du panneau, Freud n'en revèle qu'un seul, celui du reproche familial. Manifestement, il scotomise le second. Or, c'est précisément après l'analyse des deux adolescents qui, sans devenir psychotiques, avaient scotomisé la mort de leur père que, plus tard, Freud fournit le second sens de l'inscription dans la «Traumdeutung»[2] : «on est prié de fermer les yeux», il est impérieux de fermer ceux du père, de le tuer.

A propos de la narration du rêve comme d'une hallucination, revenons à ce que Freud définissait comme le symptôme observable de la schizophrénie, «les mots sont soumis aux mêmes processus qui, à partir des pensées latentes du rêve, produisent les images du rêve (...) Les mots sont condensés et transfèrent, sans reste, les uns aux autres, leurs investissements, par déplacement» · On voit bien comme Freud construit sa théorie sur son histoire personnelle. L'inscription possède une double signification condensée et déplacée sur une seule d'entre elles pour exprimer un désir .

De même, c'est très manifestement à partir des «accidents» successifs rencontrés par Freud autour de sa relation avec le père qu'il concevra le complexe d'Oedipe, assurément le plus célèbre concept de toute la matière psychanalytique.

Dans un premier temps, c'est donc au travers de la correspondance avec Fliess que Freud approche la définition du complexe. Une année après la mort du père et la description de son rêve, Freud écrit à Fliess qu'«il semble que, chez les fils, les désirs de mort soient dirigés contre les pères, et chez les filles, contre la mère»[3]. Le 15 octobre 1897, dans une nouvelle lettre, Freud réalise une première synthèse :

> «J'ai trouvé en moi comme partout ailleurs des sentiments d'amour envers ma mère et de jalousie envers mon père, sentiments qui sont, je pense, communs à tous les jeunes enfants, même quand leur apparition n'est pas aussi précoce que chez les enfants rendus hystériques (d'une façon analogue à celle de la «romantisation» de l'origine chez les paranoïaques - héros, fondateurs de religions).S'il en est bien ainsi, on comprend, en dépit de toutes les objections

[1] FREUD, S. Lettre à Fliess du 2.11.1896. *In La naissance de la psychanalyse.* (Trad. A. Berman). Paris : P.U.F., 1956, pg. 152.

[2] FREUD S. *L'interprétation des rêves.* (Trad. I. Meyerson). Paris: P.U.F. 1971.

[3] FREUD, S. Lettre à Fliess du 15.10.1897. In *La naissance de la psychanalyse.* (Trad. A. Berman). Paris : P.U.F., 1956, pg. 198.

Leçon clinique de Charcot à la Salpêtrière (Lithographie de Brouillet)

Freud en 1920

Freud et ses premiers collaborateurs (l909)
De g.à dr. (assis): Freud, Hall (recteur de Clark University), C.G. Jung.
(debout) : Brill, Jones et Ferenczi

Lou Andréas-Salomé

Mélanie Klein

Jacques Lacan

rationnelles qui s'opposent à l'hypothèse d'une inexorable fatalité, l'effet saisissant d'Oedipe Roi.»[1].

On trouvera ci-dessous comment, en 1910, le complexe d'Oedipe se définit pour Freud. L'adolescence s'y révèle bien la phase la plus critique, la sexualité parentale n'y est jamais ailleurs aussi primaire:

> «Par contre, la seconde condition déterminant l'amour, celle qui apparente l'objet choisi à une putain paraît s'opposer énergiquement à toute déduction à partir du complexe maternel. La mère apparaît volontiers à la pensée consciente des adultes comme une personnalité d'une pureté morale inattaquable, et rien peut-être n'offense autant venant de l'extérieur, qu'un doute sur ce caractère de la mère. Mais c'est justement ce caractère d'opposition tranchée entre la mère et la putain qui va nous inciter à étudier l'histoire du développement et le rapport inconscient de ces deux complexes, dans la mesure où nous avons appris depuis longtemps que ce qui, dans le conscient, se présente clivé en deux termes opposés, bien souvent ne fait qu'un dans l'inconscient. Notre recherche nous fait alors remonter à l'époque où le garçon acquiert pour la première fois une connaissance assez complète des rapports sexuels entre les adultes - ceci aux alentours de la puberté. Des informations brutales qui tendent sans déguisement à provoquer mépris et révolte, le mettent alors au fait du secret de la vie sexuelle, détruisent l'autorité des adultes, qui s'avère incompatible avec le dévoilement de leur activité sexuelle. Ce qui, dans ces révélations fait la plus grande impression sur le nouvel initié, c'est le rapport à ses propres parents. Un tel rapport est souvent écarté de façon catégorique, en des termes de ce genre : «Peut-être que tes parents et d'autres gens font des choses de ce genre ensemble, mais, mes parents c'est tout à fait impossible.» (...) Par la suite, lorsqu'il ne peut plus douter de ce qu'on lui dit, lorsqu' il ne peut plus s'en tenir à l'idée que ses parents font exception aux normes de cette vilaine activité, il se dit, raisonnant en parfait cynique, qu'après tout la différence entre la mère et la putain n'est pas si grande que cela, puisqu'en définitive elles font la même chose.
> Les explications qu'il a reçues ont en effet réveillé en lui les traces mnésiques des impressions et des désirs datant du début de son enfance et ont réactivé à partir de ces traces certaines motions psychiques. Il commence à désirer la mère elle-même, au sens qui vient de s'ouvrir pour lui et à haïr de nouveau le père, comme un rival qui se met en travers de son désir; il tombe, comme nous disons, sous la domination d'Oedipe. Il ne pardonne pas à sa mère et tient pour une infidélité le fait que ce ne soit pas à lui, mais au père, qu'elle ait accordé la faveur du commerce sexuel. Ces motions n'ont pas d'autre issue quand elles ne passent pas vite, que d'achever leur cours dans des fantasmes; ceux-ci ont pour contenu, sous les formes les plus variées, l'activité sexuelle de la mère, et la tension qui les accompagne trouve avec une particulière facilité, sa résolution dans la masturbation. En vertu de l'action combinée qu'exercent de façon persistante

[1] FREUD, S. Lettre à Fliess du 15.10.1897. In *La naissance de la psychanalyse.* (Trad. A. Berman). Paris : P.U.F., 1956, pg. 198.

ces deux forces motivantes, la concupiscence et la soif de vengeance, les fantasmes de l'infidélité de la mère sont de loin les préférés; l'amant avec lequel la mère commet l'infidélité revêt presque toujours les traits du Moi propre, plus exactement les traits de la personnalité propre idéalisée devenue adulte et élevée au niveau du père. Ce que j'ai d'ailleurs décrit sous le nom de «roman familial» comprend les multiples variantes formées à partir de cette activité fantasmatique, ainsi que leur entrelacement avec divers intérêts égoïstes de cet âge. Mais maintenant que nous avons examiné cette partie du développement psychique, nous ne pouvons plus trouver contradictoire et incompréhensible le fait que la condition qui apparente la femme aimée à une putain se déduise directement du complexe maternel. Le type de vie amoureuse de l'homme que nous avons ici, porte des traces de l'histoire de ce développement et peut-être compris simplement comme fixation du garçon aux fantasmes pubertaires, fantasmes qui n'en ont pas moins trouvé finalement par la suite une issue dans la réalité de la vie. Il n'y a aucune difficulté à admettre que la masturbation pubertaire pratiquée assidûment a contribué à fixer ces fantasmes»[1].

Il ne fait aucun doute que l'élaboration progressive du complexe chez Freud se soit injectée au coeur de ses travaux.On en retrouvera la trace parmi les cinq analyses célèbres du «Petit Hans», de «L'homme aux rats», du «Président Schreber», de «L'homme aux loups» (l'induction freudienne des rapports sexuels parentaux déclenchant la phobie), et de «Dora»; ainsi qu'aux travers des textes connexes à la clinique de Freud comme «Totem et tabou», «Un souvenir d'enfance de Léonard de Vinci» et «Moïse et le monothéisme» .

Ainsi dans le «Petit Hans», Freud insiste-t-il lourdement sur l'amour de l'enfant pour sa mère et son désir de mort envers le père, et cela malgré les résistances de l'enfant qui, lui, ne renonce pas à exprimer son amour pour son père :

«Par son attitude envers son père et sa mère, Hans confirme de la façon la plus éclatante et la plus sensible tout ce que j'ai dit, dans la «Science des rêves» et la «Théorie sexuelle», sur les rapports des enfants avec leurs parents. Il est vraiment un petit Oedipe, qui voudrait «mettre de côté» son père, s'en débarrasser,afin d'être seul avec sa jolie maman, afin de coucher avec elle. Ce souhait prit naissance pendant les vacances d'été, alors que les alternatives de présence et d'absence du père attiraient l'attention de Hans sur les conditions auxquelles était liée cette intimité avec sa mère, qui était sa nostalgie. Le souhait se contentait alors de cette formule : le père devrait «partir» et, à un stade ultérieur, il devint possible à la peur d'être mordu par un cheval blanc de se rattacher directement à cette première forme du désir, grâce à une impression accidentelle reçue lors du départ de quelqu'un d'autre. Mais ensuite - sans doute

[1] FREUD,S. (1910). Contribution à la psychologie de la vie amoureuse (I. Un type particulier de choix d'objet chez l'homme). *In La vie sexuelle.* (Trad. J. Laplanche). Paris: P.U.F., 1969, pp. 51-53.

pas avant le retour à Vienne, où il ne fallait plus compter sur les absences paternelles - le souhait s'amplifia jusqu'à désirer que le père restât toujours absent, fût «mort». La peur résultant de ce désir de mort contre le père, peur ainsi normalement motivée, fournit le plus grand obstacle à l'analyse, jusqu'à ce qu'elle fût dissipée par l'entretien dans mon cabinet de consultation»[1].

Après avoir quitté Freud, Hans interroge son père en ces termes : «Le professeur parle-t-il avec le Bon Dieu, pour qu'il puisse savoir tout ça d'avance?»

Dans l'analyse de «L'Homme aux rats», publiée peu après, on retrouve l'insistance de Freud à injecter des voeux de mort du père refoulés tout au long des constructions qu'il choisit de formuler. L'intérêt pour Freud de s'atteler à cette analyse résidait sans aucun doute dans l'expression d'une dette symbolique envers le père du patient décédé quand il avait 21 ans.

A partir d'un souvenir d'enfance de Léonard de Vinci, livré à la postérité, Freud poursuit dans sa voie de recherche à tout prix de la confirmation oedipienne. Le propos de Léonard de Vinci est pourtant vague :

«Je semble avoir été destiné à m'occuper tout particulièrement du vautour, car un de mes premiers souvenirs d'enfance est, qu'étant encore au berceau, un vautour vint à moi, ouvrit ma bouche avec sa queue et plusieurs fois me frappa avec cette queue entre les lèvres»[2].

S'il s'y trouve énoncée une signification phallique, Freud choisit plutôt l'explication oedipienne: la bouche qui accueille les baisers passionnés de la mère «reçoit une empreinte qui ne s'efface plus» :

«Il convoita, enfant, la mère; il ne peut se défendre d'aspirer à prendre la place du père, s'empêcher de s'identifier à lui en imagination, et plus tard, de considérer comme le premier devoir de la vie, le triomphe sur le père»[3].

Avec ce texte de Léonard de vinci, Freud esquisse une première correspondance entre le complexe d'Oedipe (alors «Vaterkomplex») et le sentiment religieux. D'après lui, le dieu personnel ne constituerait au fond qu'une forme de père plus élevée. Ici encore, la corrélation avec l'expérience freudienne, dans ce cas le judaïsme, transparaît irrésistiblement.

Totem et Tabou, texte de 1913, auquel Freud accordait une importance capitale, s'inscrit dans la polémique déjà développée entre Freud et Jung. Freud tente d'y éclairer l'origine du complexe d'Oedipe sous une théorie générale de

---

[1] FREUD, S. (1909). Analyse d'une phobie chez un petit garçon de 5 ans (le petit Hans). *In Cinq Psychanalyses.* (Trad. M. Bonaparte et M. Loewenstein). Paris : P.U.F., pp. 172-173.

[2,3] FREUD, S. (1910). *Un souvenir d'enfance de Léonard de Vinci.* (Trad. M. Bonaparte). Paris : Gallimard, 1927.

la religion. On comprend bien pourquoi Jung le puritain proteste. Après avoir souligné la similitude entre la généalogie totémique et la prohibition de l'inceste, Freud rappelle la corrélation de l'attitude enfantine à l'égard des animaux avec celle du primitif envers le totem. Le repas totémique illustre l'ambivalence des primitifs à l'égard de l'animal tué que l'on pleure et regrette en même temps que le deuil s'assortit de la fête.

Pour expliquer cette ambivalence, Freud opère un premier déplacement de l'animal totémique vers le père : «nous nous croyons autorisés à introduire dans la formule totémique (...) le père à la place de l'animal»[1].

Par ailleurs, Freud tient tellement à son concept qu'il éprouve le besoin de le fixer dans une genèse : «en d'autres termes, nous devons réussir à rendre vraisemblable le fait que le système totémique est né des conditions du complexe d'Oedipe» .

Dans un texte posthume «Moïse et le monothéisme», la question du rapport entre le père mythique et Dieu revient sur le métier.

Freud tente de montrer que, dans le christianisme, le péché originel tient lieu de meurtre du Père.

> «Il convient de noter la façon dont la nouvelle religion avait résolu le problème de l'ambivalence en ce qui concerne les relations entre père et fils. Certes, le fait principal y était la réconciliation avec Dieu le Père et l'expiation du crime perpétré envers celui-ci, mais, d'autre part, un sentiment inverse se manifestait également du fait que le Fils, en se chargeant de tout le poids du péché, était lui-même devenu Dieu aux côtés ou plutôt à la place de son Père. Issu d'une religion du Père, le christianisme devint la religion du Fils et ne peut éviter d'éliminer le Père»[2].

La religion du Fils s'inscrit dans une formule qui nous permet d'annoncer les conclusions de ce chapitre : «Et le Verbe s'est fait chair» .

---

[1] FREUD, S. (1912-1913). *Totem et Tabou* (Trad. S. Jankélévitch) Paris : Payot, 1973, pg. 152.

[2] FREUD, S (1939). *Moïse et le monothéisme.* (Trad. A. Berman). Paris : Gallimard (coll. Idées), 1948, pg 182.

Conclusions

La fin du parcours freudien met en place deux concepts qui situent d'après Freud les frontières de l'analyse : le roc de la castration et le «penisneid».

Au terme d'un cheminement exceptionnel, l'incontournable ultime s'inscrit au coeur du questionnement adolescent : la castration et «que recherche une femme?».

La lecture de l'oeuvre freudienne s'oriente tout d'abord sur la rencontre capitale entre psychiatres et psychanalystes. Freud, malgré sa concession terminologique à Bleuler, ne parvient pas à intégrer la schizophrénie dans une clinique beaucoup plus proche de l'hystérie.

Au cours d'un second survol apparaissent les dimensions langagières à la question du père, à l'identification primaire, au surmoi et au complexe d'Oedipe, même si Freud ne les théorise pas comme tels.

La dernière étape du cheminement illustre, par le souci des héritiers de reprendre à leur compte les enjeux de cette filiation prestigieuse, combien la métaphore paternelle se révèle la réponse pacifiante recherchée par l'adolescent pour comprendre la «folie» qui est sienne.

Dans le même temps, l'illusion d'une telle réponse induira et greffera la psychose chez les Jung, Ferenczi, Tausk et autres Abraham qui se perdront dans les pathologies qu'ils tentaient de maîtriser.

La mort du père et les enjeux d'un héritage

«Les dieux nous ont donné mille présents divers,
La jeunesse riante et l'âge et ses hivers.
Mais leur pire cadeau, plus laid que mort même,
Est d'engendrer des fils qu'on élève et qu'on aime,
Et pour qui l'on se prive, et qu'en tout l'on contente,
Et, après tant de soins et après tant d'attente,
D'être haï, maudit, et traité comme un gueux
Qui aurait par hasard osé s'approcher d'eux.»
THEOGNIS

«J'ai essayé de conter mon expérience à ma mère, mais interrompant mon récit, elle m'avait interdit de me poser ces questions qui rendent fou.»
S. WILAR

Quand la peste devient pédagogie

Les fils maudits de la psychanalyse

A présent que l'analyse a fait école, riche d'un père fondateur et de questions à débattre, on se bouscule au portillon des successions. C'est autour de la psychose, ce domaine inachevé de Freud, que les héritiers rivalisent et s'illusionnent de devenir un meilleur fils que ne le fut leur père. Voilà justement l'épreuve, toute adolescente, que traverseront les premiers analystes, mêlant jusqu'au bout la fiction théorique à la réalité, en une destinée tragique qui les verra basculer à leur tour vers le versant psychotique qu'ils s'attelaient à cerner.

Le «cas» Otto Gröss

Ainsi, Otto Gröss, disciple de Freud et enjeu majeur entre ce dernier et Jung, s'applique-t-il, dès 1904, à l'étude d'une logique des chaînes associatives discontinues dans la catatonie : «Les symptômes catatoniques sont des altérations de la volonté elle-même par un agent ressenti comme extérieur (...). Un morceau d'une chaîne inconsciente fait inopinément irruption dans la continuité de la chaîne jusque là dominante»[1]. Or, peu de temps après cette production théorique, Gröss est interné pour des épisodes délirants relatifs à une toxicomanie, puissant agent extérieur s'il en est dans la continuité des chaînes associatives.

Au précédent chapitre, nous avons observé à quel point Freud et Jung s'étaient disputé la paternité de ce disciple «en crise», le second l'assimilant à son «frère jumeau, dementia praecox en moins». L'adolescent délirant en quête d'une réponse pacifiante se voyait déjà cataloguer «dément précoce»; Freud constatant, avec plus de lucidité, la problématique du transfert et la question du père. Jung ne parviendra pas à contourner cette réalité pour lui-même.

Jung, médiateur entre la psychiatrie allemande de Bleuler et la psychanalyse de Freud, devient à son tour l'enjeu majeur de styles divergents. Assistant de Bleuler mais admirateur de Freud, il développe une thèse dont on mesure déjà, en 1906, tout le compromis : «La psychologie de la démence précoce» laquelle, après un vibrant hommage à Freud, introduit la notion de complexe et associe rêve, délire hystérique et psychose hallucinatoire dans une double causalité : celle propre au Moi (cfr Freud) et celle propre au corps,

[1] GROSS, O. Zur differential Diagnostick, negativistischer Phänomene. *Psychiatrisch Neurologische Wochenschrift*, 1904, VI(105), pp. 37-38.

organique (cfr Bleuler)[1]. Comme nous l'avons déjà décrit, Freud réfutera cet abus interprétatif. L'arbitrage de Jung oscille entre la position freudienne d'une libido uniquement sexuelle et celle de l'Ecole allemande, tellement plus pudibonde et pédagogique, d'un intérêt général. Le choix de Jung s'inscrit dans cette dernière ligne de pensée; le délire devient un rêve de l'histoire du monde, future expression du paradis perdu symbiotique entre la mère et l'enfant

La rupture consommée, Jung, au seuil d'une démarche personnelle en une direction prévisible d'un incontournable contourné, procède à la critique de Freud :

> «Le schéma fondamental est, pour Freud, la sexualité (...). Le point de vue de Freud est partial (...). Pourtant, on sait que toute bonne idée et tout acte créateur sont issus de l'imagination (...). N'oublions point que dans l'imagination peut résider la plus grande valeur d'un homme»[2].

La sexualité pour Freud, l'imagination pour Jung! Dès lors, toute approche psychothérapeutique ne saurait, selon Jung, se dispenser d'une grande «compréhension de coeur».

Voici poindre la direction spirituelle, les accents théologiques, l'inconscient collectif. Qu'en est-il pourtant de sa compréhension de coeur à propos des psychotiques latents ?

> «Ces êtres se trouvent sous l'emprise d'influences inconscientes, maladives et perverses (...). Leur pourcentage relativement faible (...) ne s'en trouve pas moins contre-balancé par la nocivité toute particulière de tels individus (...). Ces êtres n'en constituent pas moins des sources éminemment dangereuses d'infection»[3].

Maladifs, pervers, nocifs et dangereusement contagieux; l'imagination portée aux nues n'a pas modifié d'un pouce le discours du maître, et Jung, psychiatre, est aussi fondateur d'une école de «psychanalyse»!

La «tendre mère» Ferenczi

Ferenczi publie, en 1911, «Un cas de paranoïa déclenché par une excitation de la zone anale», ouvrage décrivant le cas d'un paysan de 45 ans atteint de paranoïa à la suite d'interventions chirurgicales «autour d'une fistule anale».

Freud a décrit l'homosexualité paranoïaque du Président Schreber; Ferenczi s'en empare, s'enthousiasme et tente par tous les moyens de démon-

---

[1] JUNG, C.G. *The psychology of dementia praecox.* (Trad. R.F.C. Hull). New York : Princeton University Press, 1974.

[2] JUNG, C.G. *Types psychologiques.* (Trad. Y. Le Lay). Genève : Librairie de l'Université Georg et Cie, 1950, pp. 65-67.

[3] JUNG C.G. *Présent et avenir* (Trad R Cohen). Paris : Denoël/Gonthier, 1962, pp. 10-12.

trer que l'intervention «active» des chirurgiens a réveillé chez son patient des tendances homosexuelles latentes ou sublimées :

> «Sans ambages, ***je demandai au malade s'il avait***, dans son enfance, ***fait des choses défendues***. Ma question le surprit visiblement. Il hésita longtemps avant de répondre puis, fortement troublé, me raconta que vers 5-6 ans, avec un camarade, le même justement qui aujourd'hui est son ennemi le plus acharné, il se livrait à un jeu étrange. Son camarade lui avait proposé de jouer au coq et à la poule. Le garçon avait accepté, et il tenait toujours le rôle passif : c'était lui «la poule». Son camarade lui enfonçait dans l'anus son pénis en érection ou un doigt; d'autres fois, il y introduisait des cerises, puis les retirait avec son doigt. Ils pratiquèrent ce jeu jusqu'à 10 ou 11 ans.
> Mais il cessa dès qu'il comprit que c'était une chose immorale et répugnante; d'ailleurs il n'y avait plus jamais repensé depuis. Il m'assura à plusieurs reprises qu'il n'avait plus que mépris pour toutes ces horreurs»[1].

«Sans ambages», Ferenczi n'en utilise pas moins une terminologie fort éloquente : choses défendues, immorales et répugnantes, ces horreurs...

Tout le scénario post-freudien est là, au coeur de cette description de cas : revendication de concept freudien, «oubli» des propres réticences de Freud (cfr lettre à Fliess confessant l'impuissance à repérer des traumas infantiles explicatifs des psychoses), démarche étiologique psycho-dynamique (dans le sens de Jaspers) et, surtout, évacuation progressive de l'inconscient dans le transfert et le contre-transfert.

Ce dernier point mérite d'être confirmé par l'analyse d'un jeune homme diagnostiqué paranoïaque par Ferenczi[2].

Ce jeune homme «supérieurement intelligent» se plaint régulièrement à Ferenczi d'une injustice flagrante à son égard de la part de ses employeurs :«il venait me voir environ une fois par mois, me racontait ses peines comme à un confesseur, et généralement partait soulagé». La situation a pourtant tôt fait de se dégrader; le jeune homme se livre à des voies de fait sur la personne de son chef de service et est «mis en retraite» pour des motifs «nerveux».

Ferenczi indique qu'il «s'efforça de retrouver en la personne de ses supérieurs l'«imago paternelle perdue»», sans toutefois relever d'analogie avec la relation entretenue entre le jeune homme et lui-même. Or, voilà que le patient prend connaissance de l'article publié par son psychanalyste sur la paranoïa homosexuelle, et sa réaction, décrite par Ferenczi, se révèle pleine d'enseignement : «cette idée sembla prendre racine dans son esprit et se développer avec une ampleur toute particulière». Et que dit le patient ? «A ma grande surprise,

---

[1] FERENCZI, S. Un cas de paranoïa déclenchée par une excitation de la zone anale. *In Oeuvres Complètes. Psychanalyse 1*, Tome 1: 1908-1912. Paris: Payot, 1968, pg. 100.

[2] FERENCZI, S. *Oeuvres complètes , Psychanalyse 2.* - Tome II : 1913-1919; Paris: Payot, 1978, pp.111-114.

(il) m'exposa avec beaucoup d'émotion qu'il était ***disposé à adopter mon point de vue*** (...), maintenant, il comprenait qu'il était à proprement parler un homosexuel (...). Il comprenait également pourquoi il essayait toujours de s'approcher de moi jusqu'à sentir mon haleine sur son visage. ***Je fus extrêmement satisfait de la tournure prise par les événements,*** non seulement pour le malade, mais aussi ***à cause de la confirmation qu'elle apportait à mon secret espoir de voir un jour aboutir mes efforts en vue de guérir la paranoïa***». L'aveu est extraordinaire! Quant à la tournure véritable des événements pour le malade, quelques jours après ces déclarations, «(il) avait des hallucinations, parlait tout seul (...) et suppliait son entourage de ne pas l'envoyer en maison de santé». En pure perte, car la dernière visite de Ferenczi s'effectue à l'hopital psychiatrique : «il écartait avec horreur ses idées homosexuelles (...). Naturellement, je ne pouvais forcer les choses, et ne tentai même pas de convaincre le malade de ce qu'il avait déjà compris autrefois. Depuis lors, il m'évita ostensiblement».

Le rôle catalyseur de Ferenczi dans l'induction d'une hallucination pour le patient apparaît manifeste. A force d'injecter ses propres théories chez un jeune homme en quête d'une réponse pacifiante de la part du père, Ferenczi l'envoie à l'asile.

Rien ne dépend du hasard; après des progressions sur le terrain de la psychose aussi catastrophiques, Ferenczi se détourne de cette question pour se consacrer à l'étude des mécanismes de l'introjection comme le processus inverse de la projection, nous évoquant au passage toute la démarche «introjective» de l'analyste : «Car alors que le paranoïaque projette à l'extérieur les émotions devenues pénibles, le névrosé cherche à inclure dans sa sphère d'intérêts une part aussi grande que possible du monde extérieur (...). Je propose d'appeler ce processus inverse de la projection : introjection»[1]. Nous avons vu ce qu'il en était de la sphère d'intérêts de Ferenczi et de ses effets désastreux sur le monde extérieur.

Le Père Freud ne considère pas toujours d'un oeil complaisant les débordements enthousiastes de Ferenczi envers ses patients. Il lui reproche vertement ses baisers aux enfants analysants : «puisque vous aimez jouer le rôle de la tendre mère avec les autres, peut-être le remplirez-vous également avec vous-même. Et puis, il vous faudra entendre une brutale admonestation venant du père»[2]. Dont acte...

Qui aime bien châtie bien; Freud s'inquiète de la santé de son protégé : «Ferenczi est ma pilule amère. Sa femme qui est pleine de sagesse m'a dit que je devais penser à lui comme à un enfant malade». Affecté d'une anémie pernicieuse, Ferenczi meurt à Budapest en 1933. Il avait fini par se considérer

---

[1] FERENCZI, S. Un cas de paranoïa déclenchée par une excitation de la zone anale. *In Oeuvres complètes.Psychanalyse 1*, Tome 1 : 1908-1912. Paris : Payot, 1968, pg. 100.
[2] FAGES.B. *Histoire de la psychanalyse après Freud.* Toulouse : Privat, 1976, pg. 144.

comme l'enfant terrible de la psychanalyse.

La psychogénèse selon Abraham

Avec Abraham, l'étiologie psycho-dynamique se développe à grands pas. Grâce aux concepts freudiens des stades du développement, Abraham s'autorise une construction psychologique explicative. Dans la mélancolie, par exemple, l'aspect oral de l'affection autorise au diagnostic différentiel d'avec la paraphrénie davantage caractérisée par l'érotisme anal, cause de l'homosexualité délirante. Les stades du développement se greffent sur la nosologie psychiatrique, la psychogénèse s'élabore, confirmée ultérieurement grâce aux travaux d'Abraham autour des interactions entre l'hystérie et la démence précoce: il trouve dans les deux pathologies un certain langage de la sexualité.

Comment cette éviction du père Freud dans la théorie des héritiers apparaît-elle de façon effective ? Par la mise en évidence du rapport mère-enfant au détriment de la question paternelle. Ainsi, selon Abraham, le mélancolique souffre d'un attachement délirant pour sa mère, résultat d'un abandon pénible et qui peut réclamer une réparation provoquant la manie.

La démarche psychogénétique apparaît dans cette description par Abraham d'un jeune patient mélancolique : «c'est à cette periode (la puberté) que la critique de l'instituteur le frappa : «un infirme psychique et physique»; effet s'expliquant pour l'essentiel comme le rappel de la prophétie de la nourrice (qui) l'avait menacé en lui prédisant qu'il se rendrait malheureux toute sa vie»[1].

Abraham utilise une phrase de l'instituteur pour ramener les propos de la nourrice. Tout cela semble extrêmement simple : l'événement traumatique récent rappelle un souvenir refoulé explicatif de la situation actuelle. Tout est pourtant plus compliqué qu'il n'y paraît : comme avec Ferenczi, la démarche psychogénétique a pour effet l'injection systématique par l'analyste de sens marqués par sa subjectivité. A force de ne plus tolérer aucun mystère dans la causalité des symptômes présentés par les patients, les thérapeutes procèdent à des interprétations abusives avec, pour résultat, la greffe définitive d'une psychose, celle-là justement qu'ils s'attèlent à définir.

Outre sa clairvoyance d'un langage sexuel commun à l'hystérie et à la démence précoce, Abraham observe aussi de façon pertinente la problématique du réel dans l'adolescence sexuée et ses efforts pour occuper une place subjective dans la sexualité et le fantasme : «la maladie débuta lorsqu'une décision définitive dut intervenir en ce qui concernait la position du patient vis-à-vis du monde extérieur et l'utilisation ultérieure de sa libido (...). Je soulignerai surtout l'incertitude du rôle sexuel»[2]. Ce type d'observation, qui dut plaire à Freud, s'articule néammoins au postulat qu'il est possible d'expliquer, de définir, de

---

[1] ABRAHAM, K. Deuil, mélancolie et psychose maniaco-dépressive- *In Les psychoses - la perte de la réalité.* Paris : Tchou, 1980, pg.141.

[2] ABRAHAM, K. Deuil, mélancolie et psychose maniaco-dépressive. *In Les psychoses - la perte de la réalité.* Paris : Tchou, l980,pg.141.

retrouver. Abraham ne repère aucunement l'aspect logique,et non chronologique,de l'adolescence, pourtant pressenti par Freud. A l'inverse, une forteresse conceptuelle se bâtit; la démarche d'une causalité liée aux stades du développement s'apparente aux recherches d'une causalité organique et cérébrale; la psychologie contemporaine se déclare inspirée par la psychanalyse.

Abraham finit par souffrir de maniaco-dépression, cette psychose qu'il venait de décrire. Il est traité par Fliess, dès 1925, ce même Fliess dont le délire (et la correspondance) avaient servi d'étude sur la paranoïa pour Freud! Nous ne sommes pas encore au bout de ces recoupements très particuliers.

Le plus brillant: Tausk

Lou Andreas Salomé disait de Tausk qu'il était le plus brillant des disciples de Freud. Né en 1879, il entreprend des études de juriste. Mais à 26 ans, il présente un état de profond épuisement et d'angoisse. Trois ans plus tard, il se dirige vers la psychanalyse. Freud l'aide financièrement et le place à la tête d'une revue psychanalytique de l'époque, non sans l'avoir préalablement envoyé en analyse chez Hélène Deutsch. Le décor est planté. Reste le scénario: romanesque et construit sur une étonnante querelle de divans. Deutsch poursuit sa propre analyse chez Freud. Durant les séances, elle ne prétend plus parler que de son nouveau patient . En 1919, Freud, excédé, la met en demeure de choisir entre sa propre analyse et celle de Tausk. Deutsch choisit alors d'interrompre la prise en charge de son analysant. Le 3 juillet, Tausk se suicide en demandant la destruction de ses manuscrits.

Voilà brossé de façon très sommaire le tableau d'une conséquence tragique de recoupements analytiques. Aucune école d'analystes ne semble l'avoir évité : les transferts «gradués» entre le directeur et les disciples, les glissements d'un analyste à l'autre, constituent bien le drame de toutes les écoles d'analyse au monde. Les effets tragiques sur Tausk ou Gröss ont des connotations paranoïaques. Il semble toutefois bien compréhensible qu'une persécution aussi manifestepuisse induire ce type de comportements.

L'année de son suicide, Tausk avait publié un article intitulé «De la genèse de l'appareil à influencer dans la schizophrénie». L'article paraît en même temps que la notice nécrologique rédigée par Freud[1]. Tausk y décrit le cas de Nathalia A., ancienne étudiante en philosophie et devenue sourde à la suite d'une infection maligne à l'oreille moyenne.

Elle ne peut plus communiquer avec son entourage, sinon par écrit. La jeune fille se plaint d'être, depuis plus de six ans, sous l'influence d'un appareil électrique fabriqué à Berlin, malgré l'interdiction de la police. Comment Tausk décrit-il l'appareil d'après les propos de la malade ?

---

[1] TAUSK, V. Schizophrénie et «appareil à influencer». *In Les psychoses - la perte de la réalité.* Paris : Tchou, 1980.

> «*Cet appareil a la forme d'un corps humain, et même la forme de la malade elle-même*. Mais pas exactement. Sa mère, ainsi que ses amis, hommes et femmes, se trouvent soumis à l'influence de cet appareil ou d'appareils analogues(...). Les malfaiteurs qui manipulent l'appareil provoquent chez la malade des sécrétions nasales, des odeurs répugnantes, des rêves, des pensées et des sentiments. Ils perturbent sa pensée, ses paroles et son écriture»[1].

Cette première analyse des propos de Nathalia conduit Tausk à considérer la machine à influencer comme un double du corps propre. Une seconde hypothèse s'impose à Tausk :

> «J'ai depuis longtemps soumis à l'analyse des rêves de machine et je dois confirmer entièrement l'affirmation de Freud. Mais je puis ajouter ceci : d'après mes analyses, les machines représentent toujours les organes génitaux du rêveur lui-même et il s'agit de rêves de masturbation»[2].

Cette malade prend une partie pour le tout; elle condense son corps dans les organes génitaux. Le point de vue de Freud, c'est que le rêve révèle le désir des gens au travers d'une condensation.

Tausk saisit l'intime connexion des deux hypothèses (le corps propre ou les organes génitaux) en affirmant que la machine est une projection du corps propre considéré dans son entièreté comme un organe génital. C'est là qu'il fait référence à la régression de la libido aux stades infantiles très précoces, où le corps tout entier est senti comme l'organe génital :

> «Ici l'organe génital n'est que symbole de sexualité qui, plus ancienne que la symbolique et que tous les moyens d'expression utilisés dans le commerce interhumain, ne dispose donc pour se communiquer d'aucune expression qui correspondrait à son stade. Dans le langage tiré du fond de représentation et de mots qui date du stade génital, l'image ne signifie rien d'autre que : «je suis tout organe génital». La machine est un être sexuel diffus, elle est indépendante des intentions du Moi de Nathalia»[3].

L'apport de Gisela Pankow nous permettrait, à partir d'une expression métonymique de partie pour le tout pour l'image du corps, de repérer une psychose hystérique, non schizophrénique, dans ce cas-ci[4].

---

[1] TAUSK .V, *Ibid.* pp. 99-100.
[2] TAUSK V. *Ibid.* pg. 90.
[3] TAUSK, V. *Ibid.*, pg.111.
[4] PANKOW G. : *Structure familiale et psychose.* Paris : Aubier-Montaigne 1977.

Les analystes et les enfants d'abord

L'amour-bonheur de M. Klein

Avec Mélanie Klein, l'analyse accomplit de nombreuses mutations.

En 1916, après la lecture des ouvrages de Freud, la jeune femme entreprend une analyse personnelle avec... Ferenczi. Sur les conseils de ce dernier, elle se consacre à la psychanalyse d'enfants dans une polyclinique de Budapest et, en 1919, présente son étude «Le développement d'un enfant» à la Société psychanalytique de Budapest. Un an plus tard, Abraham l'invite à pratiquer à Berlin. Elle s'y installe avec ses enfants, divorce et poursuit son analyse personnelle avec lui jusqu'à la mort de l'analyste, en 1925. Jones invite aussitôt Mélanie Klein à Londres. Eprouvée par la mort de son fils Hans en 1934, elle publie l'année suivante une «Contribution à l'étude de la psychogenèse des états maniaco-dépressifs»[1].

Ce titre est évocateur à lui seul. Klein démontre une analogie entre les stades de la petite enfance et les grandes psychoses :

> «Il s'ensuit que de très petits enfants traversent des situations d'angoisse dont le contenu est comparable à celui des psychoses de l'adulte. Un des premiers moyens de défense contre la peur des persécuteurs (...) est celui de la scotomisation ou négation de la réalité psychique; ce moyen (...) est à la base des psychoses les plus graves»[2].

Il s'agit là d'un progrès manifeste : la psychose ne s'oppose plus aussi nettement à la réalité; des mécanismes tenus jusqu'alors pour spécifiques à la psychose sont définis par Klein dans la constitution même du sujet normal.

Les analystes classiques ont dénoncé les thèses kleiniennes comme infidèles à l'enseignement de Freud. Par exemple, elle décèle l'oedipe et sa culpabilité dès la deuxième année; elle développe une théorie décrivant une formation précoce du surmoi et définit deux positions archaïques et fondamentales propres à comprendre les deux grands types de psychoses : la position persécutive ou paranoïde de l'enfance qui correspond à la paranoïa ou la schizophrénie; et la position dépressive,liée à la psychose maniaco-dépressive. Ces libertés par rapport à Freud la conduisent à créer une école dite «kleinienne».

Le reproche majeur que l'on pourrait adresser à sa théorie, c'est la dimension quasi-exclusive de la relation de l'enfant à sa mère. A la lecture des cas cliniques qu'elle décrit, il semble que toute métaphore s'efface à ses yeux au

---

[1] KLEIN, M. Contribution à l'étude de la psychogenèse des états maniacodépressifs. Conférence au 13e Congrès de psychanalyse (Lucerne, 1934). *In Essais de psychanalyse.*(Trad. M. Denida). Paris : Payot,1967,

[2] KLEIN.M. *Ibid.*

profit des significations réalistes. Comme l'a observé Pontalis, «c'est la chronique tourmentée d'un monde interne qui ne se différencie plus d'un monde fantasmatique que décrit M. Klein»[1]. A propos du «cas Dick», il faut relever le commentaire de Lacan dans «La topique de l'imaginaire» : au moment où M. Klein envoie à son petit patient : «la gare, c'est maman; Dick doit entrer dans maman», Lacan nous indique que tout se déclenche :

> «Qu'a fait M. Klein?
> Rien d'autre que d'apporter la verbalisation. Elle a symbolisé une relation effective, celle d'un être, nommé, avec un autre. Elle a plaqué la symbolisation du mythe oedipien pour l'appeler par son nom (...). Ensuite l'enfant verbalise un premier appel -un appel parlé (...). C'est une première communication au sens propre, technique du terme (...). L'enfant symbolise la réalité autour de lui, à partir de ce noyau, de cette petite cellule palpitante de symbolisme que lui a donné M. Klein»[2].

Dans un article de 1932, M. Klein indique comment, dans les deux sexes, les manifestations pubertaires s'accompagnent d'angoisses et de mécanismes de défense. Pour Bill, âgé de 15 ans, l'angoisse de la castration associée à la masturbation entraîne un mécanisme de déplacement sur les activités sportives. Willy 14 ans, échoue dans cette défense, ce qui provoque chez lui une angoisse de morcellement et une ébauche de défense par la fuite. Selon Klein, il y a chez ces deux adolescents des réviviscences d'expériences sexuelles infantiles. Chez la fille, le développement de la position féminine requiert plus de temps et pose une série de difficultés dont les garçons sont préservés. Chez les adolescentes, le mécanisme habituel de défense, c'est l'inhibition. On perçoit l'influence freudienne au coeur de ces descriptions des mécanismes de défense. Mais la psychanalyse se colore aussi, avec Klein, d'un vernis psychologique, éducatif et pédagogique :

> «La possession de l'amour et de l'appréciation de sa femme donne au mari le sentiment d'être devenu tout-à-fait adulte et de s'égaler ainsi à son père (...). De même, lorsqu'une femme (...) sent inconsciemment qu'elle peut (...) tenir la place que sa mère tenait auprès de son mari, (...) elle devient capable de se sentir l'égale de sa mère, de jouir du même bonheur. Les conséquences (...) sont comparables (à celles) qui s'opèrent chez l'homme, quand, à la suite d'un mariage heureux, il devient l'égal de son père (...) Une relation faite de satisfaction sexuelle réciproque et d'amour mutuel sera ressentie comme si était recréée dans le bonheur leur vie familiale d'autrefois (...). C'est seulement si l'on a été capable (...) de se détacher des parents tout en continuant de les aimer (...) que les fantasmes infantiles peuvent être satisfaits à l'âge adulte (...). Une relation

---

[1] PONTALIS, J.B. *Après Freud.* Paris : Gallimard, 1965, pg.176.

[2] LACAN, J. La topique de l'imaginaire. *In Séminaire I. Les écrits techniques de Freud.* Paris : Seuil, 1975, pp.100-102.

adulte heureuse (...) sera tout-à-fait complète, le sentiment d'être rassuré et la sécurité qui l'accompagnent seront plus grands lorsque l'homme et la femme auront établi une nouvelle relation avec leurs enfants»[1].

Voilà les mots-clés du discours kleinien:amour, bonheur, mariage heureux, être rassuré, sécurité; sous-entendu : «prenez patience, le bonheur est au rendez-vous» . L'analyse n'a pourtant jamais témoigné que du contraire, du malentendu originel à toute relation humaine. Et l'adolescent dans tout cela? Au moment précis où il s'interroge, alors qu'il ressent le fossé profond entre le discours pédagogique et l'énonciation qui l'infirme, comme M. Klein nous entretenant du bonheur conjugal parfait tout en ayant échoué dans son propre couple; c'est alors que surgit pour l'adolescent l'angoissante perspective d'une remise en question du «trop beau pour être vrai». C'est peut-être là, au seuil de l'abîme que constitue le faux bonheur idyllique soudain découvert par sa lucidité et ses propres désirs, que l'adolescent commence à s'inscrire dans la marginalité. Car l'amour à la façon kleinienne ne dupe personne, et sûrement pas l'adolescent pour qui la castration et l'énigme du féminin demeurent centraux au questionnement. L'amour est-il de bon sens; comme Dieu, le sentiment parental ou le mariage heureux?

Plutôt qu'un sens, l'amour n'est-il pas d'abord un signe, ses effets ne s'avèrent-ils pas beaucoup plus déterminants que sa «réalité»? Le discours kleinien nous évoque ceux, théoriques et contemporains, qui apprennent l'efficacité en jurant le bonheur aux adolescents qui rempliront les conditions...

La compréhension d'A. Freud

La recherche de M. Klein, avec ses mérites et ses abus, s'inscrit également dans une polémique. La psychanalyse d'enfants ne souffre aucun monopole; et c'est la propre fille de Freud, Anna, qui le révèle. En 1927, Anna Freud publie son «Introduction à la psychanalyse des enfants».

Restée «fidèle» à son père -et seule enfant à avoir suivi sa trace- elle s'oppose à M. Klein dans les années 1927-30.

A l'inverse de cette dernière, A. Freud s'efforce d'adapter la psychanalyse classique à l'univers enfantin sans toutefois créer de nouveaux concepts[2]. Dans cet ordre, et comme l'avait fait Klein avec davantage de génie clinique, A. Freud utilise les concepts de défense pour traiter des adolescents.

Remarquons au passage qu'elle n'explique en rien le mobile de ces défenses, pourquoi elles se mettent en place. C'est que, comme le courant qu'elle engendrera, les visées premières d'A. Freud reposent sur le développe-

---

[1] KLEIN, M. La technique psychanalytique à l'époque de la puberté. *In Psychanalyse des enfants.* Paris : P.U.F., 1969.

[2] FREUD, A. (1958). Adolescence. (Trad. D. Widlöcher). *In L'enfant dans la psychanalyse.* Paris : Gallimard, 1976.

ment de la personnalité, la pédagogie et la phénoménologie moralisante qui procure un sens au sujet. A. Freud décrit l'ascétisme ou l'intellectualisation comme des mécanismes de défense normaux; la fantasmatisation et la déréalisation s'avérant quant à eux des mécanismes pathologiques[1]. Suivez son regard : les bons adolescents sont ceux capables de se maîtriser; gare aux épris d'absolu et à l'intelligence abstraite. Oubliée la réalité d'un temps psychotique à l'adolescence; tout doit conduire à l'intelligence terminale. Et, de fait, en lisant A. Freud, on se trouve face à un épique combat naval, jeu d'échec ou autre stratégie : dans sa description de la libido à la phase pré-pubertaire, elle ne mentionne aucun changement qualitatif, mais plutôt un accroissement quantitatif des émois sexuels; la libido accrue emprunte toutes les voies, y compris celle de l'agressivité, et menace les saines formations réactionnelles comme la pudeur, la piété ou la propreté. Le Moi s'en va-t-en guerre. Sa stratégie consiste en un déplacement de la libido sur des tiers, en un renversement de l'affect dans son contraire et contre soi-même, ou encore en projection. Le surmoi se constitue et s'allie au moi contre les pulsions sexuelles. Le combat s'achève par le triomphe du génital oblatif, le moi, le surmoi et la libido signent l'armistice et tout rentre dans l'ordre.

Ces descriptions burlesques représentent pourtant bien le projet post-freudien selon A. Freud et ses successeurs : une politique des petits pas, des leviers, des écrous et des manettes pour canaliser de la meilleure et plus pédagogique façon qui soit les assauts de la libido. Les concepts freudiens se transforment en pions sur un échiquier. A. Freud inaugure de belle manière la psychologie du moi, l'Ego-psychology que l'on retrouve chez Hartmann, Kris et Loewenstein, dans une fonction essentiellement éducative de l'âme et de la psyché. A. Freud préside l'I.P.A.[2]. La grande majorité des membres de cette institution sont des psychiatres juifs émigrés en Amérique et, principalement, aux Etats-Unis à la suite de l'holocauste. Ils sont soucieux de s'intégrer dans un pays qui les accueille sans risque. Quoi d'étonnant à les retrouver psychologues «positifs», prônant le maintien des valeurs dominantes, réparateurs des désordres de la subversion, correspondant manifestement à ce que la Société attend d'eux ; la peste freudienne disparaît au profit des «bons» concepts de sublimation et de projets pédagogiques. Il est utile d'observer comment A. Freud décrit les mécanismes d'identification à l'adolescence, et cela en regard de l'identification psychanalytique envers les attentes de la société américaine.

> «L'analyse d'une autre jeune fille de 15 ans permet peut-être d'aller un peu plus loin dans la compréhension du rôle joué par cette tendance à l'identification. Cette patiente, particulièrement jolie et grâcieuse, compte déjà des succès mondains dans le cercle où elle évolue, ce qui ne l'empêche pas cependant d'être

[1]FREUD, A. *Le normal et le pathologique chez l'enfant.* (Trad. D. Widlöcher). Paris : Gallimard, 1968.

[2]I.P.A : Association Internationale de Psychanalyse (International Psychanalyst Association).

férocement jalouse de sa petite soeur. A la puberté, devenue indifférente à tout ce qui l'intéressait autrefois, elle ne cherche plus qu'à se faire admirer et aimer de ses amis, jeunes gens et hommes faits. Elle s'éprend violemment, de loin, d'un jeune garçon un peu plus âgé qu'elle, qu'elle rencontre quelquefois à des réunions et des soirées dansantes. A cette époque, elle m'écrit une lettre où elle me raconte ses doutes amoureux et ses inquiétudes : «Donnez-moi un conseil», écrit-elle : «Comment me comporter quand je le rencontre? Faut-il que je sois sérieuse ou bien gaie? M'aimera-t-il mieux intelligente ou sotte? Vaut-il mieux lui parler tout le temps de lui-même ou bien aussi un peu de moi?...» ***A la séance suivante je réponds verbalement à ces questions.*** Je lui dis qu'il n'est peut-être pas nécessaire de se tracer des plans par avance. Ne pourrait-elle pas, le moment venu, se comporter suivant son état d'âme et ses impressions? Elle m'assure que non, que c'est impossible et se lance dans un long discours pour m'expliquer la nécessité de se plier aux préférences des gens, d'après ce qu'ils attendent de vous. C'est de cette façon seulement qu'on arrive à coup sûr, à conquérir leur amour. D'ailleurs, elle ne saurait plus vivre sans l'amour de ce garçon. Immédiatement après, la patiente me raconte un fantasme dans lequel elle se représente la fin du monde. Qu'arriverait-il si tous les hommes périssaient? demande-t-elle. Elle passe en revue ses amis, ses parents et se figure enfin qu'elle reste seule sur la terre. ***Sa voix, ses intonations***, la manière dont elle décrit tous les détails du cataclysme, ***montrent qu'il s'agit de la réalisation imaginaire d'un désir. C'est du plaisir et non de l'angoisse qu'elle ressent en racontant son fantasme.*** A cet instant, je lui rappelle son ardent désir d'être aimée. L'idée seule de déplaire à l'un de ses amis, de perdre son amour avait suffi les jours précédents à la plonger dans le désespoir. Si elle restait seule sur la terre, qui donc l'aimerait? Elle écarte tranquillement ce rappel des inquiétudes de la veille en disant, avec un profond soupir de soulagement et comme libérée de toute angoisse : «Eh bien, dans ce cas, je m'aimerais moi-même». Cette courte observation analytique d'un cas isolé illustre bien, me semble-t-il, certains rapports objectaux à l'époque de la puberté. La rupture des anciennes relations objectales, l'aversion pour les pulsions, l'ascétisme, ont pour effet de détacher la libido du monde extérieur. ***L'adolescent risque de ramener et de concentrer sur lui-même sa libido*** et de régresser dans sa vie libidinale de l'amour objectal au narcissisme, comme il a régressé déjà dans son moi. S'il échappe à ce danger, c'est en tentant des efforts désespérés pour se raccrocher à des objets extérieurs, même s'il ne peut y arriver que par la voie du narcissisme, c'est-à-dire par une série d'identifications. Ainsi, ***les relations objectales passionnées de l'adolescent constituent des tentatives de guérison rappelant, là encore, les états initiaux des poussées psychotiques***»[1].

La conseillère conjugale répond aux questions de l'adolescente; elle sait. voilà qui est typique d'A. Freud : la problématique d'être acceptée et reconnue. Face aux interrogations «mondaines» de la jeune fille soucieuse d'être aimée, l'analyste verse dans une psychologie de bon aloi. L'adolescente n'est pas dupe:

---

[1] FREUD, A. (1946). Le Moi et le Ca à l'époque de la puberté. In *Le moi et les mécanismes de défense.* (Trad. A. Berman). Paris: P.U.F., 5e éd., 1969, pp. 158-159.

dans ce cas, elle s'aimera toute seule. A partir de là, le discours «positif» et compréhensif se transforme : A. Freud bascule dans une approche éminemment théorique des phénomènes psychotiques propres à l'adolescence.

Par rapport au discours somme toute désuet de la jeune fille quant à la fin du monde -les films d'horreur obtiennent toujours de grands succès- A. Freud ne s'autorise aucun recul. Plutôt qu'une formulation de réponses aussi dérisoires, A. Freud eût mieux fait de se taire et d'écouter. L'insupportable de la rencontre manquée transpire sans cesse des commentaires de l'analyste, depuis le risque de ramener sur soi-même sa libido, en passant par l'état initial des poussées psychotiques, jusqu'à toutes les régressions possibles.

La seule régression indiscutable -associée ici à un manque total d'humour et de relativisation- c'est celle de la théorie psychanalytique confiée à de tel(le)s artisans.

La réparation par D. Winnicott

Nous avons perdu de vue l'antagonisme entre M. Klein et A. Freud, et c'est l'étude d'un autre analyste de l'enfance, D. Winnicott qui le ramène. Ce dernier parviendra à ne jamais prendre parti pour l'une ou pour l'autre, élaborant une série de notions tout en nuances. Entre la théorie kleinienne d'un moi archaïque fondé sur les positions paranoïdes et dépressives, et celle d'A. Freud du moi construit sur un compromis entre le moi, le surmoi et la libido, Winnicott introduit les concepts de «self» et de «faux self», notions complexes qu'il définit comme suit : «A mon avis, le «self» n'est pas le Moi-Ego, mais la personne qui est Moi, qui n'est que Moi, une totalité qui se fonde sur les processus de maturation; (...) le self se trouve placé dans le corps par nature, mais il arrive dans certaines circonstances que le corps et le self soient dissociés et vice-versa. Le «self» se reconnaît essentiellement dans les yeux et le visage de la mère ainsi que dans le miroir. Seul le «self» donne un sens au fait de vivre»[1].

Par «self», Winnicott entend l'instance intermédiaire entre le sujet inconscient et le Moi, porteuse de vie même au-delà de la mort: Mozart est toujours vivant puisqu'on continue de le jouer. Manifestement, cette notion s'oppose à la pulsion de mort freudienne, le «self» étant par définition positif et vital. Lorsque le «self» est altéré par une disjonction envers l'environnement, le «faux self» apparaît, opprimé, névrotique et contraignant : on est «mal dans sa peau», les phénomènes de dépersonnalisation, les états schizoïdes et dépressifs apparaissent.Outre ces concepts, l'on doit aussi à Winnicott le «squiggle», technique de jeu basée sur l'échange symbolique permettant des sublimations thérapeutiques[2]. Le «squiggle» s'inspire des notions winnicottiennes d'espace

[1] WINNICOTT, D.W. *La consultation thérapeutique de l'enfant.* (Trad. C. Monod). Paris : Gallimard, 1971.

[2] WINNICOTT, D.W. *Jeu et redite : l'espace potentiel.* (Trad. C. Monod). Paris : Gallimard, 1975.

potentiel, espace intermédiaire entre le dedans et le dehors, et d'objet transitionnel, à la fois investi de libido narcissique et de libido vers l'objet : l'enfant passe du premier jeu érotique avec son corps ou celui de sa mère à la symbolisation au jouet,puis au travail.

Le jeu, comme ces concepts, se révèlent plein d'intérêts, puisque (enfin) la créativité entre en jeu dans le développement des individus.

Le rôle marquant de Winnicott, nous l'avons entrevu dans sa définition du «self» inscrit dans le regard maternel, c'est la place prépondérante qu'il alloue à la mère; la psychose provenant toujours d'une faillite des soins maternels.

La solution du problème repose sur la réparation-analytique par la «bonne mère», le thérapeute.

La théorie freudienne «dérangeante» s'évacue du discours post-freudien; la sublimation supplante la pulsion de mort; la question du Père - tellement présente dans cette filiation analytique disparaît au profit de la symbiose mère-enfant.

La symbiose d'après M. Mahler

Dès l'après-guerre, forts des apports de Winnicott, les psychanalystes s'orientent vers le concept de symbiose entre la mère et l'enfant. Remarquons que le terme de symbiose est emprunté à la biologie en référence à une association fusionnelle entre deux organismes. La métaphore présente le double but d'illustrer d'une part la relation entre un nouveau-né et sa mère au niveau psychogénétique et, d'autre part, d'aider à la compréhension de ce qui fonde la psychose infantile.

C'est M. Mahler qui introduit ce concept aux Etats-Unis : «Le terme de symbiose a été choisi pour décrire cet état d'indifférenciation, de fusion à la mère, dans lequel le «je» ne se différencie pas encore du «non-je», et où l'intérieur et l'extérieur n'en viennent que graduellement à être perçus comme différents»[1]. Mahler décrit donc une situation propre à tout le monde et, logiquement, s'oblige à concevoir un «autisme normal» durant les premiers mois de la vie.Tustin explique qu'«en effet, pendant cette periode, l'enfant semble être dans un état de désorientation hallucinatoire primaire dans lequel la satisfaction de ses besoins relève de sa propre sphère autistique toute-puissante»[2].

Que se produit-il en cas de carence, lorsque le «self» est mis à mal par l'environnement?

Mahler, dans sa description de l'illusion délirante d'une frontière commune à deux individus pourtant réellement et physiquement distincts, an-

---

[1] MAHLER, M..La symbiose humaine et les vicissitudes de l'individu. Journal of the American Psychoanalytic Association, 1967, 25(4).(Trad. P. et J. Léonard). *In Psychose infantile.* Paris : Payot,1973, pg.28.

[2] TUSTIN F. *Autisme et psychose de l'enfant.* Paris : Seuil, 1977.

nonce que «c'est vers ce mécanisme que régresse le Moi dans les cas de troubles les plus graves d'individualisation et de désorganisation psychotiques que j'ai décrit en termes de «psychose symbiotique de l'enfant»[1]. L'autisme normal se mue alors en autisme pathologique comme mécanisme de défense. On voit mal n'importe quel individu échapper à certaines carences parentales. Pourtant, Mahler nous affirme que toute carence appelle à la régression vers l'illusion délirante de la symbiose; dans les cas graves, la psychose survient. Nous sommes là en présence d'une nouvelle généralisation, aussi abusive que celles de Kraepelin, Bleuler et Kretschmer, entre autres. Comme les précédentes, celle-ci s'articule dans un contexte très particulier : en Amérique, durant l'après-guerre, ce sont les femmes qui éduquent les enfants; les pères travaillent et s'absentent. C'est aussi la mère qui se culpabilise lorsque l'éducation n'aboutit pas qu'à des réussites; c'est encore elle qui va trouver le thérapeute. Celui-ci, en «bonne mère» réparateur, «corrige» les erreurs et les désordres engendrés par les carences maternelles. On le voit bien : avec les post-freudiens, le rôle de la mère s'inscrit dans une culpabilité irrémédiable; son grand tort, c'est de mettre au monde. Après tout, n'est-ce pas à une femme que l'humanité tout entière doit le péché originel? Et le péché originel dans ce contexte-ci, n'est-ce pas la dangereuse remise en question par la femme de sa condition même? Il n'est guère étonnant d'observer les thérapeutes extrêmement désireux de lier symbiotiquement la mère et l'enfant. Par cette manoeuvre, la société se dégage de ses doutes au profit d'une situation originelle qui la libère à tout jamais. Comme l'avaient conçu jusque-là le prêtre et le philosophe, l'analyste se charge à présent de faire porter à la femme tout à la fois le poids de la vie et de la mort. Reste-t-il une place pour le discours féminin au-delà du maternel? Avec des théoriciens comme Mahler, on peut se poser la question.

L'adolescent améliore-t-il son statut sous le regard descriptif des analystes? Nouvelle question à laquelle l'analyse par Mahler de Charlie peut apporter une réponse étonnante :

> «il serait possible de reconstruire la très longue ***phase symbiotique parasitaire*** avec une mère narcissique qui, quoique très séduisante, ne pouvait accepter Charlie que comme prolongement de son propre self narcissique. Elle n'avait aucune considération pour le petit garçon comme individu en soi. Elle avait un besoin continuel de ***bébé à cajoler*** et porta des enfants jusqu'à sa ménopause»[2].

Le tableau est à la fois sombre et lumineux : la mère selon Mahler «fait des enfants» pour son plaisir, égoïstement, sans considération pour l'individu en soi. Dès lors, toute mère qui cajolerait son bébé et, curieusement, Mahler évoque en termes de besoin ce qui relève le plus souvent du désir et de l'amour- amorce

---

[1] MAHLER M. *Ibid.* p. 27.

[2] MAHLER, M. La symbiose humaine et les vicissitudes de l'individu. *In Dix ans de psychanalyse en Amérique.* (Trad. P. Léonard). Paris: P.U.F.. 1981, pg. 45.

une phase «symbiotique parasitaire» dont les effets s'inscriront dans la vie de l'enfant comme un désastre. Poursuivons l'analyse de Charlie:

> «sa mère abandonna soudain Charlie à lui-même au début de sa troisième année.(...) Il refusa d'aller à l'école. Il disait avoir peur que la police ne l'arrête. Il décida de porter des verres teintés en guise de paravent et devint d'une destructivité en s'attaquant à sa mère en lui jetant des objets, visant ses yeux de manière évidente. Il développa également une phobie du feu, une crainte de devenir aveugle».

Heureusement, l'analyste veille : Ces symptômes furent compris au cours de sa première analyse en Europe comme une tentative de réextérioriser, d'éjecter la dangereuse introjection maternelle.

On peut douter de la valeur de cette compréhension aussi explicative et subjective que simpliste.

Second volet de l'analyse : la réparation analytique à l'adolescence :

> «Charlie avait l6 ans lorsque reprit l'analyse aux Etats-Unis. Le processus de maturation (...) avait transformé l'enfant exubérant, agressif et turbulent (...) en un être déprimé, complaisant à l'excès, absolument passif et soumis, masquant soigneusement une blessure cruelle qu'il essayait désespérément de se cacher à lui-même (...). Quoiqu'il ait paru chercher sans cesse à se libérer de l'influence actuelle de sa mère, son matériel analytique révélait une quête incessante de la ***bonne mère symbiotique***, celle qui satisfait les besoins. (...) Il se fixa comme but, comme le font, ouvertement ou non, plusieurs de ces ***cas limites***, de devenir célèbre ou à tout le moins important».

Après d'aussi éclairantes considérations, il y a place pour le verdict : «A l'adolescence, Charlie présentait un état totalement dépourvu d'affect. Il lui manquait ce charme (...) des vraies personnalités «comme si». Ce que Charlie s'acharnait à chercher, c'était l'expérience qui pourrait lui rendre la mère symbiotique, perdue. (...) En reflétant littéralement comme dans un miroir les autres et lui-même , il essayait d'apprendre à sentir, à avoir des émotions». Et que dire de la recherche acharnée de l'analyste pour retrouver son concept parmi les états dépourvus d'affect?

Son rôle s'inscrit-il dans l'apprentissage des émotions et des sensations? Mahler nous livre quelques mots de son patient :

> «je danse devant la porte en miroir qui me renvoie ma propre figure et où je peux voir ma propre apparence, du point de vue des autres; je jette aussi un coup d'oeil sur sa figure, pour voir si elle prend plaisir à la danse. Je remarque une chose : même si j'aime danser, je n'ai pas l'air trop excité, ***et ainsi personne ne peut dire si j'y prends plaisir.***
> Peut-être alors n'est-ce point la façon de découvrir ce que ressent la fille avec qui je danse».

Ce discours est celui de tous les adolescents du monde. Mahler le commente d'une autre façon : «Ce bref extrait de l'analyse de Charlie illustre comment il luttait contre son manque d'empathie et l'absence chez lui de véritable affect. On peut aussi constater qu'il cherche incessamment la fille encore gentille et douce, la bonne mère symbiotique, dont il peut être le reflet et dont les yeux lui renvoient son amour pour lui».

Jusqu'où peut mener une technique thérapeutique où la dimension symbolique n'est pas prise en compte! Mahler voit son concept partout, derrière le «paravent»des verres teintés, la crainte de devenir aveugle, le fait de viser les yeux, un coup d'oeil sur l'apparence, le reflet et les yeux qui renvoient de l'amour.

Où se trouve la symbolisation entre le moi et l'image? De méconnaître le stade du miroir, pourtant décrit depuis les années trente,Mahler s'enlise dans une description explicative et normalisante. Et puis, on peut légitimement s'étonner de l'absence du père, propre et figurée, dont Mahler nous indique seulement qu«'il souffrait d'une dépression paralysante et commença à mener une vie recluse lorsque Charlie avait trois ans.» Mahler ne nous en dit pas plus.

Pourtant, la seule issue possible à la capture spéculaire est l'identification symbolique médiatisée par le langage dans la métaphore paternelle.

La démarche explicative n'aboutit qu'à des erreurs, des commentaires inouïs comme «Charlie présentait un état totalement dépourvu d'affect»; ce même Charlie qui, dans un discours sans surprise, s'efforce de faire ***entendre*** quelque chose à l'analyste qui le ***regarde*** avec des verres teintés jusqu'à l'aveuglement par le parasite symbiotique : «Même si j'aime danser, je n'ai pas l'air trop excité, et ainsi, personne ne peut dire si j'y prends plaisir». A bon entendeur salut! La bonne mère symbiotique dont Charlie refuse d'être le reflet nous en met plein la vue par son concept.

Une adolescence «comme si»

L'historien

Jones est le premier élève de Freud -et son premier historien-qui s'intéresse à l'adolescence de façon spécifique.

Il assimile la première enfance (de 1 à 5 ans) à l'adolescence de 12 à 18 ans et la deuxième enfance (de 5 à 12 ans) à l'âge adulte; et décrit, pour l'adolescence, deux sources dynamiques internes et deux sources dynamiques externes (noter le mot clé source, évocateur de jouvence et de fraîcheur). Par «sources dynamiques internes», Jones entend l'épanouissement vital de la personnalité qui s'exprime dans les démonstrations ambitieuses, et le conservatisme attaché aux solutions des premiers stades du développement. Les sources dynamiques externes proviennent des parents et s'expriment au travers d'une rivalité jalouse ou par l'attachement au plaisir narcissique voué par les jeunes enfants à leurs parents. Selon Jones, le développement des activités intellectuelles est déterminant : la vie imaginative permet le passage de l'égocentrisme à l'altruisme en fonction du développement d'un idéal. Progressivement, à l'adolescence, le besoin infantile d'être aimé fait place à la capacité d'aimer[1]. Curieusement pour l'historien de Freud, la «capacité» tente de contourner le roc de la castration... L'analyste de Tausk, Hélène Deutsch, s'est particulièrement penchée sur l'adolescence de la fille, et cela dans une théorisation très fidèle à Freud d'une description d'un stade bisexuel intermédiaire (la fille éprouve une attirance pour un homme ou une femme; le garçon recherche un ami idéalisé).

Sa théorisation s'inscrit résolument dans la problématique identificatoire et nage en plein imaginaire, même si on la sent parfois sensible à la dimension symbolique, quand elle nous parle d'Idéal du Moi ou de sublimation. Son projet thérapeutique se définit dans une tentative d'apaiser le surmoi, de restaurer l'idéal du Moi en difficulté et de renforcer les processus de sublimation par l'identification à une image paternelle réhabilitée. Deutsch a bien senti l'importance du rôle paternel, mais l'identification demeure du registre de l'imaginaire.

> «Le rôle le plus confortable (à l'égard de l'identification) est l'affaire du père, car il se produit une acceptation passive de ses valeurs qui, souvent cependant, ne va pas sans une réactivation du conflit de compétition pour l'autorité avec lui»[2].

Pour Deutsch, l'adolescence constitue une période «à hauts risques» : tandis que cet effort en vue de l'identité se poursuit, des symptômes plus ou moins graves peuvent apparaître. La perception interne d'un manque d'identité peut s'exprimer par des sentiments de dépersonnalisation ou des sensations d'irréalité; une telle perception interne peut encore apparaître sous la forme de ces personnalités «comme si» ***que l'on rencontre si souvent dans l'adolescence***». Deutsch nous l'indique clairement : du fait de leur recherche d'identité, la plupart des adolescents sont des «comme si»: «la confusion générale de l'identité et le sentiment de la perte de cohérence du moi culminent dans la question douloureuse que se pose l'adolescent : «Qui suis-je?»». Autre observation très pertinente : le lien manifeste entre la quête d'identité et les symptômes graves durant l'adolescence :

> «Un autre problème central de l'adolescence est constitué par la lutte entre la réalité extérieure, objective, et la réalité intérieure, subjective (...). L'issue du conflit entre la réalité subjective et la réalité objective (entraîne) alors un état pathologique plus ou moins grave».

[1] JONES, E. (1922). L'adolescence et quelques-uns de ses problèmes. *In Théorie et pratique de la psychanalyse.* (Trad. A. Stronck). Paris : Payot, 1969.

[2] DEUTSCH, H. *Problèmes de l'adolescence. La formation de groupes.* (Trad. C.A. Ciccione). Paris : Payot, 1970. pp.34-35.

Pourtant, ce n'est pas la gravité des symptômes qui pose problème, mais bien l'assimilation d'emblée, de l'adolescence aux personnalités «comme si» dans une orientation psychotique. L'adolescence constitue bien un temps psychotique par définition, mais ce n'est pas le recours à l'imaginaire qui permet le retour à une «normalité» moins douloureuse, c'est le symbolique, par le langage et la métaphore.

On retrouve chez Deutsch la description des concepts freudiens dans une optique très stratégique d'oppositions, de compromis et d'armistice (ou de débâcle). Tous ces concepts sont personnalisés.

«Tu aimes donc ton père à ce point ?»

Blos se révèle sans aucun doute l'auteur le plus représentatif des tendances américaines contemporaines autour de l'adolescence. Influencé par A. Freud, il décrit, en 1962, cinq stades propres à l'adolescence. Là aussi, la personnalisation des concepts et leur présentation toute «militaire» nous indiquent une tendance essentiellement explicative :

> «1. La pré-adolescence, caractérisée par la résurgence de la pré-génitalité (manifeste chez le garçon et refoulée chez la fille). Il y a une ***augmentation quantitative de la pression pulsionnelle tout azimut.***
> 2. La première adolescence, caractérisée par la primauté génitale et le désinvestissement des objets d'amour incestueux. La libido est ***flottante***. C'est le stade bisexuel intermédiaire de Deutsch. On observe durant ce stade un ***rejet*** des objets internes parentaux. L'idéal du Moi ***déloge*** le Surmoi et ***observe*** la libido narcissique et homosexuelle.
> 3. L'adolescence proprement dite, l'Oedipe secondaire et la découverte de l'objet hétérosexuel. On y trouve une oscillation entre l'hétérosexualité et le narcissisme. Le détachement des premiers objets d'amour ne s'effectue pas sans passage dépressif, sans appauvrissement du Moi, mais est, au contraire, une expérience exaltée du Moi.
> 4. L'adolescence tardive, période de ***consolidation*** des fonctions et des intérêts du Moi. C'est le temps de la ***formation du caractère produisant*** un ***fonctionnement*** ego-syntonique du Moi. A cette époque se structure la représentation du Soi.
> 5. La post-adolescence (le jeune adulte) : c'est ***l'accès à la profession, au mariage...***»[1].

Tout cela évoque une bataille navale, l'abordage de pirates et de corsaires: l'imagerie est au rendez-vous, désuète, sans profondeur. Blos nous révèle même le vainqueur du combat : le post-adolescent accédant au mariage et à la

[1] BLOS, P. (1962). *Les adolescents (essai de psychanalyse).* (Trad. P. Truffert et F. Gantheret). Paris : Stock, 1967.

profession...

Une anecdote concernant Blos mérite d'être contée : à Paris, en 1985, lors du 1er Congrès international de l'Adolescence, auquel Blos participait, un psychanalyste décrit le cas d'un adolescent qui entretenait le projet de tuer son père. Blos se lève, demande le micro et dit : «Pourquoi n'avez-vous pas renvoyé à cet adolescent : «tu aimes donc ton père à ce point?»».

Blos avait senti la dimension dévorante de l'amour d'un fils pour son père; il avait entendu une demande d'amour. Sa remarque aurait pu couper court aux angoisses mutuelles du père et du fils. Seulement voilà, ce type de sensations et d'intuitions -si justes- ne peut être théorisé pour de nombreux motifs, parmi lesquels l'absence de contrôle et de main-mise de l'analyste sur une situation aigüe et inquiétante. Fort prudemment, les grandes histoires d'amour-toujours se fondent dans le mot FIN, seule façon de les préserver de toute usure; les post-adolescents aboutissent au mariage et à la profession, les schizophrènes à l'asile pour toujours; par contre, lorsqu'on commence à se parler, à s'essayer mutuellement au dialogue, on ne peut rien maîtriser; personne ne sait d'avance où l'on va s'arrêter. Il n'existe plus de réponse toute faite.

La carte de l'identité

Dans la lignée classique de la question de l'identification à l'adolescence, question typique des post-freudiens percevant les rôles d'une sexualité désirante et naissante à cette période, Erikson décrit la crise d'adolescence comme une crise d'identité. S'il y a confusion grave d'identité, la psychose se greffe souvent sur le problème posé à l'adolescence par l'intimité sexuelle et se caractérise par la dissolution de la perspective temporelle , la dissolution de l'application au travail ou le choix d'une identité négative. D'après Erikson, il convient de rechercher les facteurs déclenchants spécifiques à la famille et à l'enfance de l'adolescent en souffrance d'identité. Ici, les mères semblent aimer d'une façon bien acharnée et importune :

> «(Ces mères) sont elles-mêmes affamées d'approbation et de reconnaissance.(...) Derrière la plainte persistante de la mère que ***le père n'a pas réussi à faire d'elle une femme***, il y a la plainte profondément perçue par (...) l'enfant, que le patient n'est pas parvenu à faire d'elle une mère.(...) Quant aux pères, bien qu'ils soient ***hommes à succès*** et souvent ***la sommité*** dans leurs domaines, ils ne réussissent pas à s'affirmer chez eux, devant leurs femmes (...) à la suite de quoi, les pères eux aussi sont profondément jaloux de leurs enfants. L'enfance des patients fait référence à une sorte d'autisme infantile rationnalisé par les parents»[1].

---

(1) ERIKSON, E-H. *Adolescence et crise. La quête de l'identité* (Trad. J. Nass et C. Louis-Combet) Paris: Flammarion, 1972, pp. 175-177.

Cette théorisation, bien qu'éloquente, n'en comporte pas moins plusieurs sujets d'intérêt, et notamment la problématique identificatoire envers un père décrié par son épouse. Plus loin, Erikson approche la question de la castration à l'adolescence et, surtout, jusqu'à quel point, dans cette problématique d'identification, l'adolescent peut être amené à jouer le rôle du fou:

> «Quant au traumatisme particulier dans l'adolescence, un point semble fréquent, à savoir un trauma physique sérieux remontant au début de la puberté, d'ordinaire en liaison avec un séjour hors de la maison familiale. Ce trauma peut consister en une opération ou dans un défaut physique tardivement diagnostiqué ou encore ce peut être un accident ou une traumatisation sexuelle grave.(...) Mais un autre problème, critique celui-là, ressort avec force de notre discussion. C'est le danger (...) que le patient de ce groupe d'âge ne choisisse le rôle même du patient comme la base la plus significative d'une formation d'identité»[1].

Manifestement, d'après Erikson, le «séjour hors de la maison familiale» relève de la blessure, non de la castration. De même, il mentionne très justement le danger d'une assimilation chez l'adolescent de l'identité et la pathologie. Raison de plus, sans aucun doute, pour éviter toute induction d'une psychose chez un adolescent particulièrement vulnérable.

Sage comme une image

Heureusement, Kohut nous promet la Sagesse. Certes, selon lui, deux lignées s'imbriquent et se masquent mutuellement à l'adolescence : la lignée libidinale et la lignée narcissique. A ce propos, Kohut introduit en 1978 la notion de «rage narcissique» concept explicatif de nombreux comportements agressifs de l'adolescent contre les autres et contre lui-même. Toute blessure narcissique entraîne une irritation susceptible de mener à la fureur catatonique ou à la rancune paranoïaque[2]. Si la rage narcissique ne peut se diriger vers autrui, elle se reporte ou bien sur le «Soi-Corporel» pour créer les affections psychosomatiques, ou encore sur le «Soi» et se muer en dépression destructrice[3]. Heureusement, disions-nous, il y a la Sagesse qui, selon Kohut :

> «dépend du pouvoir qu'a l'homme de surmonter son narcissisme non-transformé et d'accepter que ses ressources physiques, intellectuelles et affectives soient limitées. Disons que c'est un amalgame des processus supérieurs de connaissance et de l'attitude psychologique par laquelle s'accomplit le renoncement aux exigences narcissiques. Ni la reconnaissance de certains idéaux, ni l'humour, ni l'acceptation de la finitude ne suffisent à définir la sagesse. Tous les trois doivent

---

[1] ERIKSON E.H. Ibid. pg. 177.

[2] KOHUT, H. Réflexion sur le narcissisme et la rage narcissique. *Revue Française de Psychanalyse*, 1978, 42(4).

[3] KOHUT, H. (1971). *Le Soi.* Paris : P.U.F., 1974.

> être reliés ensemble pour former une nouvelle constellation psychologique qui dépasse les éléments affectifs et cognitifs dont ils sont faits. La sagesse est donc une attitude ferme de la personnalité devant la vie et le monde, attitude rendue possible par l'intégration de plusieurs éléments, à savoir la fonction cognitive, l'humour, l'acceptation de la finitude et un système de valeurs bien investi.
> Au cours de la vie, le savoir est évidemment précédé par la récolte de l'information. Aussi, du seul point de vue de la connaissance, la sagesse ne peut-elle appartenir à la jeunesse, l'expérience et le travail devant d'abord avoir permis l'acquisition d'un savoir étendu. Les idéaux sont extrêmement investis durant l'adolescence; l'humour se développe surtout pendant la maturité; et l'âge venant la finitude parvient à s'accepter. Ainsi encore, nous voyons que la sagesse est atteinte dans les dernières périodes de la vie.»[1]

Par quel prodige Kohut intègre-t-il la sagesse et l'inconscient, et pourquoi réserver la première à la maturité? L'expérience nous a prouvé qu'il n'y avait pas d'âge à l'abri des folies. Si Kohut mentionne l'humour comme un des critères de la sagesse, son texte ne nous inspire ni l'un ni l'autre. Souvenons-nous à quoi peut aboutir une adolescence baignant dans un climat où l'idéal consiste à «être sage comme une image». On inventera peut-être un jour le vaccin contre la rage narcissique, lorsque certains estimeront que la plaisanterie aura assez duré...

C'est a-typiquement déprimant

Les problèmes narcissiques propres à la crise d'adolescence ont amené de nombreux auteurs à l'étude des phénomènes dépressifs chez l'adolescent. Gedance, Ladame et Snakkers ont décrit avec force détails les différents deuils susceptibles d'affliger les adolescents : deuils du refuge maternel, d'une bisexualité, des parents sous les aspects oedipiens[2]. A quoi cette compassion toute nouvelle peut-elle aboutir? C'est précisément à partir de la notion de dépression atypique chez l'adolescent que la psychiatrie biologique s'est emparée de leur clinique. Par exemple, le test de frénation à la dexamethasone, dont la spécificité et l'intérêt ont fait l'objet de vives controverses ces dernières années, a été abusivement conseillé pour détecter les dépressions atypiques de l'adolescence[3,4]. Il s'agissait du «tube» de la psychiatrie aux visées endogènes.

---

[1] KOHUT, H. Formes et transformations du narcissisme. In H.P. Blum (textes réunis et introduits par) *Dix ans de psychanalyse en Amérique.* (Trad. P. Sulliver). Paris : P.U.F., 1981, pg. 140.

[2] GEDANCE, L., LADAME, G., SNAKKERS, J. La dépression chez l'adolescent. *Revue Francaise de Psychanalyse,* 1967, 41(1-2), 257-259.

[3] MENDLEWICZ,J. The dexamethasone suppression test in affective disorder *Brit. J.Psychiat.* 1982, 141, 464-470.

[4] PULL C.B. et coll. *Rapport de Psychiatrie.* Masson Paris: 1986 pg. 167.

Toujours l'onanisme

Après les mères possessives et les pères carents d'Erikson, la sagesse selon Kohut et les dépressions atypiques de Gedance, Ladame et Snakkers, revoici la masturbation. Selon Kestemberg, la masturbation adolescente altère l'image et l'estime de soi en dénaturant son idéal du Moi. Au niveau inconscient, la masturbation marque la participation à la scène primitive et provoque l'angoisse inhérente au conflit œdipien : l'angoisse de la castration conduit à l'angoisse du morcellement[1].

La perte de la cohésion du Moi

Henny met l'accent sur une surprenante analogie : le nourrisson qui accomplit l'expérience de découverte de son corps propre et de celui de sa mère s'apparente à l'adolescent percevant son corps génitalisé, tous deux face à l'individualité du parent du même sexe dans son organisation génitale. Ce mécanisme pourrait expliquer le transfert massif des adolescents qui ressemble au transfert psychotique.

En théorisant les choses de cette façon, Henny ne nous indique-t-il pas la similitude des psychoses avec les caractéristiques du comportement adolescent? Il ne tarde pas à le confirmer : selon lui, la négation par le fantasme (que Freud nommait confusion hallucinatoire) serait un mécanisme spécifique à l'adolescence. Une telle défense risque d'entraîner une perte de la cohésion du Moi jusqu'à -nous y voilà- l'aboutissement morbide de la négation de la réalité[2].

Ce type de raisonnements glisse dans la psychologie explicative; que la défense autorise ou non au compromis entre les exigences du surmoi et les pulsions du ça relève d'une description très phénoménologique des conflits oedipiens autour de l'inceste. L'inceste, en tant que lien sexuel avec le parent, ne se révèle interdit et problématique que dans la mesure où il existe l'Autre,ou la loi, celui qui fait obstacle par son statut de garant de l'interdit.

Le secondaire oedipe

Selon J. Rousseau et P. Israël, le rapport entre la prééminence du désir sexuel et la proximité des occasions de le satisfaire provoque une angoisse proportionnelle à la dimension mégalomaniaque antérieure des désirs. Ces accès fantasmatiques à l'omnipotence, déclenchés par une possibilité de réali-

---

[1] KESTEMBERG, E. l'identité et l'identification chez les adolescents. *Psychiatrie de l'Enfant*, 1962, 5(2), 441-452.

[2] HENNY, R. De quelques aspects structuraux et psychothérapeutiques de l'adolescence. *Revue Française de Psychanalyse*, 1962, 25(3), 379-404.

sation génitale, ramènent à la mégalomanie infantile et la quantité d'angoisse qu'elle suscite relève du morcellement et de la mort[1]. Dans une telle optique, le recours à l'oedipe apparaît comme un mouvement protecteur dans sa perspective d'échappement à l'angoisse de morcellement, au travers d'une problématique de prohibition de l'inceste en tant qu'angoisse de castration plutôt qu'angoisse de mort.

Morose, vous avez dit morose ?

Entre l'ensemble de ces théories, toutes axées sur la transposition des concepts freudiens à la difficulté posée par la puberté, Mâle introduit son propre syndrome personnel : la morosité. Selon cet auteur, l'état morose adolescent ne relève ni de la "vraie" dépression, ni de la psychose (merci pour les adolescents moroses). Par contre, il n'hésite pas à attribuer à cet état la cause prépondérante aux passages à l'acte sous les trois formes de la fugue délinquante, de la drogue et du suicide[2]. Pour y remédier, Mâle préconise des thérapies de groupe propres à liquider l'angoisse en permettant la déculpabilisation et l'ouverture libre aux problèmes sexuels frappés d'interdit[3]. Mâle n'a pas saisi que le seul interdit, c'est celui de l'inceste et que le réel qui est sien récèle une angoisse qu'on ne liquide pas de cette façon.

Outre cet abord -à notre sens discutable- du passage à l'acte, Mâle, avec Green, a développé le concept de la pré-schizophrénie :

> «Au cours des crises juvéniles ou des états psychonévrotiques plus ou moins construits, nous voyons apparaître parfois des symptômes inquiétants, quoique discrets, et qui doivent nous faire craindre une évolution schizophrénique. Dans cette maladie fondamentale de l'adolescence, on peut opposer à des formes rapides, déstructurantes de la personnalité, qui débutent souvent par des états confusionnels ou hallucinatoires et aboutissent à ces «psychoses d'asile» qui étaient considérées il y a peu de temps encore comme à peu près incurables, fixées dans l'aspect hébéphrénique ou catatonique, des formes mineures et insidieuses de plus en plus fréquentes, qu'avec Green nous avons essayé de décrire sous le vocable de pré-schizophrénies en raison de leur caractère insidieux, souvent curables, accessibles à la psychothérapie parfois associées aux neuroleptiques et très différentes des déstructurations graves. En effet nous voyons souvent apparaître des pertes de poids schizophréniques, qui laissent transparaître l'aspect dissociatif classique de la personnalité, la Spaltung de Bleuler, perte de l'unité. Ces formes sont de gravité très variable; elles peuvent

---

[1] ROUSSEAU, J., ISRAEL, P. Jalons pour une étude métapsychologique de l'adolescence. *L'Inconscient*, 1968, 6, 105-115.

[2] MALE, P. Quelques aspects de psychopathologie et de la psychothérapie à l'adolescence. *Confrontations Psychiatriques*, 1971, 7, 103-124

[3] MALE, P. *Psychothérapie de l'adolescent.* Paris: P.U.F., 1964.

évoluer défavorablement, certes, mais aussi, dans beaucoup de cas, paraître réversibles et guérir, soit en laissant quelques traces, soit de manière à peu près totale. Il est bien évident que les cures par neuroleptiques telles qu'elles sont pratiquées actuellement y sont pour beaucoup mais que la compréhension des problèmes dynamiques de base et l'action psychothérapique sont également très importantes, car dans toutes ces affections il est essentiel de reconstituer une personnalité qui s'effrite. C'est sur une crête difficile que cheminent ces sujets, susceptibles de glisser dans la maladie, d'un côté, ou au contraire de poursuivre leur chemin vers la guérison grâce à l'action psychologique précoce et prolongée et, éventuellement, à la médication»[1].

A côté de la schizophrénie classique aboutissant à des psychoses d'asile (les auteurs ne précisent pas si c'est l'asile qui psychotise ou pas, et, pour cette question, il faut relire Ciampi (voir CH I)[2], ces auteurs dessinent des tableaux cliniques de poids schizophréniques qui laissent transparaître l'aspect dissociatif (désormais classique en 1964), la perte de l'unité, la «Spaltung» de Bleuler. Cette division, absolument incontournable pour l'adolescent, peut paraître réversible et guérir, à moins qu'elle ne laisse quelques traces. Curieusement, ces traces ne sont nullement théorisées en relation avec les neuroleptiques et leurs effets «secondaires» (comme les caractères sexuels du même nom), mais, et nous retrouvons Jaspers, ces tableaux de poids schizophréniques peuvent être guéris par la compréhension (agrémentée de quelques neuroleptiques d'assaisonnement) grâce à laquelle on reconstitue une personnalité qui s'effrite. La «poésie» des chercheurs s'instaure ensuite, le panorama ravit les coeurs : une crête difficile, poursuivre le chemin sans glisser. On finirait par en oublier l'action psychologique et -en passant- l'éventuelle médication.

Les aléas du diagnostic

En considérant la teneur des travaux présentés ici, on ne s'étonnera pas de constater l'ampleur de l'échec des méthodes proposées. Si Mâle a tenté d'utiliser l'ensemble de la nosographie psychiatrique classique pour distinguer les crises juvéniles des névroses, psychoses et déséquilibres, il s'empresse de noter que l'issue personnelle du cas dépend souvent de la relation avec le milieu familial[3]. Pour A. Freud, la crise d'adolescence peut évoquer tantôt l'hystérie, tantôt la névrose obsessionnelle,à moins qu'il ne s'agisse du retrait narcissique des border-lines ou encore des projections psychotiques et, pourquoi pas le

[1] MALE, P. *Ibid.*, pg. 151-152.

[2] CIAMPI, L. Ist die chronische Schizophrenie ein Artefacht? *Fortschr. Neurol. Psychiat.*, 1980, 48, 237-248

[3] MALE, P. La cris*e juvénile.* Paris: Payot, 1982.

manque d'«insigh» ou les passages à l'acte du délinquant ou du psychopathe[1]. Henny ne manque pas d'insister sur les difficultés du diagnostic, du pronostic, et même de l'application thérapeutique. D'après lui, les mécanismes de défense massifs, l'intellectualisation, les annulations les phobies de contacts et de relation sont à ce point développées qu'il s'avère difficile de compter les forces en présence et de discerner dans quelle mesure celles-ci constituent l'expression normale d'un Moi souple et apte à s'adapter à la crise pubertaire ou si l'on est en présence de l'expression de phénomènes morbides, irréversibles et sans possibilité évolutive spontanée[2].

Kestemberg a, pour sa part, abondamment décrit l'extrême variété des mécanismes de défense et leur symptomatologie si riche et mouvante qu'on ne peut y reconnaître une valeur significative.

Toujours d'après Kestemberg, tous les symptômes doivent être interprétés comme des positions momentanément utiles en réponses à l'anxiété qui les sous-tend. C'est pourquoi, à différents moments de la cure, voire de la séance, on peut se retrouver en face d'un pervers, d'un obsédé, d'un phobique ou même d'un schizophrène[3].

Tous ces discours le chuchotent : l'adolescence est apte à revêtir absolument tous les tableaux cliniques. Quant à la difficulté à poser un diagnostic, nous sommes décidément solidairement d'accord.

Des parents «comme ça»

Mâle, prudemment, avait souligné la prépondérance des rôles familiaux pour l'issue de la cure[4]. Sa théorisation illustre les soucis premiers de la démarche : «non seulement il faut voir les parents mais il faut leur expliquer avec tact les problèmes posés»[5]. Et, plus loin :

> «La famille doit suivre (...) l'évolution de l'adolescent.(...) Les fautes éducatives doivent être traitées assez légèrement, pour ne pas atteindre le narcissisme des parents (...), la sévérité du père ou (...) la distance de la mère.»

Que de ménagements, vraiment, quand il s'agit des parents! Hélas, «nous tombons quelquefois sur des parents inaccessibles (...) mais ils nous sont

---

1 FREUD, A. (1958), Adolescence. *In L'enfant dans la psychanalyse.* (Trad. D. Widlöcher). Paris : Gallimard, 1976.

2 HENNY, R. De quelques aspects structuraux et psychothérapeutiques de l'adolescence. *Revue Française de Psychanalyse*, 1961, 25(3), 379-404.

3 KESTEMBERG, E. Les psychothérapies des adolescents. *Confrontations Psychiatriques*, 1971, 7, 181-197.

4 MALE, P. *Psychothérapie de l'adolescent.* Paris . P.U.F. 1964 .

5 MALE, P. *La crise juvénile.* Paris : Payot, 1982, pp. 277-278.

absolument nécessaires». Nécessaires à quoi ? «Pour obtenir des solutions.(...). La psychothérapie d'un adolescent (...) a une finalité». Voyons de plus près les enjeux de la finalité : «nous arrivons petit à petit à une relative adaptation, (à) la liquidation des problèmes névrotiques (...); (l'adolescent) rencontre d'un seul coup la vie intellectuelle, sentimentale, sexuelle et des obligations professionnelles. Il faut faciliter cette évolution.»

La conclusion de ce discours :

> «Au fond, il faut que nous montrions à l'adolescent que ses parents peuvent être aimés : l'adolescent s'améliore quand il s'aperçoit que ses parents sont «comme ça» parce qu'ils sont ainsi et qu'il peut les accepter.»

A la lecture de ces lignes, on peut s'interroger sur le bien-fondé d'une thérapie aussi inscrite dans la complicité avec les parents et toutes les valeurs traditionnelles de la bonne société. Si l'on peut aimer des parents «comme ça», nous n'avons pas trouvé l'équivalence du sentiment à l'égard des adolescents «comme si». Le jeu de mots est facile, mais s'appuie néammoins sur un jargon pseudo-thérapeutique dont les visées apparaissent clairement dans le texte.

Mâle n'est pas seul à s'être penché sur les fonctions «curatives» de l'entourage familial. Erikson estimait également qu'il était nécessaire de considérer les relations familiales dans leur réalité et leur actualité[1]. D'autres conçoivent plutôt une approche individuelle. Selon Klein, la cure-type tout-à-fait classique s'impose pour l'adolescence[2]. A. Freud met en garde les thérapeutes sur la manipulation des adolescents qu'elle compare aux hystériques adultes : ces patients, dit-elle, cherchent à entraîner l'analyste à revivre réellement leurs sentiments d'amour et de haine dans une relation personnelle avec eux[3]. Henny a «montré» l'importance du sexe de l'analyste dans les phénomènes massifs d'identification propres à l'adolescence[4]. Tous ces auteurs insistent sur l'importance des entretiens préliminaires avec les parents.

Chaque position thérapeutique énoncée ci-dessus nécessiterait un commentaire particulier. Leur survol permettra sans doute au lecteur d'appréhender au-delà des divergences ce qui est commun à tous ces apports théoriques...

---

[1] ERIKSON, E.H. *Adolescence et crise. La quête de l'identité.* (Trad. J. Nass et C. Louis-Combet).Paris : Flammarion,1972.

[2] Klein, M. La technique psychanalytique à l'époque de la puberté. In *Psychanalyse des enfants.* Paris : P.U.F., 1969.

[3] FREUD, A. (1958). Adolescence. In *L'enfant dans la psychanalyse.* (Trad. D. Widlöcher). Paris : Gallimard, 1976.

[4] HENNY, R. De quelques aspects structuraux et psychothérapeutiques de l'adolescence. *Revue Française de Psychanalyse*, 1961, 25(3), 379-404.

Les cas limites de la psychanalyse

A la suite de l'extension endémique de la schizophrénie à une importante fraction de la population (marginaux, têtes en l'air, bizarres et adolescents), la question s'est posée pour nombre d'analystes : comment qualifier ces patients dont on ne peut raisonnablement pas traduire les comportements de «psychotiques» (malgré le Praecox Gefühl), tout en ne relevant pas seulement de la névrose. A vrai dire, ces analystes sont confrontés à des sujets instables, mouvants. La traditionnelle opposition névrose-psychose se révèle insuffisante.

Plutôt que d'y reconnaître une impuissance ou l'inadéquation des concepts développés antérieurement, nosographiques, morbides et évolutifs, la psychanalyse choisit d'inventer le concept novateur d'«état-limite».

C'est Bergeret qui en institue l'originalité par une description spécifique au-delà d'une structure psychotique seulement amoindrie[1]. Pour cet auteur, l'état-limite relève d'une structure autonome et remonte à un stade psychogénétique où les origines des psychoses et celles des névroses seraient confondues. La définition s'acclimate de la nouvelle réalité : désormais, tout être humain traverse un stade de son enfance qui l'expose au diagnostic d'état-limite. Toujours selon Bergeret, le traumatisme pré-oedipien entraîne des mécanismes psychiques particuliers et défensifs, reproductibles à l'âge adulte : déni des conflits internes, identifications projectives, dédoublement des objets internes, développement d'une attitude interne d'omnipotence. Parmi les caractéristiques de ce tableau clinique, on retrouve encore la dépendance totale et envahissante envers les autres, une prépondérance des formations narcissiques et une tendance dépressive. Tout cela s'assimile parfaitement à une pseudo-normalité. Dans cette hypothèse, pour déceler l'état limite, une investigation approfondie s'impose (démarche ambitieuse, complexe, fondée sur des présupposés d'anormalité). Les traits propres peuvent apparaître au cours de la psychothérapie; dans d'autres cas, les circonstances tardives de l'apparition du phénomène exposent les patients aux crises d'angoisse aigües susceptibles d'entraîner des décompensations tour à tour psychotiques et névrotiques, d'évolution psychosomatique ou psychopathique.

Avec Bergeret (mais ce concept s'annonçait depuis belle lurette : chaque fois davantage, on a réponse à tout), un troisième cadre nosographique apparaît entre la névrose et la psychose. Le moins qu'on puisse en dire, c'est qu'il rassemble, comme l'a constaté Widlöcher, «un ensemble composite et hétérogène de formations symtômatiques»[2]. Le concept d'état limite regroupe en une

---

[1] BERGERET, J. Les états limites: essai d'une nouvelle conceptualisation économique et structurelle. *Perspectives Psychiatriques*, 1979, 1(70).

[2] WIDLOCHER, D. Les concepts d'état limite. In P. Pichot (s.l.d.) *Actualités de la schizophrénie.* Paris : P.U.F., 1981, pp. 55-70.

catégorie unique l'ensemble des souffrances liées à des traumatismes de l'enfance entre les périodes archaïques et le conflit oedipien.

Selon Kernberg, l'état limite s'inscrit comme une organisation stable et spécifique de la personnalité[1]. L'«organisation limite» pour Kernberg rassemble des formes pathologiques polymorphes; on y trouve des manifestations névrotiques atypiques (conversions, crises d'angoisse aigüe, phobie atypique, obsessions), des traits caractériels d'allure psychotique (hypomanie, persécution ou schizoïdie) et des traits narcissiques, pervers ou psychopathiques. Si le facteur commun à ces tableaux consiste en un manque de tolérance à l'angoisse, à l'absence de contrôle des pulsions, à la carence du développement des voies sublimatoires et à la prédominance des processus primaires de pensée; on peut également mentionner le clivage, l'idéalisation primitive, la tendance projective, le déni de la réalité et le refuge dans un sentiment d'omnipotence apparaissant lors de circonstances particulières.

Cela ne permet aucun doute : Kernberg, en définissant l'organisation limite, atteint le paroxysme de l'amalgame; toutes les pathologies y sont représentées. Ce que les organicistes du XIXème siècle ne s'étaient pas permis, à cause de l'immense fluctuance des tableaux cliniques, l'état limite l'autorise : une seule et même catégorie, ni névrotique, ni psychotique, mais, dans cette logique, les deux à la fois, qui reprenne tous les symptômes décrits jusque là. D'après Kernberg, l'organisation limite se construit sur des modèles névrotiques, les symptômes psychotiques n'apparaissant que comme des mécanismes de défense.

Le traitement des «cas limites» s'oriente tout naturellement vers la méthode classique de la psychanalyse appliquée aux névrosés. Néammoins, il faut souligner que, selon l'auteur, c'est au cours de la situation psychothérapeutique que les mécanismes de défense -psychotiques- se manifestent, et cela parce que le sujet est confronté à des prises de conscience de conflits cruciaux, nés de l'interprétation du psychanalyste! Il apparaît difficile de concevoir sous le terme d'«organisation limite» la structure stable et précise annoncée par l'auteur; sa façon de contourner l'obstacle -la capacité de l'organisation limite à s'emboiter dans d'autres structures psychopathologiques, l'organisation narcissique, hystérique ou homosexuelle- ne convainc guère : la clinique nous a maintes fois témoigné du désastre de l'interprétation psychologisante, l'«Homme aux loups» chez Freud, le jeune homme diagnostiqué paranoïaque de Ferenczi, et tant d'autres cas présentant des épisodes psychotiques à la suite d'injections de sens,en réponse à des symptômes au sein desquels seul le sujet eût pu accéder.

Avec les définitions de Bergeret et de Kernberg, nous voyons peu d'adolescents susceptibles d'échapper à ce semblant de diagnostic, et pour

[1] KERNBERG, O.F. *Bordeline conditions and pathological narcissism*. New York: Aronson, 1975. (Trad. D. Marcelle: *Les troubles limités de la personnalité*. Toulouse: Privat, 1979).

cause : l'adolescence ne s'inscrit-elle pas par définition comme un état limite? Comment définir la crise d'adolescence sans entrevoir la possibilité d'un basculement? Le danger d'une telle théorisation ne doit pas nous échapper, mais il y a plus grave : le renvoi des manifestations «pathologiques» adolescentes à la structure pré-oedipienne concourt à l'appréhension du retour à cette structure; le «travail» psychothérapeutique s'articule sur la correspondance du patient envers une théorie à vérifier. On ne décélera l'état limite qu'après l'observation et l'interprétation de ses phénomènes; quand on perçoit la tendance très adolescente à investir le thérapeute d'une réponse pacifiante à ses énigmes et parallèlement la démarche psychanalytique construite sur l'attente de symptômes propres à confirmer une théorie; on conçoit bien qu'il n'est pas de pire moyen pour induire des mécanismes psychotiques chez l'adolescent! Pourtant, à la suite de Kernberg, le succès de l'état limite est immense. Une fois de plus, après les généralisations de Kraepelin et Bleuler, les travaux de Kretschmer, Minkowski et Claude axés sur des constitutions schizoïdes, leptosomes ou sur le praecox Gefühl; la psychiatrie et la psychanalyse ont accueilli avec enthousiasme ce nouveau concept fourre-tout de personnalités appartenant au régistre du normal mais porteuses de traits psychologiques les rapprochant du malade reconnu comme tel. La psychiatrie, avec le développement de la pédo-psychiatrie, s'était souciée du repérage à temps des prodromes de la psychose; l'interrogation de la psychanalyse quant au statut du symptôme, à son tour, a précipité le succès du concept d'état limite, témoin à la fois d'une relation partielle, d'une relation d'objets clivés, d'une relation d'objets narcissiques ou d'une relation d'objets ambivalente névrotique. Tout l'insaisissable et l'incompréhensible du discours hystérique, avec l'état limite comme une pathologie, peut désormais s'interpréter, se traiter et s'articuler... dans le discours psychiatrique, et à quel prix pour le patient! Il faut bien constater que cette entité nouvelle confère au praticien l'aisance à repérer une pathologie «précise» -en tous cas énoncée - dans des aspects extraordinairement variés, fluctuants, divers et multiples de sa sémiologie clinique. L'exemple typique en psychiatrie juvénile de cette généralisation probablement abusive et dangereuse se retrouve dans la théorisation de Ladame : ce qui caractérise l'adolescent «border-line» selon lui, c'est le passage à l'acte comme défense envers un vécu d'abandon. Les symptômes présumés sont les suivants : tentatives de suicide, dépendances aux drogues, fugues, délinquances à répétition, boulimie compulsive, transvestisme et promiscuité, phobie massive, phobie scolaire, conversions hystériques, rituels obsessionnels[1]. Voilà qui est dit sans ambages : ces symptômes qui, tous, masquent une névrose d'abandon chez l'adolescent, supposent une personnalité border-line, entre la névrose et la psychose, qu'il convient de traiter de façon intensive : l'auteur a beau nous préciser que ce travail de longue haleine provoque de nombreux échecs, ce genre de traitement s'est imposé

[1] LADAME, G. Les états limites chez les adolescents. *Conférence donnée à Charleroi en 1981*, non publiée.

massivement en psychiatrie juvénile. Ladame, au cours d'une conférence à Charleroi en 1981, préconisait une prise en charge à raison de quatre séances par semaine de thérapie fondée sur des interprétations d'inspiration post-freudienne[1]. Durant cette même conférence, monsieur Ladame décrivait le cas d'un adolescent «border line» qui, après la recherche de significations autour de son malaise à se séparer du domicile familial, présenta, dès les vacances suivantes du psychanalyste, une phase hallucinatoire grave durant laquelle il s'était convaincu d'être une femme.

Ne peut-on pas se demander si ce type de «conscientisation» n'aboutit pas à l'émergence de défenses interprétées secondairement comme psychotiques ?

Le concept d'état limite, ou border-line, n'a-t-il pas pour fonction première l'adaptation d'une structure mentale ingérable à la nosographie psychiatrique ?

Conclusions

Freud l'avait déjà annoncé : la puberté pose problème. La masturbation, comme les premiers «rapports» sexuels, conduisent aux énigmes du désir et de la jouissance, et cela, les post-freudiens l'ont entrevu, incontestablement. L'imaginaire, la régression spéculaire -encore que camouflée- et la problématique identificatoire sont au centre de la clinique dont ces analystes témoignent.

Leur discours demeure un «discours du maître» dont l'agent se révèle l'usage des concepts freudiens qui, comme des symptômes médicaux rassemblés, autorisent un diagnostic. Ces concepts freudiens, sous la manipulation des héritiers, se sont pourtant asexués; la pédagogie se les est appropriés. Il n'y a plus guère de limite à l'abusif lorsque la théorie ne prend plus en compte ces derniers obstacles de Freud que sont le roc de la castration et l'énigme féminine.Freud croyait avoir apporté la peste et son cortège de peurs ancestrales. Le Père mort, «les rites du sacrifice, du deuil et de la fête apparaissent (...) à l'analyse comme une vaste tentative d'effacement, d'oubli, de désaveu du désir de mort et comme un cri de triomphe de ce même désir»[2]

Le parcours freudien s'était avéré exceptionnel de recherches, d'aveux d'impuissance et de concessions malaisées. Avec les post-freudiens, nulle impuissance avouée, aucun malaise dans les concessions; tout au plus l'apparition du concept d'état limite que Freud lui-même eût certainement désavoué.

---

[1] LADAME G. *Ibid.*

[2] FLORENCE, J. *L'identification dans la théorie freudienne.* Bruxelles : Publications des Facultés Universitaires St.-Louis, 1978, pg. 103.

Conclusion

De la symbiose à l'appel au père

«La famille est un mensonge crée par ceux qui ont organisé ce monde pour mieux contrôler les gens, pour mieux en exploiter l'obéissance aux règles et aux légendes.»
O. FALLACI

«J'ai passé tout un temps de jeunesse à tâcher de prouver aux autres des émotions que j'aurais peut-être eues, si cet effort pour les prouver ne les eût pas toutes tuées.»
GIDE

Comment sortir de l'ornière symbiotique?

Lors du précédent chapitre, nous avons évoqué la perspective pour les post-freudiens d'élaborer la thérapie avec l'aide des parents. Il fallait impérativement sortir de l'ornière du seul lien symbiotique mère-enfant pour expliquer la psychose. A l'encontre de la psychanalyse américaine, nombre de thérapeutes se sont interrogés sur les rôles du père, de la fratrie, du couple parental envers l'enfant ou l'adolescent «psychotique». Parallèlement à ce mouvement, les théories de la communication et la cybernétique s'interpénetraient dans l'ambition de s'appliquer aux sciences humaines. Avec la découverte par Bateson du «double-bind», ou double contrainte, diverses écoles apparaissent, développant chacune des concepts d'un indiscutable intérêt clinique. Ce courant psychiatrique réintroduit-il le père ? Certes, mais c'est surtout au cours des séances qu'il est présent, beaucoup moins dans la métaphore. A la thérapie familiale, l'on doit surtout l'outil thérapeutique des entretiens familiaux, extrêmement importants en psychiatrie juvénile. Grâce à elle, la nosographie antérieure se recadre : l'adolescent fou devient le symptôme de sa famille. Si l'on hésite quelque temps à parler d'adolescent schizophrène, le caractère abusif de cette psychose se transpose sur les familles à «transactions schizophréniques». Comme on le verra, le mouvement révolutionnaire inauguré par l'approche systémique de la psychose et les théories de la communication accouchera d'une souris, versant vers les excès spécifiques à tout discours qui prétend cerner, corriger et «guérir». L'analyse transactionnelle et le reparentage schiffien l'illustreront à suffisance.

La thérapie familiale a deux origines majeures : l'héritage des cliniciens-théoriciens (avec le concept des parents pathogènes) et la théorie des systèmes, due à Bertalanffy [1]. Déjà en 1948, Wiener publie «Cybernetics»; un an plus tard, c'est au tour de Shannon, son élève, de publier «The mathematical theory of communication», [2,3]. Ces ouvrages s'inscrivent manifestement dans une problématique d'après-guerre, et plus précisément du tir anti-aérien (D.C.A.). Wiener reconnaît dans ce dernier phénomène le principe de rétroaction : tout effet rétroagit sur sa cause, tout processus est circulaire. Ce principe devient le fondement même de la cybernétique.

---

[1] BERTALANFFY (von), L. *Théories générales des systèmes* (Trad. J.B.Chabrol) Paris: Dunod, 1973.

[2] WIENER, N. *Cybernetics, or control and communication in the animal and the machine.* Paris : Hermann, 1948.

[3] SHANNON, C.; WEAVER, W. *La théorie mathématique de la communication.*Paris : Retz-CEPL, 1975.

Shannon, dans le développement de sa théorie mathématique de la communication, propose un schéma de son système général : il s'agit d'une chaîne d'éléments : la source d'information, l'émetteur, le canal, le récepteur et la destination[1].

Bertalanffy, biologiste australien, tente de construire une théorie générale des systèmes, se proposant de «rechercher des principes qui s'emploient pour des systèmes en général, sans se préoccuper de leur nature physique, biologique ou sociologique»[2].

Comment ces théorisations vont-elles s'appliquer au domaine de la psychiatrie juvénile? Les «parents pathogènes» et le «traitement de la famille» vont nous en fournir la réponse.

Il n'y a que des mauvais parents

C'est sous l'influence de théoriciens proches de la psychanalyse que le concept de parents pathogènes se développe. Et, tout naturellement, dans la lignée de symbiose mère-enfant, la première «cible» (déjà aérienne ?), c'est la «mère schizophrénisante».

Levy décrit la surprotection maternelle comme la conséquence d'une privation d'amour ressentie par la mère durant sa propre enfance. Selon Levy, la surprotection peut s'exercer de deux façons : autoritairement, et, dans ce cas, les enfants soumis à la maison rencontrent de nombreuses difficultés au dehors; ou intelligemment, et les enfants, désobéissants chez eux, se comportent bien à l'école et à l'extérieur[3]. Un cran plus loin, Fromm-Reichmann introduit le concept de «mère schizophrénogène», mère agressive, dominatrice, peu sûre d'elle-même et rejetante. Le père ne «brille» que par son inadéquation, sa passivité et son indifférence[4].

Reichard et Tillman classent les parents en trois catégories : la mère schizophrénogène ouvertement rejetante, la mère schizophrénogène rejetant de façon camouflée, et le père schizophrénogène, dominant et sadique[5]. Avec Tietze, la statistique apparaît au coeur des théorisations. Selon cet auteur, l'étude de 25 mères d'enfants schizophrènes indique une rigidité et un rejet maternels à l'égard de l'enfant[6]. Thomas décrit les aléas de la relation mère-fille

---

[1] SHANNON, C.; WEAVER, W. *Ibid.*pg. 69.
[2] BERTALANFFY (von), L. *Ibid.* pg. 32.
[3] LEVY, D. *Maternal overprotection.* New york : Columbia University Press, 1943, pg. 32.
[4] FROMM-REICHMANN, F. Notes on the development of schizophrenia by psychoanalytic psychotherapy. *Psychiatry*, 1948, 11, 267-277.
[5] REICHARD S. TILLMAN C. patterns of parent-child relationships in schizophrenia. *Psychiatry*, 1950, 13, 247-257.
[6] TIETZE, T. A study of mothers of schizophrenic patients. *Psychiatry*, 1949, 12, 55-65.

pour 18 filles noires schizophrènes; leurs mères se montrent intolérantes à toute hostilité verbale, elles font preuve d'une extrême punitivité, surtout après la puberté des filles. Quant aux pères selon cet échantillon, ils sont soit morts, soit séparés de la mère[1]. Lidz découvre que, pour 50 patients schizophrènes hospitalisés, 5 malades seulement avaient connu une vie familiale normale. Dans 40% des cas, un ou deux des parents étai(en)t mort(s) avant que le patient n'ait eu 18 ans[2].

La problématique de la mort d'un parent, d'un frère ou d'une soeur a fait l'objet de nombreuses études : Rosenzweig et Bray[3] et Ellison et Hamilton[4]. Selon ces travaux, 39 à 40% des cas avaient rencontré la mort d'un frère ou d'une soeur. De son côté, Wahl confirme l'idée que la perte d'un parent durant l'enfance ou l'adolescence peut constituer un facteur précipitant de schizophrénie[5].

L'abondance des travaux et l'attrait tout-puissant des chiffres pourraient nous aveugler. Mais, en y regardant de plus près, que peut-on constater? Au risque de nous répéter, les théorisations statisticiennes témoignent des mêmes buts et d'erreurs identiques à ce que nous avons déjà observé pour la psychiatrie neurologisante et le courant post-freudien. Plutôt que d'aller rechercher dans le corps ou repérer le traumatisme susceptible de confirmer le diagnostic de schizophrénie, ces chercheurs décrivent une nouvelle causalité, l'«anormalité» de la vie familiale ou la mort d'un parent. Il faut souligner que toutes ces études partent du postulat que les patients observés sont des schizophrènes. Il n'y a donc aucune remise en cause du diagnostic, tout au plus une recherche effrénée de le confirmer par quelque moyen que ce soit. Comme ce fut le cas après Bleuler, le danger d'extension de la maladie est immense : comment ne pas conclure que tout individu ayant connu des situations familiales particulières se révèle un schizophrène potentiel ? D'après l'échantillon de toute une population (voire de l'humanité entière), combien de «patients» qui n'aient connu la mort prématurée d'un père, d'une mère, d'un frère ou d'une soeur; une mère surprotectrice, punitive à l'excès ou rejetante; un père dominateur ou inadéquat, passif, indifférent; des parents divorcés et tous les traits types que nos chercheurs ne manqueront pas de découvrir. Cette «rigueur» sociologique, dérisoire et mensongère, confère à la schizophrénie un semblant de quantifica-

---

[1] THOMAS, B-C. Mother-daughter relationship and social behavior. *Unpublished doctoral dissertation*, 1955.

[2] LIDZ, R.W., LIDZ, T. The family environment of schizophrenic patients. *Amer. J. Psychiatr.*, 1949, 106, 332-345.

[3] ROSENZWEIG, S., BRAY, D. Soblings'death in the anamnesis of schizophrenia. *AMA Arch. Neurol. Psychiat.*, 1943, 41, 71-92.

[4] ELLISON, E.A., Hamilton, D.M. Hospital treatment of dementia praecox. *Amer. J, Psychiat.*, 1949, 106, 454-461.

[5] WAHL, C.W. Some antecedent factors in family histories of 392 schizophrenics. *Amer. J. Psychiat.*, 1954, 110, 668-676.

tion en même temps qu'elle permet le développement exponentiel du nombre de «malades» ou de cas potentiels.

Est-il encore besoin, après ce constat sans surprise, de s'interroger sur les motivations réelles de telles recherches ? Au-delà du forçage, du choix probable d'échantillon en fonction des résultats espérés, nous craignons d'entrevoir une nouvelle fois la défense à tout prix d'un concept erroné qui ne peut survivre longtemps à l'observation scrupuleuse et historique, et dont l'erreur se camoufle sous la statistique, au prix de tous les sacrifices.

Dans la lignée -à présent «prouvée» scientifiquement- du rôle pathogène des parents dans la schizophrénie, de nombreux chercheurs se mettent à prôner les psychothérapies de groupes réunissant parents et schizophrènes: Ross[1], Abrahams et Varon[2]. Parallèlement, d'autres auteurs préconisent les thérapies de couples, particulièrement ceux où l'un des membres est psychotique: Moreno[3],Whitaker[4], Eisenstein[5].

Souvenons-nous qu'en 1950, Mahler décrit le syndrôme symbiotique mère-enfant caractérisé par la tendance à restaurer le fantasme d'unité avec la mère. Kanner, peu avant, définissait, quant à lui, le concept d'autisme infantile, concept au succès assuré. Cet auteur nous présente l'enfant incapable d'utiliser la relation symbiotique avec sa mère et donc de s'orienter vers le monde intérieur ou extérieur[6]. Hill s'intéresse tout particulièrement à la symbiose mère-enfant dans la schizophrénie[7]. Pour cet auteur, le schizophrène se persuade que, s'il se porte bien, sa mère tombera malade. C'est en maintenant la maladie en lui qu'il croit préserver le bien-être physique et psychique de sa mère.

Tel est le décor désormais mis en place pour le développement de la thérapie familiale. L'approche individuelle semble révolue pour ces thérapeutes confrontés tour à tour à leurs échecs et à la tyrannie de l'I.A.P. (Association Internationale de Psychanalyse). De nouvelles perspectives s'ouvrent dans

---

[1] ROSS, W.D. Group psychotherapy with patients'relations. *Amer. J. Psychiat.*, 1948, 104, 623-626.

[2] ABRAHAMS, J., VARON, E. *Maternal dependency and schizophrenia : mothers and daughters in a therapeutic group.* New York : Int. Univ. Press, 1953.

[3] MORENO, J.L. Interpersonal therapy, group psychotherapy and the formation of the unconscious. *Grp, Psychother.*, 1954, 7, 191-204.

[4] WHITAKER, C.A. (ed.) *Psychotherapy of chronic schizophrenic patients.* Boston : Little Brown, 1958.

[5] EISENSTEIN, V.W. (ed.) *Neurotic interaction in marriage.* New York : Basic Books, 1956.

[6] KANNER, L. Problems of nosology and psychodynamics of early infantile autism.*Am. J. Orthopsychiat.*, l949, 19, 416-426.

[7] HILL, L. B. *Psychotherapeutic intervention in schizophrenia.* Chicago: Univer. Chicago. Press, 1955.

l'espoir de meilleurs résultats, de prises en charge plus courtes, moins onéreuses, et qui réclament moins de formation préalable.

L'adolescent symptôme de sa famille: 1950-1960

Spiegel et Bell, fortement influencés par la théorie psychanalytique, tentent de nous montrer le malade comme le symptôme de la pathologie familiale. Traiter le patient en dehors de la famille n'aboutit, pour ces auteurs, qu'à de mauvais résultats[1]. Spiegel et Bell préconisent le traitement familial comme s'il s'agissait de rétablir un équilibre satisfaisant entre les différents fonctionnements psychologiques de chaque membre de l'unité bio-sociale.

Midlefort compte parmi les premiers à adapter le traitement familial à la schizophrénie. Il s'intéresse particulièrement aux dimensions ethnique et religieuse des familles et du thérapeute. Ce dernier, s'il provient d'un autre horizon ethnique ou religieux, pourrait être perçu comme un intrus[2]. Ceci n'est pas sans importance : on constate que, d'entrée de jeu, le thérapeute doit faire preuve d'une «correspondance» envers le milieu qu'il s'apprête à traiter. Lorsqu'on sait à quel point l'adolescent remet en cause l'univers social et religieux de sa famille, on imagine sans peine à quel point rien n'est joué d'avance...

Midlefort ajoute que le membre psychotique de la famille est justement celui sur qui l'entourage a exercé le plus de pression pour le maintien du modèle sub-culturel de la famille, et cela, notamment, lorsqu'il a présenté la crise la plus menaçante au sens d'appartenance à l'unité familiale.

Pour la prise en charge du schizophrène et de sa famille, Bowen prend immédiatement conscience de l'importance du climat émotionnel sur sa propre appréhension de la famille : «Dans la tension émotionnelle qui agite la famille, (l'observateur) commence à participer émotionnellement au drame familial aussi sûrement qu'il ***applaudit intérieurement le héros et hait le méchant*** lorsqu'il assiste à une représentation théâtrale»[3].

Bowen décrit encore la vie conjugale des parents du schizophrène caractérisée par un divorce émotionnel. Dans la relation mère-enfant, il repère le mécanisme de projection par lequel la mère traduit sur l'enfant son propre sentiment d'impuissance et d'incompétence, sentiment accepté par l'enfant. La mère supporte mal le développement de son enfant et le passage d'un niveau de développement vers un autre la conduit à augmenter ses menaces, ses appels et même ses représailles. Toujours selon Bowen, c'est au moment précis où l'enfant accomplit des efforts en vue d'une plus grande autonomie que la

---

[1] SPIEGEL, J.P., BELL, N.W. The family of the psychiatric patient. In S, Arieti (ed.). *American handbook of psychiatry, vol. I.* New York: Basic Books, 1959, pp. 114-149.

[2] MIDLEFORT, C.F. *The family in psychotherapy.* New-York: Mac Graw-Hill, 1957.

[3] BOWEN, M. A family concept of schizophrenia. In D.D. Jackson (ed.). *Etiology of schizophrenia.* New York : Basic Books, 1960(pp.346-372), pg.351.

réponse maternelle brutale l'oblige à revenir sur sa position antérieure d'incapacité.

Cette description très phénoménologique du rôle «désastreux» de la mère nous évoque Erikson. La théorie s'est manifestement construite sur un contexte : celui dans lequel la mère éduquait seule son enfant et encourait tous les reproches en cas de difficultés éducatives. On n'entrevoit guère le père parmi ces lignes. Bowen ne nous entretient pas non plus de la fonction paternelle aussi apparemment déficiente chez l'enfant ou l'adolescent. Pourtant, indiscutablement, un père sera nécessaire (et même trois) pour obtenir la triple génération indispensable à la construction d'une schizophrénie. Cette célèbre hypothèse, Bowen la décrit comme suit :

> «Les grands-parents furent relativement matures, mais leurs immaturités combinées furent portées par l'enfant qui était le plus attaché à sa mère. Quand cet enfant eut une réponse avec le même degré d'immaturité et lorsque ce processus se répéta à la troisième génération, il en résulta un enfant (le malade) ayant un haut degré d'immaturité, alors que les frères et soeurs étaient plus mûrs»[1].

L'affirmation est bien simplette et complaisante envers la réalité : les trois générations correspondent, comme par hasard, à la limite généralement tracée lors de toute anamnèse. L'arbre généalogique de l'immense majorité des gens ne remonte pas beaucoup plus loin.

Ce n'est pas le cas pour les grandes familles et les dynasties.

Et que constate-t-on alors ? Bien au-delà de la fameuse troisième génération, ces familles ont de tout temps recelé dans un placard quelque parent «bizarre», immature ou psychotique. Depuis l'apparition de l'homme sur terre, la transmission pathogénique de la psychose par chaque produit de trois générations aboutirait de nos jours à des exemplaires schizophrènes que nous n'osons imaginer. Toutefois, à la lecture de telles hypothèses, ne peut-on pas s'interroger sur d'étranges coïncidences : nos grands-parents étaient les adolescents contemporains de Kraepelin et Bleuler. Au bout de trois générations de psychiatrie telle que nous l'avons exposée, le concept de schizophrénie s'est inscrit sur l'adolescence de façon tout-à-fait indélébile. Coïncidence ?

Brodey soutient l'hypothèse que l'enfant schizophrène constitue le champ de bataille sur lequel les parents tentent de résoudre leurs conflits[2]. Toute solution passe par lui. L'unité nucléaire de la famille est alors enfermée dans une situation circulaire caractérisée par un haut degré d'investissement narcissique pour chacun des membres.

Lors d'un travail antérieur, R.W. et T. Lidz avaient réintroduit le père dans la responsabilité éducative des enfants et des adolescents. Déjà en 1949, ces

---

[1] BOWEN, M. *Ibid.*, pg.354.

[2] BRODEY, W.M. Some family operations and schizophrenia. *AMA Arch. Gen. Psychiatr.*, 1959, 1, pp. 379-402.

auteurs observaient qu'une meilleure stabilité paternelle eût conféré une moindre omnipotence au lien symbiotique mère-enfant.

En 1957, Lidz et ses collaborateurs distinguent cinq types de pères :

1. Le père rencontre de sérieux conflits avec sa femme. Il tente de briser l'autorité de son épouse en créant une relation privilégiée avec sa fille. L'hostilité envers l'épouse se camoufle sous une séduction sexuelle pour la fille.

2. Le père est davantage hostile envers ses enfants qu'envers sa femme. Le père est jaloux de son fils aîné avec qui il entretient une rivalité en vue d'attirer l'attention de sa femme. Le père cherche à écraser son fils. L'épouse, déconcertée par cette demande jalouse et par l'abandon possible de son fils, se tourne vers celui-ci. De leur côté, les fils perçoivent l'inaptitude de leur père à satisfaire les désirs de la mère et occupent la place laissée vacante. Le père se montre violent et narcissique.

3. Le père s'octroie une estime grandiose. Il est distant et indifférent à l'égard de ses enfants. Ceux-ci ressentent l'incapacité d'égaler leur père un jour. Les mères entretiennent le narcissisme du mari et privent de fait leurs enfants d'affection.

4.Le père a raté sa vie. Trop préoccupé de ses échecs, il n'a pas consacré beaucoup d'intérêt à ses enfants. Sa femme et son entourage le méprisent.

5.Le père, passif, accepte le rôle dominant de son épouse. Il a rencontré une mauvaise identification masculine[1].

Le sixième type de pères est constitué par tous les autres, probablement, à moins qu'il n'en existe aucun qui ne soit ni hostile à son épouse ou à ses enfants, ni jaloux de son fils, ni encore violent et narcissique, ni passif, ni même conscient d'avoir raté sa vie.

Après la culpabilité maternelle dans l'échec éducatif des enfants, voici les pères carents et le cortège des comportements humains responsables de la symbiose mère-enfant. Très clairement, c'est ici la psychologie qui juge, condamne et punit; c'est elle, et elle seule, qui s'octroie le pouvoir de sentir, de savoir et de corriger l'éducation. Depuis son mirador, elle prétend se substituer aux manquements familiaux, et son désir inavoué se révèle à l'immense étendue des types de pères ou de mères à l'éducation défaillante. Que la biologie actuelle, sous le couvert d'une demande angoissée de la part de parents en difficulté, s'autorise tous les moyens de produire de la vie -et s'il en était un qui supprimait la nécessité sexuelle de la procréation, qui sait ce qu'il en serait de la fonction parentale?- cette volonté biologique nous dévoile un souhait sous-jacent, propre à la démarche scientifique qui sait : l'omnipotence éclairée au-delà des limites humaines, au-delà de l'amour, de la maternité ou de la paternité.

Avec Lidz et ses collaborateurs, nous avons déjà suffisamment évolué

[1] LIDZ, R.W.,,LIDZ, T. The family environment of schizophrenic patients. *Amer. J. Psychiatr.*, 1949, 106, pp. 332-345.

dans la typologie des comportements familiaux et la caricature. L'erreur fondamentale de toute typologie, outre le corrolaire d'extension tout azimut de la pathologie, c'est celle qui consiste à ne rien dire de la création métaphorique. Un père tyrannique ou une mère possessive, qu'est-ce que cela veut dire? Où se situe l'enjeu pour les acteurs de la scène? Qu'est-ce qui se produit au fond d'eux-mêmes? Pour reprendre l'imagerie de Bowen, le thérapeute observateur des tensions familiales n'obtient pas une description plus vraie ou plus riche de la situation réelle que le spectateur d'un film ne perçoit les états d'âme profonds des acteurs. Au-delà de la simple fonction de décoder subjectivement, tout lui échappe...

Pourtant, les travaux de Lidz consacrés aux pathologies familiales, à la difficulté pour la famille d'un schizophrène à différencier clairement les générations; toutes ces études connaîtront des succès prestigieux. L'intelligentia scientifique aura tôt fait d'oublier les dernières réticences de Lidz lui-même, de «se détourner de la tentation de paraître ommiscient et de respecter l'individualité du patient et son désir de diriger sa propre vie»[1]. Il y a donc une tentation.

Après de tels aveux, le rapport de virilité assumé ou non par le père envers la mère ne vaut plus par sa seule description. Si l'enfant ou l'adolescent souffrent d'une carence du père, c'est au niveau de la faiblesse métaphorique d'une fonction paternelle défaillante symboliquement. Autrement dit, aucun père n'est assez omniscient, tout-puissant de par sa propre castration pour correspondre au Père idéal interrogé par un fils. A l'angoisse adolescente suscitée par l'urgence des questions autour de la jouissance et du désir, le danger d'une réponse médicale davantage chargée d'invulnérabilité en apparence ne peut échapper à personne.

Le dernier ouvrage de Lidz date de 1973. Outre ses incitations à la prudence, il nous décrivait aussi la valeur défensive et la relativité de la régression psychotique, toujours partiellement réversible.[2] Bercherie commenta ce travail en reconnaissant les traits de la «Psychose hystérique dans les décompositions délirantes brutales et résolutives décrites par Lidz»[3]. De l'hystérie, voilà pourtant longtemps qu'on ne traite plus sérieusement. La schizophrénie, par contre, avec son modèle évolutif et morbide, n' a pas cessé de rencontrer la «rigueur» scientifique...

---

[1] LIDZ, Th. *Le schizophrène et sa famille.* (Trad. et présenté par L. Bercherie) Navarin, PARIS; 1986, pg. 175.

[2] LIDZ, Th., *Ibid.*, pg. 16.

[3] LIDZ, Th., *Ibid.*, pg. 14.

La construction systématique d'un nouveau savoir

Avec la naissance de la thérapie familiale (et le recul du concept de symbiose mère-enfant), nombre d'auteurs apportent -ou déplacent- quelques pierres d'envergure à l'édifice du savoir thérapeutique.

Bateson introduit le concept de la double contrainte (double-bind) et l'homéostase familiale, reprise par Jackson.

A Washington, dès les années 50, Bowen et Winne préconisent l'hospitalisation, non plus du seul adolescent, mais de toute sa famille. Wynne théorise la pseudo-mutualité et Bowen différencie le «soi» : les pseudo-selfs et les selfs solides se distinguent dans la famille[1]. Whitaker effectue une démarche beaucoup plus clinique : les thérapeutes doivent s'observer mutuellement dans leur pratique envers les familles[2]. Ackerman expérimente un travail familial fondé sur la «psychanalyse»[3]. Boszormenyi-Nagy conserve également une empreinte psychanalytique[4]. Schlefen réalise une étude systématique des interactions entre les patients, les familles et les thérapeutes[5,6,7]. Laing et Esterson lancent l'anti-psychiatrie avec Cooper. Ce dernier fournira, après sa «mise à mort» de la famille, une technique d'entretiens croisés[8,9]. Il s'avère impossible de citer et commenter ici l'ensemble des concepts et des auteurs autour de la thérapie familiale. Certains parmi eux méritent toutefois d'être développés.

La nouvelle alliance pseudo-mutuelle

Par «pseudo-mutualité», Wynne entend un type d'alliance au sein de laquelle les membres de la famille ne peuvent se reconnaître mutuellement que par des rôles formels joués aux dépens de leurs identités individuelles. La

[1] WYNNE, L.C., RYCKOFF, I.M., DAY, J., HIRSCH, S.I. Pseudo-mutuality in the family relations of schizophrenia. *Psychiatry*,1958, 21, 205-220.

[2] WHITAKER, C.A., FELDER, R.E., WARKENTIN, J. Le contre-transfert dans le traitement familial de la schizophrénie. In I. Boszormenyi-Nagy, J.L. Framo (s.l.d.) *Psychothérapies familiales.* Paris : P.U,F., 1980, pp. 279-297.

[3] ACKERMAN N W Family psychotherapy and psychoanalysis : the implications of difference. *Family Process*, 1962, 1, 30-34.

[4] BOSZORMENYI-NAGI, I. The concept of schizophrenia from the perspective of family treatment. *Family Process*, 1962, 1, 103-113.

[5] SCHEFLEN, A. E. Human territories. *How we behave in space-time* Englewood Cliffs: Prentice Hall Spectrum, 1976.

[6] SCHEFLEN, A.E. Suzanne a souri. *Thérapie Familiale* (Genève), 1981, 2(2), 107-123.

[7] SCHEFLEN, A.E. Système de la communication humaine. *In* Y. Winkin (textes recueillis et présentés par) *La nouvelle communication.*Paris : Seuil, 1981, pp. 145-157.

[8] LAING, R.D., ESTERSON, A. *Sanity, madness and the family.* London : Tavistock, 1964. (Trad. Fr., *L'équilibre mental, la folie et la famille.* Paris : Maspero, 1971).

[9] COOPER D.*Psychiatrie et anti-psychiatrie*, Paris: Seuil, 1970

mutualité réelle permet à chaque membre de la famille de conserver son individualité. La pseudo-mutualité l'interdit; les différences sont camouflées au profit d'une apparence extérieure d'uniformité : «Les divergences sont perçues comme conduisant à une rupture de la relation et doivent être évitées à tout prix; mais ces divergences une fois évitées, l'évolution de la relation et son développement s'avèrent impossibles»[1].

Dans un tel type de familles, les enfants sont punis ou récompensés dans la mesure où ils se seront montrés rebelles ou conformes aux mythes et idéologies familiaux. Selon Wynne, la pseudo-mutualité s'affirme comme un phénomène spécifique et durable des familles de schizophrènes. L'épisode aigü schizophrénique constitue en fait le point de rupture de cette pseudo-mutualité. En 1961, Wynne développait le concept de «pseudo-hostilité» : «La pseudo-hostilité sert à brouiller et à obscurcir l'impact, d'une part de l'intimité et de l'affection productrice d'anxiété, et, d'autre part, de l'hostilité profonde conduisant à la distinction, à la reconnaissance de l'impuissance et à la séparation durable»[2].

Un dernier apport de Wynne, développé par Nagi, consiste dans la découverte d'un secret familial garant des divergences éventuelles. Si son pressentiment nous évoque l'interdit de l'inceste, il n'en constitue pas moins un élément novateur de la thérapie : désormais, avant tout traitement individuel, une anamnèse familiale sera nécessaire.

De l'humour à la schizophrénie, il n'y a qu'un double-lien

Bateson, l'anthropologue, s'est converti à l'étude de la schizophrénie d'une façon quasi-accidentelle.

Avec son premier ouvrage, il tentait de construire une théorie de la culture qui puisse dépasser le cadre de sociétés-types[3]. Il y observe la genèse d'un schisme au sein du système social, produit d'une alternance entre les communications symétriques et les communications complémentaires. Dès 1936, année de son mariage avec Margareth Mead, il se consacre à l'étude des Balinais. Entre la mère balinaise et son enfant, la transmission de la culture ne se dispense pas sans contradiction marquée entre les messages. C'est déjà l'esquisse du double-lien. Après sa rencontre avec le mathématicien Jackson, la notion de «feed-back» s'impose à Bateson : le feed-back positif renforce le

---

[1] WYNNE, L C, RYCKOFF, I M, DAY, J, HIRSCH, S I. Pseudo-mutuality in the family relations of schizophrenia. *Psychiatry*, 1958, *21*, 205-220 (pg. 207).

[2] WYNNE, L.C. The study of intrafamilial alignments and splits in exploratory family therapy. In N.W. Ackerman, et al. (eds.) *Exploring the base for family therapy*. New York: Fam, Serv, Ass. of Amer., 1961, pp. 95-115 (pg. 110).

[3] BATESON, G. *Vers une écologie de l'Esprit*, T. I. Paris : Seuil,1980 pp. 77-87.

système dans son escalade vers la destruction; le feed-back négatif permet un retour à la stabilité par l'auto-correction. A Palo Alto, Bateson développe une théorie du jeu et du fantasme grâce à laquelle, pour la première fois, il décrit le double-lien de la schizophrénie[1]. Il faut souligner qu'à cette époque le double-lien selon Bateson demeure un principe abstrait qui s'applique aussi bien à l'humour, à l'art ou au rêve qu'à la schizophrénie. Le point commun, c'est le renversement des niveaux de messages. Si l'artiste en est conscient (comme l'humoriste, mais qu'en est-il du rêveur?), le schizophrène le subit.

Dans son livre : «Vers une écologie de l'Esprit», Bateson élargit la pensée cybernétique à l'ensemble des systèmes vivants; il nous propose une épistémologie nouvelle en tentant d'intégrer un ensemble très vaste de phénomènes différents en apparence mais très proches par l'organisation (comme la famille, le langage, la vie et l'apprentissage). On trouvera ci-dessous la définition complète par Bateson des éléments nécessaires pour produire une situation de double contrainte[2].

> «Les éléments indispensables pour constituer une situation de double contrainte, telle que nous la concevons, sont les suivants :
> 1. Deux personnes ou plus. Pour les besoins de l'exposé, nous en désignerons une comme la «victime». Nous précisons également que, suivant notre hypothèse, la double contrainte n'est pas toujours imposée par la mère seule, mais aussi bien par la mère plus le père et/ou les frères et soeurs.
> 2. Une expérience répétée. Nous affirmons que la double contrainte est un thème récurrent dans l'expérience de la «victime». Notre hypothèse prend en considération non pas une expérience traumatique unique, mais une expérience dont la répétitivité fait que la double contrainte revient avec régularité dans la vie de la «victime».
> 3. Une injonction négative primaire. Celle-ci peut prendre deux formes: a) «Ne fais pas ceci ou je te punirai»; b) «Si tu ne fais pas ceci, je te punirai». Nous avons choisi ici un contexte d'apprentissage fondé plutôt sur l'évitement de la punition que sur la recherche de la récompense. Il n'y a peut-être aucune raison théorique à ce choix. Nous supposons, néanmoins, que la punition peut signifier la perte de l'amour ou l'expression de la haine et de la colère, ou bien encore- et c'est là chose plus grave - cette sorte d'abandon qui survient lorsque les parents expriment leur profonde impuissance.
> 4. Une injonction secondaire, qui contredit la première à un niveau plus abstrait tout en étant, comme elle, renforcée par la punition ou par certains signaux menaçant la survie. Cette injonction secondaire est plus difficile à décrire que la première pour deux raisons : d'abord, parce qu'elle est transmise à l'enfant par des moyens non verbaux. Attitudes, gestes, ton de la voix, actions significatives, implications cachées dans les commentaires verbaux, tous ces moyens peuvent être utilisés pour véhiculer le message plus abstrait. Ensuite, parce que l'injonction secondaire peut se heurter à l'un des éléments de l'interdiction primaire. La

[1] BATESON, G. *Ibid.*, pp. 209-224.
[2] BATESON, G. *Vers une écologie de l'esprit*, t. II Paris: Seuil, 1980, pp 14-15.

verbalisation de l'injonction secondaire pourra ainsi revêtir une grande variété de formes, par exemple : «Ne considère pas ça comme une punition»; «Ne me ressens pas comme l'agent de la punition»; «Ne te soumets pas à mes interdictions»; «Ne pense pas à ce que tu ne dois pas faire», «Ne doute pas de mon amour, dont l'interdiction première est (ou n'est pas) une preuve», etc. Cette situation connaît des variantes quand la double contrainte est exercée non pas par une personne, mais par deux. Un des parents peut ainsi contredire, à un niveau plus abstrait, les injonctions de l'autre .

5. Une injonction négative tertiaire, qui interdit à la victime d'échapper à la situation. En principe, il ne serait peut-être pas nécessaire d'isoler cette injonction, puisque le renforcement (par la menace de punition) aux deux niveaux précédents comporte déjà une menace pour la survie et que, si la double contrainte survient durant l'enfance, la fuir est de toute évidence impossible. Il semble néanmoins que, dans certains cas, fuir la situation soit rendu impossible par des stratagèmes qui ne sont pas entièrement négatifs : promesses d'amour fantasques.

6. Pour finir, il convient de noter qu'il n'est plus nécessaire que ces éléments se trouvent réunis au complet lorsque la «victime» a appris à percevoir son univers sous la forme de la double contrainte. A ce stade, n'importe quel élément de la double contrainte, ou presque, suffit à provoquer panique et rage. Le modèle des injonctions contradictoires peut même être repris par des hallucinations auditives»[1].

A cette lecture, on ne manquera pas de s'étonner des analogies entre la famille et le monde hospitalier. Le patient qui entre en clinique est confronté à une multitude de médecins, assistants, secrétaires, infirmiers qu'il voit passer, parmi lesquels certains s'occupent de lui, d'autres pas. Que se passe-t-il alors pour la «victime» dès la première anamnèse? L'injonction négative primaire pourrait se formuler ici comme «il ne faut pas hésiter à tout me dire de ce qui vous fait souffrir»; l'injonction secondaire et contradictoire, c'est l'incitation camouflée à se taire, dès lors qu'une souffrance est engendrée par une carence de l'hôpital (ignorance quant au traitement ou à la date de sortie, manque de visites et d'examens approfondis de la part du médecin, etc...). L'injonction négative tertiaire, qui «interdit à la victime d'échapper à la situation», ce serait la menace tacite que tout dérapage entraînerait la mauvaise humeur des médecins ou du personnel, donc l'éventualité d'un traitement moins efficace, de soins moins attentifs et donc d'une angoisse supplémentaire pour le patient. Tout clinicien pourra vérifier la logique du développement de Bateson étendu à l'institution par le simple souvenir des innombrables rages et paniques de sujets hospitalisés, réactions non pas en fonction du mal dont ils souffrent organiquement, mais du fait de la double contrainte répétée des directives et comportements médicaux à l'égard du malade. Lorsque ce dernier surmonte ses angoisses et enfreint les règles du silence; il se voit immédiatement catalogué de «patient difficile» , voire dangereux, hystérique si c'est une femme, jusqu'à

---

[1] BATESON G. *Ibid.* p. 82.

toute la panoplie des diagnostics que le discours psychiatrique a mis à la disposition des médecins confrontés à ce genre de «problèmes». Sans doute faut-il ajouter que, si c'est dans la relation patient-monde médical que l'analogie avec la théorie de Bateson nous a paru la plus intéressante pour cet ouvrage, la même articulation pourrait s'inscrire entre les directions hospitalières et le personnel soignant («ne pas se démotiver, garder courage, être efficace», tout cela avec chaque fois moins de moyens, d'encouragement et d'encadrement), entre le monde pédagogique et l'élève («ne pas rester inactif, s'exprimer, créer, innover; mais ne pas trop se distinguer») et, pour tout dire, entre toute forme de pouvoir envers les formes et ses subordonnés.

Outre l'aspect subversif du concept de double-lien tel qu'énoncé par Bateson, on lui doit également la confirmation que l'individu ne peut plus être traité ou compris hors de son environnement. Cette seconde interprétation du concept se vérifie avec deux textes plus récents : «Exigences minimales pour une théorie de la schizophrénie», en 1959, et «Dynamique de groupe de la schizophrénie», en 1960[1,2]. Bateson y procède à la critique d'une vision morcelée des individus et des relations, soit la remise en cause de tout 1e cheminement antérieur autour de la schizophrénie, depuis Bleuler jusqu'à Schneider et le DSM III.

Bateson ne nous semble pas éviter le processus d'extension de la pathologie à un nombre important d'individus : outre «le degré le plus grave et le plus perceptible de symptomatologie (que) j'appellerai schizophrénie «manifeste» (caractérisée) par des distorsions (où) l'imagination est confondue avec la perception, le littéral avec le métaphorique, (...), l'insignifiant avec le vital (...)», soit dit entre parenthèses, la fonction artistique; Bateson définit une seconde classe de schizophrènes, dits «latents». Et là, l'interprétation dédaigneuse surgit : «Dans le système de communication (du schizo phrène latent), les messages de l'interlocuteur sont constamment oblitérés, soit parce que le schizophrène «latent» prétend qu'il s'agit de réponses inadéquates à ses propres propos, soit parce qu'il les met sur le compte des défauts de caractère ou de motivation qui existeraient chez son interlocuteur. (...) (Sa) destructivité se maintient à un niveau où on ne peut soupçonner son existence. Tant (qu'il) pourra mettre les autres dans leur tort, il continuera de donner le change sur sa maladie, ***de manière à ce que le blâme tombe toujours sur les autres***»[3].

... Gare à l'adolescent frondeur qui se permettrait de ne pas acquiescer aux réponses toutes faites de l'interlocuteur qui l'observe : de «latent»; il pourrait bien se transformer en «manifeste» C'est même là la propre injonction secondaire de Bateson : à force de ne plus prendre en compte que les systèmes communicationnels, il finit par en oublier tout inconscient, tout transfert; les

---

[1] BATESON, G. *Vers une écologie de l'esprt*.II. Paris: Seuil,1980, pg. 66-32

[2] BATESON, G. *Ibid.*, pp. 50-60.

[3] BATESON. G., *Ibid.* pg. 83

mots-clés peuvent apparaître : oblitérer, prétendre, destructivité, tort, blâme; greffés sur une description prétendument progressiste et positive.

Plus loin, Bateson s'interroge sur la présence d'un seul schizophrène dans les familles «schizophrénogènes»; et, là aussi, le discours se révèle éclairant :

> «On se pose souvent la question : «si cette famille est génératrice de schizophrénie, comment se fait-il que les autres frères et soeurs ne soient pas, eux, diagnostiqués comme schizophrènes?. Pour répondre à cette question, il faut (...) remarquer que la famille, comme toute autre organisation, attribue des rôles à chacun de ses membres (...). C'est ainsi que, dans beaucoup d'organisations, il n'y a place que pour un seul patron. (...) Il en va de même pour les familles schizophrénogènes : elles n'ont de place que pour un seul schizophrène»[1].

Frappante analogie : le schizophrène est en quelque sorte un patron d'entreprise familiale, celui qui semble faire la loi. Mais ce seul schizophrène, qu'il soit latent ou manifeste, n'est-il pas justement l'adolescent de la famille, celui qui remet tout en cause, qui vient au centre des «préoccupations parentales»?

Malgré l'immense respect que l'oeuvre de Bateson mérite, on ne peut s'empêcher d'en souligner les analogies avec les études autour du schizophrène par la psychiatrie et les post-freudiens : si le malade est victime du double-lien, il n'en demeure pas moins irraisonné et irraisonnable, jouant à oblitérer le message de l'autre. Nonobstant sa remarquable observation, Bateson n'est-il pas lui-même prisonnier du contre-transfert et de sa position de maîtrise? Par moments, il ne peut s'empêcher de blâmer le «schizophrène latent» qui ne s'en laisse pas conter...

Après Bateson, ses collaborateurs vont développer le concept de double-lien et mettre en place ce qui deviendra la thérapie familiale.

Homéo-thanasie

Jackson est le père-fondateur de la thérapie familiale.

Par homéostasie familiale, cet auteur comprend la condition d'une famille à l'intérieur de laquelle tout membre qui évolue provoque un bouleversement équivalent auprès des autres membres[2].

Plus particulièrement dans un effort de compréhension de la schizophrénie, Jackson ,via l'incontournable schéma communicationnel, nous fournit de précieuses indications sur la pathologie familiale envers l'adolescent :

---

[1] BATESON G. *Ibid.* pg. 82.

[2] JACKSON, D.D. The question of family homeostasis. *Psych. Quart. Suppl.*, 1957, 31, pp. 79-90.

«Quand on observe le schizophrène dans son contexte familial, on fait ***la pénible découverte*** que son comportement est approprié au contexte particulier dans lequel il évolue. En fait, on se surprend à admirer le talent avec lequel un schizophrène parvient à fonctionner dans une situation familiale remarquablement complexe, et à la perpétuer. Au lieu de voir dans le schizophrène un individu «diminué» sur le plan du fonctionnement, il commence à être possible de voir qu'il doit être en fait ***plus fin et perspicace que la norme***, pour savoir se comporter au milieu des règles contradictoires du système dans lequel il évolue»[1].

Les mots-clés diffèrent de ceux observés chez Bateson : pénible découverte, on admire le talent, plus fin et perspicace que la norme. Comment expliquer cette divergence dans la façon d'appréhender un individu que Bateson décrivait destructeur et trompeur. En fait, comme Bateson, Jackson observe la capacité du schizophrène à «combiner» avec la réalité.

Mais ce qui détermine l'admiration plutôt que l'agacement du thérapeute, c'est de pouvoir comprendre la manipulation de la part du patient dans le contexte familial. A observer de façon aussi pénible comment les choses se passent dans la famille, le thérapeute se protège de sa propre interpellation, de ce qui se produit vis-à-vis de lui. Dès lors qu'il n'est plus au centre de la remise en question «schizophrène», il se surprend à admirer un talent, une finesse et une perspicacité. Que le dit-comportement se transpose dans la clinique ou dans un cabinet de consultation, et le discours change. De spectateur, on en devient acteur, et l'on n'a pas toujours le beau rôle.

Plus loin, Jackson nous indique, toujours à propos du schizophrène, que «son comportement peut paraître ***bizarre et hors de propos*** lorsqu'il pénètre dans un système différent». Talentueux dans sa famille, hors de propos dans la clinique! D'ailleurs, «qui parmi nous est aussi capable que les schizophrènes de traiter avec la famille remarquablement complexe où il a mûri et ***avec le système hospitalier dans lequel il habite plus tard***?». On ne peut formuler plus claire analogie entre la cellule familiale et l'hôpital!

Quand on se disqualifie

Avec Haley, le genre d'analogies décrites dans notre parcours depuis Bateson se confirme sans équivoque.

Il faut souligner que, selon cet auteur, la famille psychotique se caractérise par une discordance entre ce qui est dit et ce qui est réellement évoqué. Les énoncés d'un tel discours familial se formulent, se modifient et se contredisent

[1] JACKSON, D.D. Schizophrénie : le noeud nosologique. *In* P. Watzlawick, J. H. Weakland (présentent) Sur l'interaction. Palo Alto (1965-1974). *Une nouvelle approche thérapeuthique.* Paris : Seuil, 1977, pp. 264-282 (pg. 272).

sans cesse.

D'après Haley, en refusant la communication rationnelle, le schizophrène dirige, de fait, la communication des autres. Que dire du discours médical! Le mystère et l'angoisse du patient face au discours discordant du médecin (dit-il la vérité, que pense-t-il réellement), les énoncés formulés, modifiés puis contredits à son égard, la direction enfin, par le médecin, de la communication entre le patient et lui, si rationnelle en apparence!

L'exemple clinique ci-dessous l'illustre à suffisance : d'une situation courante et banale, la théorisation du thérapeute, compliquée et laborieuse, rend un écho «psychotique» très alarmant.

> «Une schizophrène s'étant suffisamment rétablie pour que son hôpital l'autorise à rendre visite à sa famille, ses parents répondirent à cette situation en se séparant. Sa mère quitta son père (mais elle l'appela pour lui dire où elle allait) et demanda à sa fille de partir avec elle (bien qu'elle ait dit à l'époque qu'elle ne supportait pas la compagnie de sa fille).
>
> Du fait de cette exigence maternelle, la fille se trouva placée dans la situation de devoir faire un choix entre ses parents, et de rester avec son père ou de partir avec sa mère. La solution qu'elle trouva fut assez complexe. Elle partit avec sa mère; cependant, quand elles arrivèrent à destination, chez sa grand-mère, elle appela son père. Aussitôt sa mère protesta, disant qu'elle prenait le parti de son père contre elle; sur quoi, la fille répondit qu'elle n'avait appelé son père que parce qu'au moment de lui faire ses adieux elle l'avait regardé d'un drôle d'air. Ce «drôle d'air» était en fait un de ses symptômes caractéristiques. et la question se posait de savoir si son comportement était irrationnel ou adapté. étant donné la situation.
>
> Mais son comportement atteignit un point extrême lorsque son père arriva pour demander à la mère de rentrer au foyer. La mère demanda à sa fille d'aller faire des courses mais celle-ci refusa. C'est la grand-mère qui partit à sa place. Quand sa mère et son père se retirèrent dans une autre pièce pour discuter de son refus, la fille se mit à hurler. C'est alors qu'on la renvoya à l'hôpital.
>
> Le comportement de la fille pourrait, à un moment donné, s'expliquer comme un comportement tendant vers l'adaptation à une situation caractérisée par un conflit de règles familiales.
>
> La règle était que la fille ne devait former de coalition ouverte ni avec son père ni avec sa mère. Cependant la séparation la forçait à enfreindre cette règle. Elle ne pouvait se contenter de ne rien faire; c'eût été rester avec son père. Sa solution fut d'avoir un symptôme -le ***«drôle d'air»***- qui résolvait le problème d'avoir à éviter de prendre parti pour un des deux parents.
>
> Dans le contexte de la famille élargie, on peut voir les règles familiales sous un jour quelque peu nouveau. On considère alors un comportement répétitif entre deux personnes non seulement comme la conséquence d'une règle arbitraire, mais comme résultant de réponses émanant d'autres parties de la famille. Autrement dit, une règle interdisant, par exemple, toute coalition ouverte avec la mère ou avec le père, peut être considérée comme une réponse aux conséquences qui s'ensuivraient pour les autres membres de la famille si la coalition se formait.

Si nous examinons le contexte plus large dans lequel cette fille vivait, à ne nous en tenir qu'aux personnages les plus importants dans sa vie - ses parents et ses deux grands-mères - nous voyons qu'elle s'inscrivait dans un ***groupe de dix triangles transgénérationnels***. Il aurait pu se produire qu'aucun de ces triangles ne supportât de coalitions transgénérationnelles. Les grands-mères auraient pu rester en dehors des problèmes des parents, les parents auraient pu maintenir une séparation entre eux-mêmes et leur fille, et la fille aurait pu ne pas essayer de former une coalition avec ses parents ou ses grands-parents et ne s'associer qu'avec ses pairs. Mais dans la situation que nous avons évoquée , c'est tout le contraire qui était apparent. A en juger d'après les impressions recueillies au cours des entretiens familiaux, tous les membres de la famille étaient impliqués dans un modèle uniformément composé de ***triangles pervers***. Les deux grands-mères rivalisaient entre elles pour s'occuper de la fille; la mère du père prenait son parti contre sa belle-fille allant jusqu'à offrir à celle-ci un pot-de-vin, en argent liquide, pour qu'elle quitte son fils, sous prétexte qu'elle - la mère saurait mieux s'occuper de lui ; la fille, elle, prenait sans cesse le parti de sa grand-mère maternelle contre sa mère et lui consacrait toutes ses visites dès qu'elle sortait de l'hôpital.

Les coalitions transgénérationnelles les plus manifestes et les plus persistantes se produisaient dans le triangle formé par la fille et ses parents. Le père accusait la mère et la fille d'être liguées contre lui, ce qu'elles déniaient. La mère accusait la fille de former une coalition contre elle avec son père et les accusait tous deux, pour étayer ses dires, de se livrer mutuellement à des jeux sexuels. De manière générale, les parents se comportaient comme s'il n'existait aucune différence de génération entre eux et leur fille.

Pour extraordinaire que paraisse déjà cette avalanche de rivalités et de conflits déchaînés entre les différents triangles de la famille, cet état de choses trouva encore à s'aggraver du fait des soeurs de la mère, qui ne cessaient d'intervenir, elles aussi, dans les affaires de la famille. Quand, à la suite de leur séparation effective, la fille fut obligée de choisir entre ses parents, sa réponse ne pouvait qu'avoir des répercussions sur l'ensemble du ***réseau*** des triangles familiaux. Qu'elle partît avec sa mère ou non, elle était, de par la situation, mise en demeure d'adopter un comportement-réponse qui non seulement serait désavoué mais encore provoquerait ouvertement une rupture dans la famille élargie. Partir avec sa mère, par exemple, c'était prendre le parti de la famille de la mère contre celle du père, d'une grand-mère contre l'autre, et d'une grand-mère contre son père. En ce noeud de factions familiales rivales, quelle aurait pu être la réponse «normale» et «appropriée» à la situation?

Il aurait fallu que la fille pût à la fois non seulement satisfaire l'une et l'autre faction, mais encore disqualifier les deux manières de les satisfaire en indiquant qu'elle n'était en aucun cas responsable de ce qui s'est passé. Une telle communication conflictuelle appellerait le diagnostic de comportement schizophrène»[1].

---

[1] HALEY, J. Pour une théorie des systèmes pathologiques. In P. Watzlawick, H.H. Waeakland (présentent) Sur l'interaction. Palo Alto (1965-1974), *Une nouvelle approche thérapeutique.* Paris: Seuil : 1977, pp. 60-91, (pp.74-76).

Reprenons cette étonnante description : de l'hôpital, la schizophrène retourne à la famille qui se divise pour l'occasion.

Angoisse et inquiétude de la jeune fille tenue de choisir entre le père et la mère. Arrive une grand-mère au rôle plutôt équivoque qui part faire les courses au moment où les parents se disputent. A l'écoute des reproches entre le père et la mère isolés dans une autre pièce, la jeune fille se met à hurler, ce qui la renvoie à l'hospitalisation. Quoi de plus compréhensible, vraiment, que ce désarroi.

Manifestement, ce cas décrit par Haley témoigne d'une problématique oedipienne : les grands-mères, les parents et la jeune fille , autant de conflits mal gérés, de situations à la fois banales et inextricables. En place de cette lecture, permise par Freud, Haley s'enlise dans un fratras communicationnel de «triangles transgénérationnels», d'un «modèle composé de triangles pervers», de «coalition», d'une «avalanche de rivalités et de «conflits déchaînés entre les différents triangles de la famille».

Pourquoi cet embrouillamini plutôt qu'une lecture «oedipienne»? L'interdit de l'inceste et la problématique oedipienne sont propres à chaque génération; pas le «triangle pervers». De cette manière, il est permis de rêver de familles modèles, non-perturbées et pour tout dire «normales». A l'opposé, ces familles articulées sur des conflits «triangulaires» exposés ici avec complaisance envers le caractère exceptionnellement complexe des comportements (alors que de tels faits ne sont pas aussi rares que cela), celles-là génèrent des diagnostics de schizophrénie.

A la découverte de ces triangles reliés les uns aux autres, comme les maillons d'une chaîne, on peut se demander où se situe le thérapeute, quelle est sa «réponse normale et appropriée».

Le diagnostic lui permet de répondre, mais son discours nous a bien davantage éclairé sur la complexité de son raisonnement. Le «drôle d'air» que la jeune fille affiche au moment des adieux à son père, Haley le décrit comme un «symptôme caractéristique» d'un comportement irrationnel ou adapté à la situation. Nulle part, Haley n'entend la parole, la métaphore de l'adolescent comme une question sur l'énigme du désir. Il est vrai que ce drôle d'air-là ne fait pas la chanson du thérapeute ivre de communications...

Le sujet se dit-qualifié

Et la méthodologie dans tout cela, le fameux «outil» thérapeutique qu'aucun chercheur un peu sérieux n'omet de découvrir ? Weakland nous en fournit plusieurs, efficaces, comme on le lira : «Notre recherche était fondée, plutôt que sur les solides assises des travaux déjà réalisés dans le domaine de la schizophrénie et des familles, sur l'existence ou la supposition d'une place d'observation naïve, comme si les familles de schizophrènes étaient les indigènes de quelque tribu récemment découverte»[1]. Weakland entend-il simplifier le tableau? Du tout : «l'objet de cette orientation est d'augmenter au maximum les possibilités de voir quelque chose de nouveau et d'important». Avec du vieux, Weakland construit du neuf : «il n'est que raisonnable de soupçonner que les observations et conceptions traditionnelles (nuisent) aux fondements même de la recherche (...). Notre travail de base a donc principalement porté sur l'observation intime et la description (du) comportement réel des schizophrènes et de leurs familles».

Que signifie cette observation, et en quoi diffère-t-elle des observations antérieures inadéquates: «(notre travail a porté sur) de longs enregistrements magnétiques et optiques de ce comportement, comprenant des situations nombreuses et variées, et réalisés par les membres les plus distingués de notre personnel de recherche». Voilà qui fait sérieux : si les machinistes et preneurs de son deviennent des membres distingués, c'est beaucoup révéler de l'omnipotence des instruments optiques et magnétiques! Et, de fait, après la découverte de Bayle commentée par Foucault, le rêve d'une organicité repérable des affections s'était amorcé. Le procédé décrit par Weakland s'apparente aux scalpels du siècle précédent et à l'autopsie «post-suicide» de nos jours; la «technique» demeure au service d'une certaine science.

Tout ce qui fondait le positivisme dans le champ du regard reste la trame obscure de ces expériences nouvelles : Weakland, pourtant soucieux des fonctions d'«émetteur» et «récepteur» dans sa description des communications familiales, réduit à un simple appareil le rôle du récepteur de son observation.

L'attribut des thérapeutes familiaux: la perspicacité

Weakland critique-t-il les méthodes d'observation antérieures, il n'explique en rien sa trajectoire personnelle ; ne se montre-t-il pas soucieux avant tout d'enregistrer, de filmer et de décrire? Que de pouvoir conféré au geste, que de subjectivité dans l'observation de tel phénomène plutôt qu'un autre! Et tout cela au nom de cette motivation supérieure : «(certaines) caractérisations peuvent correctement exprimer une évaluation négative ou un sentiment de frustration, mais ont un intérêt scientifique restreint; (par contre), une caractérisation grossière ou partielle, si elle est ***positive***, est beaucoup plus instructive (...)»[2]. Weakland nous avait prévenu : «l'intérêt général que nous portons à l'étude de l'interaction et des systèmes (...) met l'accent sur l'inclusion plutôt

---

[1]WEAKLAND, J.H. La schizophrénie : problèmes fondamentaux de la recherche socioculturelle. *In* P. Watzlawick, J.H. Weakland (présentent) Sur l'interaction. Palo. Alto (1965-1974) *Une nouvelle approche thérapeutique.* Paris : Seuil, 1977, pp. 225-263 (pg. 239).

[2] WEAKLAND, H.H. *Ibid.* pp. 373-388.

que sur l'exclusion» et, plus loin: «la position opposée est bien trop fréquente (...) témoin l'usage courant de termes tels qu'«illogique», «désorganisé» ou «décousu»(...) ou encore (...) confus»»[1].

Avec Weakland, tout ce qui s'avère confus, décousu et illogique est exclu du champ de l'observation. Par contre, qu'un patient se gratte le nez ou se frotte l'oreille est hautement significatif. La description «positive» conduit aux abus interprétatifs. La théorie fait fi de l'injonction inconsciente de l'observateur à lui représenter du «clair et net».

Le désir, complément selon Boszormenyi-Nagi

Ce thérapeute hongrois, émigré en Amérique, fournit à la thérapie familiale un alibi psychanalytique. Le résultat en est un amalgame de notions pourtant distinctes : dans sa description des désirs inconscients d'une possession des enfants de la part des parents, cet auteur n'hésite pas à affirmer qu'en acceptant les demandes des parents, les besoins de dépendance de l'enfant sont satisfaits et que la réalisation réciproque des désirs de chacun conduit l'enfant à négliger sa propre identité, au profit de la satisfaction familiale. Demande, besoin, désir fondus dans un même moule...

Boszormenyi-Nagi «observe» que le père ou la mère ont souvent été privés eux-mêmes de leurs parents, soit par la mort, soit par la séparation; et que ce qu'ils recherchent au travers de leur relation avec l'enfant, c'est le retour du parent perdu; l'enfant leur tenant office de substitut parental. Comme on peut le remarquer, on trouve de tout à l'intérieur de cette théorisation, jusqu'à une fine distinction entre la «complémentarité du désir» et la pseudo-mutualité:

> «Tandis que la pseudo-mutualité connote un sens de la relation qui devient une expérience creuse et vide, la complémentarité du désir met l'accent sur une expérience relationnelle entre les membres de la famille, régressive et significative»[2].

L'argument semble désuet sans l'accent de l'auteur...

La complémentarité du désir pathologique, entraîne une stagnation de la relation. Celle-ci se fonde souvent sur le secret intergénérationnel, concept décrit par Boszormenyi-Nagi au Congrès de Thérapie Familiale de Zurich en 1975. Selon l'auteur, les parents détiennent la clef d'un secret lié à l'histoire de la famille. Par exemple, il pourrait s'agir d'un suicide ou encore le souvenir d'un

[1] WEAKLAND, H.H. *Ibid.* pp. 373-388.

[2] BOSZORMENYI-NAGI, I. Une théorie des relations :expérience et transaction. *In* I. Boszormenyi-Nagi, J.L. Framo (s.l.d.) *Psychothérapies familiales.* Paris : P.U.F., 1980, pp. 55-107 (pg. 14).

parent monstrueux, rien de cela ne peut être évoqué devant ou par l'enfant. Pour l'adolescent prisonnier de ce mystère, selon Boszormenyi-Nagi, il ne reste plus que «le passage à l'acte» psychopathique, pervers ou psychotique, pour obtenir l'autonomie.

L'intérêt de ce concept du «secret intergénérationnel», c'est, outre une certaine justesse (mais quelle famille ne récèle pas de cadavre dans un placard?), la confirmation qu'il importe à tout prix d'appeler l'inceste et l'oedipe d'une autre façon : grâce à la «complémentarité du désir» on peut expliquer, décomposer et définir.

Les écoles psychothérapeutiques rénovées: la transmission du nouveau savoir

On ne peut distinguer ces écoles qu'artificiellement. Les schismes et les conflits internes ne les épargnent pas. Elles peuvent se dissoudre, se refonder,...

La «faculté» de la communication : Palo Alto

L'auteur le mieux connu de cette tendance en Europe est Watzlawick. Selon les théoriciens de l'école de Palo Alto, chaque comportement constitue un acte de communication. La nature des relations entre les gens est fonction de la ponctuation des séquences communicationnelles entre les communiquants.

L'Ecole de Milan, avec Selvini, Boscolo, Cecchin et Prata, se rattachait à ce courant théorique, avant de se diviser... De l'ensemble de la production littéraire de ces deux écoles, quelques concepts exemplaires se dégagent.

Comment montrer du doigt l'analogie

Le langage digital s'articule au niveau du contenu; le langage analogique sert essentiellement la relation. Le langage digital possède une syntaxe complexe mais aucune sémantique appropriée à la relation; à l'opposé, le langage analogique possède une sémantique, mais pas la syntaxe et donc une absence de définition univoque de la relation. Selon Watzlawick, la psychothérapie a pour objet la digitalisation correcte et corrective du matériel analogique :

«La réussite ou l'échec d'une interprétation dépend de l'aptitude du thérapeute à faire cette traduction d'un mode à l'autre, mais il faut aussi que le patient soit disposé à échanger sa propre digitalisation pour d'autres plus appropriées et moins angoissantes»[1].

Ne serait-ce que par cette seule déclaration, la théorie communicationnelle est déjà vouée à l'échec. Appartient-il au thérapeute d'interpréter cette vérité que le «patient» seul détient? Freud n'avait-il pas accompli d'immenses progrès dans sa recherche après avoir été invité par son patient à se taire et à écouter?

Nulle expression ne se préserve d'un malentendu fondamental. A «simplifier» tout le mystère langagier en schémas communicationnels, le discours systémique s'enlise, et les patients avec lui. Le langage analogique permet en tous les cas d'observer plutôt qu'écouter. Si le geste «parle» mieux qu'une expression verbale, le miroir (ou la caméra) devient central dans l'interprétation. C'est la porte ouverte à tous les abus : n'importe quel individu scruté adapte son comportement en fonction de cette présence; il est souvent amené à représenter ce que l'insistance du regard lui enjoint de faire. Dès lors, le seul langage analogique réellement «parlant», c'est celui qui exprime le malaise propre au poids d'être observé (nervosité, timidité, etc...). Or, dans ces théorisations subtiles, on ne parle jamais des impacts du regard. Il nous revient pourtant l'exemple de certain «thérapeute»qui filmait séparément plusieurs membres d'une famille divisée et qui projetait ensuite les séquences filmées aux autres parties «pour observer les effets» et provoquer une crise...On continue pourtant, avec ce courant, d'ignorer toute l'importance métaphorique du discours, ce qui conduit, «bien entendu» au dérapage complet de l'entreprise thérapeutique. Or, c'est à l'hystérie que Watzlawick et ses collaborateurs appliquent leurs concepts :

> «Bateson et Jackson ont supposé que l'opposition entre code analogique et code digital avait son importance dans la formation des symptômes de l'hystérie»[2].

D'emblée, on nous parle d'opposition et de formation. C'est qu'à la fois le discours «explicatif» se complique et le schéma se simplifie :

> «Il se produirait dans l'hystérie une (...) re-traduction, pour ainsi dire un retour d'un message déjà digitalisé au mode analogique, (...) des erreurs de traduction du digital dans l'analogique. (...) On connaît la nature symbolique des symptômes de conversion (hystérique) (...) et qu'est-ce qu'un symbole, sinon la représentation en acte de ce qu' est essentiellement une fonction abstraite, un aspect de la relation?»

---

[1] WATZLAWICK, P., HELMICK-BEAVIN, J., JACKSON, D. *Une logique de la communication.* (Trad. J. Morche). Paris : Seuil, 1972, pg. 98.
[2] WATZLAWICK P., HELMICK-BEAVIN, J., JACKSON, D., *Ibid.*, pp.103-104.

On ne trouve jamais le mot «parole» au coeur de ces théories. Ce jargon pseudo-scientifique et sophistiqué dit autrement ce qui a été énoncé de longue date : l'hystérie est une représentation d'un mal de vivre; nul ne connaît la clef du symptôme, sinon le sujet.

On n'en doutera pas un seul instant, à négliger la méconnaissance du discours de l'autre, la théorie rencontre des échecs :

> «Bien que nous tenions nos principes généraux comme susceptibles d'être appliqués ***avec bonheur*** à toute la gamme de problèmes qu'on rencontre dans la pratique clinique (...), nous n'affirmerons pas que l'application concrète de ces principes (...) mène invariablement au ***succès complet***»[1].

Bel euphémisme, en vérité, pour désigner l'échec désastreux et systématique des traitements fondés sur de telles erreurs. Mais Watzlawick a réponse à tout :

> «Si un patient applique nos directives sans qu'il en résulte de changement ***positif, la faute*** en incombe naturellement aux ***directives***. L'examen attentif d'un tel échec fera apparaître les défauts et nous permettra d'établir un projet ***meilleur***»[2].

Tant que le patient reste soumis, il y a toujours moyen d'arranger les choses : les thérapeutes ne sont pas responsables, ce sont les directives.

> «Toutefois, le patient qui accepte d'abord la conduite qui lui est prescrite, puis qui revient en disant qu'il n'a pas eu le temps de s'y conformer ou qu'il a oublié, ou qu'en y repensant, il l'a trouvée ***plutôt bête et inutile***, (...) ce patient n'a pas de grandes chances de ***réussite.***»

A bon entendeur, salut! Tout patient pris dans une ambivalence et qui en témoigne par un oubli, un acte manqué ou une critique, ce patient est peu curable. Il a donc tout intérêt à se conformer aux «directives», à se taire, à obtempérer s'il veut éviter l'échec. Nos théoriciens poursuivent leur injonction:

> «(c'est) la capacité de présenter l'intervention dans un «langage» que notre patient comprendra qui lui donnera envie d'accepter et d'***exécuter nos directives***»[3].

---

[1] WATZLAWICK, P.,WEADKLAND, J., FISCH, R. *Changements, paradoxe et psychothérapie.* (Trad. P. Furban). Paris : Seuil, 1975, pp.137-138.
[2] WATZLAWICK, P., WEADKLAND, J., FISCH, R. *Ibid.*, pg 137.
[3] WATZLAWICK, P., WEADKLAND, J., FISCH, R. *Ibid.*. pg. 138.

Attention à la boîte noire!

Par «boîte noire», il faut comprendre une»structure» interne, un peu comme l'inconscient (mais ce n'est pas l'inconscient, bien au contraire). Il est significatif d'observer que le terme ne doit rien au hasard : les boîtes noires étaient placées dans les avions militaires pour exploser en cas de capture. Le thérapeute systémique ne s'intéresse pas à la boîte noire proprement dite, mais à ce qui y entre et ce qui en sort. Quand on passe outre la théorie de l'inconscient, il n'y a plus place, nous l'avons entrevu, pour le transfert ou le contre-transfert dans l'évaluation de l'échec. Qui pourra prétendre qu'une ponctuation est préférable à une autre? En fonction de quoi tel système d'habitudes métacommunicatives se révèle-t-il meilleur qu'un autre? C'est, finalement, au thérapeute qu'on est toujours renvoyé : son savoir, sa position sociale, son adaptation à la réalité sociale et les normes que cela suppose. Bateson proposait : «une communication saine (comme) un mélange souple de relations symétriques et de relations complémentaires».

Il ajoutait du reste que cette idée lui appartenait et qu'elle n'avait rien de scientifiquement établi.

Jusqu'à s'auto-disqualifier

Selon les théoriciens systémiques, un cinquième seulement de nos communications sert à l'échange d'information, le reste permet de définir, de redéfinir, de confirmer ou de rejeter la nature de nos relations avec les autres. Dans ce type de définition, il y a place pour disqualifier le message de l'autre. Haley et Selvini ont longuement développé ce concept à l'intérieur d'une étude sur les familles «schizophrénogènes». Selvini et ses collaborateurs nous fournissent ici un texte modèle du ratage de l'approche systémique :

> «Et voici que se dessine le ***fouillis des manoeuvres*** de communication, à présent bien connues, qui caractérisent la transaction schizophrénique : disqualification de quelques-unes ou de toutes les composantes du message, prises de la tangente, déplacement du sujet, amnésie et finalement, la ***manoeuvre suprême***, la disconfirmation. Il est important de noter que la disconfirmation dans la littérature n'a été étudiée que dans le sens suivant : la disconfirmation est un type de réponse à la définition de soi que l'autre tente de donner de nous dans la relation. Cette réponse n'est ni confirmation ni refus. C'est une ***réponse cryptique***, incongrue, qui véhicule en substance le message suivant : «Je ne prends pas acte de toi, tu n'es pas là, tu n'existes pas». Dans notre travail avec les familles, nous avons pu découvrir une autre modalité de disconfirmation, ***encore plus pernicieuse*** et subtile : c'est l'auteur du message lui-même qui se qualifie comme n'existant pas, disant en quelque sorte : «Moi, je ne suis pas là, je n'existe pas dans la relation avec toi». Ce fut un ***préadolescent psychotique*** qui attira pour la première fois notre attention sur cette manoeuvre, sur sa

fréquence et sur son importance. Au cours d'une séance, reformulant une de nos observations, il nous dit ces paroles stupéfiantes : «Mais moi je m'efforce d'obliger maman à se matérialiser». Ce fut seulement à ce moment-là que nous découvrîmes ce que signifiait, dans ce contexte, cette vague sensation d'être ailleurs, étrangère, ennuyée, que la mère communiquait à tout le monde. Elle provoquait même en nous, thérapeutes, une sensation de futilité, d'épuisement, que nous avions attribuée jusqu'alors d'une manière générale, au mode de transaction familiale. Comment rejoindre, comment communiquer, comment atteindre quelqu'un qui n'est pas là? Et inversement, comment être dans la relation avec quelqu'un qui n'y est pas? A partir de ce moment-là, nous avons commencé à remarquer la fréquence de cette manoeuvre d'autodisconfirmation, et donc de disconfirmation des autres, chez les membres de beaucoup de familles à transaction schizophrénique, et à chercher les ***tactiques pour la dissoudre***»[1].

Les auteurs s'épuisent et éprouvent un sentiment de futilité; c'est qu'il leur faut beaucoup d'énergie pour évacuer constamment l'inconscient de manifestations en apparence si théoriques. Dans ce cas-ci, le fils semble disconfirmer la mère : la mère n'est pas matérialisée. Il s'agit, selon les auteurs, de la «manoeuvre suprême», d'une modalité «pernicieuse» propre à expliquer leur épuisement, d'une réponse «incongrue». N'est-ce pas tout le contraire? En écoutant le message du fils comme une demande de ce que sa mère soit là, qu'elle réagisse, qu'elle occupe une place dans sa vie à lui; on pourrait plutôt déduire que la mère est confirmée mais qu'elle n'y est effectivement pas assez, ou qu'elle fuit, qu'elle est réellement ailleurs. Le malaise et l'épuisement provoqués par cette mère si manifestement absente aux prises avec la dévorante demande d'amour exprimée par son fils; Selvini et ses collaborateurs peuvent l'expliquer : la mère est absente parce que le fils est pernicieux et qu'il fait comme si elle n'existait pas! Par extension, on peut aussi supposer que les thérapeutes s'assimilent à la mère; si eux-mêmes ne sont pas présents, échouent et sont ailleurs, n'est-ce pas parce que le patient les ignore? Curieuse façon de répondre à ses propres impuissances; Bateson décrivait les schizophrènes latents comme des êtres habiles à renvoyer le «blâme» sur les autres. Nous en avons ici une saisissante illustration! Dès lors, les questions «déchirantes» du comment rejoindre, communiquer, atteindre quelqu'un qui n'est pas là, ne peuvent-elles s'adresser tout d'abord aux théoriciens systémiques?

Est-il seulement dans leur souci de communiquer malgré leur perpétuelle absence de considération de l'inconscient et du contre-transfert?

Au contraire, le «stupéfiant» des paroles prononcées par l'adolescent est radicalement écarté au profit d'une découverte explicative qui met à l'abri le thérapeute de toute sensation d'étrangeté. Il devient alors possible de vaincre

---

[1] SELVINI PALAZZOLI, M., BOSCOLO, L., CECCHIN, G., PRATA, G. *Paradoxe et contre-paradoxe.* Paris : E.S.F., 1978, pp. 29-30.

la peur et le malaise, en se jetant sur un concept nouveau :

> «Nous avons pu observer la même chose dans d'autres familles, à l'occasion de la crise d'adolescence d'un jeune (...) Le système se met immédiatement en action pour organiser le jeu. Cela pourra se manifester à travers un autre enfant qui exhibera une «adolescence folle» afin d'assurer la perpétuation du jeu à l'infini.»[1].

Les familles s'organisent ici pour se jouer des thérapeutes; mais ceux-ci ne sont pas dupes...:

> «Dans cette perspective, nous considérons comme une ***manœuvre du jeu*** certains comportements typiques de la crise d'adolescence survenant chez un membre qui présentera par la suite un comportement schizophrénique.»

Car il reste bien sûr l'attribut suprême du thérapeute qu'on a tenté de jouer : le diagnostic et le pronostic de schizophrénie... Selvini et ses collaborateurs n'en disent rien :

> «Nous nous plaçons au contraire dans une épistémologie circulaire et systémique. Travaillant avec les familles, nous avons pu observer que ce à quoi tous obéissent, c'est aux ***règles du jeu*** (...). Le fait que quelqu'un se détache et abandonne le ***terrain*** constitue la menace la plus puissante. Au sein d'un groupe dans lequel tout ce qui survient est au service du jeu et à sa perpétuation, la manœuvre d'autonomie aura l'effet (...) de ***«serrer les rangs»***.»

Nous revoilà au coeur de la bataille, avec pions, dés et table de jeu. On se surprend à lire la notice explicative d'un jeu de stratégie. Mais il en existe auxquels on n'a pas envie de jouer, même si l'épistémologie est circulaire, car, très vite, on finit par tourner en rond systémiquement. Ce jeu et ses règles ne peuvent aboutir qu'à l'invention d'un autre, bien plus subtil encore, des thérapeutes qui ne quittent pas si facilement le terrain de peur de se voir disqualifiés. Et c'est le contre-paradoxe.

Quel paradoxe!

Selon l'Ecole de Palo Alto, le paradoxe se caractérise par des messages qui s'affirment en niant ou qui se nient en affirmant. Le paradoxe se révèlerait une proposition à la fois fausse et vraie, comme on peut en trouver dans l'humour, la farce, l'ambiguïté, l'hypocrisie ou la mystification.

Selon Watzlawick, nos relations se construisent sur le respect des lois logiques et sur la différence entre les classes et les membres de ces classes. Dès lors, toute communication exigerait une codification et l'identification des

[1] SELVINI PALAZZOLI, M., BOSCOLO, L., CECCHIN, G., PRATA, G. , *Ibid.*, pp. 41-42.

différences. Lorsqu'il se produit une incertitude dans l'établissement de ces différences, on aboutit au paradoxe dans les relations avec l'inévitable confusion que cela entraîne.

C'est Watzlawick qui, avant Selvini, décrit la façon de faire «moins la même chose» par une intervention qui «recadre»:

> «Un homme âgé de 25 ans, sur qui on avait porté le diagnostic de schizophrénie et qui avait passé la majeure partie des dix années précédentes dans des hôpitaux psychiatriques ou en psychothérapie intensive, nous fut amené par sa mère, qui le croyait sur le point d'entrer dans un nouvel épisode psychotique. A cette époque, il se débrouillait à mener une existence marginale dans une petite chambre et suivait, à l'université, deux cours dans lesquels d'ailleurs, il était en train d'échouer. Il était maniéré et provoquait souvent des interruptions «polies» dans les séances. A son avis, le problème résidait en un désaccord de longue date entre lui-même et ses parents, au sujet de son soutien financier. Il n'aimait pas que ses parents payent son loyer et ses autres notes, «comme si j'étais un bébé». Il voulait obtenir d'eux une allocation mensuelle suffisante dont il se servirait pour régler ses notes lui-même. Ses parents, de leur côté, estimaient que son passé et sa conduite présente montraient qu'il n'était pas capable de prendre en charge de telles responsabilités et qu'il ferait n'importe quoi avec l'argent. Ils préféraient donc lui donner parcimonieusement quelque chose toutes les semaines, mais faisaient apparemment varier le montant, selon le degré de «sagesse» et de «folie» dont il faisait preuve. Cette condition n'était jamais clairement énoncée, cependant, de même que le fils n'exprimait pas directement sa colère à ce sujet, mais se repliait dans une sorte de jeu psychotique bizarre que sa mère, plus que son père, considérait comme une preuve de plus de son incapacité à diriger sa propre vie. Elle avait peur qu'une nouvelle et coûteuse hospitalisation ne devienne vite inévitable. En présence de sa mère, nous avons fait remarquer au jeune homme que, puisqu'il se sentait écrasé par ses parents, il avait entièrement le ***droit*** de se défendre en menaçant de provoquer des dépenses encore plus grandes par un nouvel épisode psychotique. Le thérapeute fit alors quelques ***suggestions concrètes*** sur la manière dont il devrait se conduire pour laisser présager la catastrophe imminente. Ces suggestions décrivaient en fait la manière assez étrange dont il se conduisait. Cette intervention recadra la conduite «folle» du garçon, comme quelque chose qu'il pouvait maîtriser et qu'il pouvait par conséquent tourner à son profit; et ce même recadrage permettait à la mère de voir cette conduite de la même manière et d'en avoir moins peur. Il s'ensuivit, entre autres choses, qu'à leur première dispute, la mère se mit tout simplement en colère contre lui, lui dit qu'elle en avait assez de s'occuper de ses affaires, d'être son chauffeur, etc., et lui fixa une somme mensuelle avec laquelle il devrait se débrouiller comme il le pourrait. Dans l'interview qui fit suite à ceci, après le traitement, cette disposition s'était révélée satisfaisante à tel point, que le fils avait réussi entre-temps à mettre assez d'argent de côté, sur la somme impartie chaque mois, pour s'acheter une voiture, ce qui l'avait rendu encore moins dépendant de sa mère»[1].

[1] WATZLAWICK, P., WEAKLAND, J., FISCH, R. *Changements, paradoxe et psychothérapie.* (Trad. P. Furban). Paris : Seuil, 1975, pp. 147-148.

Plutôt que de s'interroger sur le «pourquoi» d'un symptôme, sur sa fonction le thérapeute préfère fonctionner sur le mode d'une «règle de jeu», et cela parce qu'il a une intention précise. Mais, encore une fois, pourquoi se détacher à ce point de l'aspect normal des choses : qu'un adolescent «schizophrène» psychiatrisé de longue date inspire de la crainte à ses parents quant à sa façon de gérer de l'argent, quoi de plus compréhensible? Pourtant, le thérapeute perspicace déduit que le jeune homme fait le fou délibérément. S'ensuit une manipulation extrême (continue à faire comme cela) assortie de quelques suggestions concrètes.

Le jeu du thérapeute semble avoir réussi; force est pourtant de constater qu'il s'octroie des lauriers absolument immérités : peut-on parler d'une plus grande autonomie filiale lorsque la somme d'argent «mise de côté» provient encore, à 25 ans, de l'argent de poche alloué par les parents? Qu'importe : le paradoxe induit par le thérapeute provoque la réussite, parce qu'il faut que cela soit ainsi.

Ce concept a permis à Selvini de développer la notion du contre-paradoxe thérapeutique et de nous montrer que la connotation positive est une forme de paradoxe par rapport à la famille pathologique. Le cas d'Ernesto mérite d'être cité in extenxo :

> «En discussion d'équipe, nous faisons l'hypothèse qu'Ernesto, au sein d'un couple inconciliable, a pressenti un certain danger après le décès du grand-père. En s'enfermant à la maison pour lire et étudier, il a essayé d'une certaine facon de se substituer au-grand-père. Mais quand la tante est arrivée, le risque d'un changement et peut-être d'une alliance menaçante entre les deux femmes, a dû lui apparaître encore plus grand. ***L'équipe a l'impression*** qu'en profondeur, Ernesto est plus lié à son père qu'il ne le montre. Il est convaincu de l'incapacité de son père à s'imposer, à assumer un rôle viril et à contrebalancer le pouvoir maternel croissant. Pour renforcer l'homéostasie, Ernesto a ressuscité son grand-père, la seule personne capable de contrôler sa mère, de la maintenir à sa place. Sur le moment, l'équipe n'a pas réussi à comprendre davantage. Pour cette raison, ***nous avons décidé*** de clore la séance par un commentaire qui connoterait positivement le comportement d'Ernesto sans critiquer du tout les parents. Ce commentaire ferait allusion de façon cryptique, non verbale, à une certaine peur qu'Ernesto aurait pour son père dans le sens d'une défaite possible. ***Nous avons minutieusement préparé*** le commentaire, y compris dans ses aspects non verbaux, puis les deux thérapeutes sont rentrés dans la salle. Les ***soupçons*** de l'équipe furent immédiatement confirmés par le changement de position d'Ernesto: il avait rapproché son fauteuil de celui de son père mais en avançant un peu de façon à soustraire le père à la vue des thérapeutes.
> En premier lieu, les thérapeutes annoncent leur ***conclusion***: il est nécessaire de poursuivre la thérapie familiale. Ils proposent un projet de 10 séances, espacées d'environ un mois.
> Ernesto (agité, mais toujours sur un ton de fausset, de vieillard): "Mais le verdict, quel est le verdict? «Thérapeute homme»: Nous terminons cette première séance en nous adressant à toi, Ernesto, pour te dire que tu es en train de faire

une très bonne chose. ***Nous avons compris*** que tu considérais ton grand-père comme le pilier central de ta famille (la main du thérapeute se déplace verticalement, traçant un pilier imaginaire). Il la cimentait, il maintenait une certaine justice (le thérapeute étend ses mains en avant, horizontalement, les mettant sur le même plan). Donc, le grand-père disparu, tu as craint que quelque chose ne change. Alors tu as pensé assumer toi-même le rôle du grand-père, par peur que la justice ne s'altère (le thérapeute abaisse lentement la main droite qui correspond au côté où le père est assis). Pour le moment il est bien que tu continues ce rôle que tu as assumé spontanément.
Tu ne dois rien changer jusqu'à la prochaine séance qui aura lieu le 21 janvier» (5 semaines plus tard).
Les thérapeutes se lèvent pour prendre congé. Les parents semblent interdits, confus. Après un moment de choc, Ernesto se lève précipitamment de sa chaise. Abandonnant son comportement de vieux de 80 ans, il se précipite vers les thérapeutes qui sont en train de sortir et il leur crie : «Et l'école?... Vous savez qu'à l'école je suis un désastre? Vous le savez?... Vous le savez que je risque de recommencer ma cinquième?... Vous le savez?».
Thérapeute femme (doucement) : «Pour le moment tu es tellement pris par la tâche généreuse que tu as spontanément assumée à la maison qu'il est normal qu'il ne te reste plus d'énergie pour l'école... comment pourrais-tu?»
Ernesto (élevant la voix, avec une expression désespérée) : «Mais pendant combien d'années, pendant combien d'années faudra-t-il que je recommence la 5e pour réussir à les mettre d'accord? Et après, est-ce que je réussirai? Dites-le moi!...» Thérapeute femme : nous reparlerons de cela le 21 janvier. Il y a les vacances de Noël.» Mère (très perturbée) : «Mais je n'ai pas pu dire ce qui s'est passé en septembre... j'aurais voulu dire...»
Thérapeute homme : «Nous renvoyons tout cela à la prochaine séance.»
Le père disqualifie tout ce qui s'est passé en demandant des conseils anodins sur les vacances de Noël.
Cette première intervention a eu un résultat correct compte tenu des rétroactions immédiates. Au cours de la deuxième séance, nous avons remarqué d'autres changements. Ernesto avait abandonné son comportement de vieillard bien qu'il s'exprimât encore de façon majestueuse. Depuis deux semaines, il fréquentait l'école avec de bons résultats et il ne parlait plus des gens au visage rude qui le poursuivaient. Ce changement nous permit d'obtenir de nouvelles informations et donc d'élaborer de nouvelles interventions efficaces. Celles-ci produisirent à leur tour des changements ultérieurs et nous apportèrent d'autres informations. Les dix séances qui eurent lieu aboutirent à une transformation radicale de la famille et naturellement d'Ernesto»[1].

Certains passages sont véritablement comiques (le grand chef indien qui trace dans l'espace de longs gestes sophistiqués).

D'autres le sont beaucoup moins : lorsqu'Ernesto demande quel est le verdict, c'est qu'il se sent tout-à-fait devant un tribunal.

---

1 SELVIN PALAZZOLI, M., BOSCOLO, L., CECCHIN, G., PRATA, G. *Paradoxe et contre-paradoxe.* Paris : E.S.F., 1978, pp. 76-77.

Et, de fait, tout y est : la délibération du jury, la salle, l'entrée des deux présidents, le jugement quant à la conduite, les impressions du public. La manoeuvre thérapeutique est surprenante : il s'agit de prescrire un symptôme: «continue de faire ce qui te rend malade» , de façon à démonter la résistance. Jamais, les thérapeutes ne s'interrogent sur les enjeux du symptôme, et à quel point sa disparition peut entraîner des conséquences graves. Si l'on ne respecte pas la complexité d'un être, jusque dans ses propres paradoxes -et c'est pour cela que tout travail analytique est de longue haleine- on l'agresse sauvagement. Nos thérapeutes déstabilisent en une séance une structure complexe et particulière pour chacun. Encore une fois, on ne nous dit rien des motivations systémiques.

Ici, avec Ernesto confronté à ses thérapeutes, de l'information à l'intervention, de l'intervention à la rétroaction et de la rétroaction à la transformation radicale, on ne quitte pas un instant le contexte d'une distribution de jugements de valeur. Ernesto l'entend bien, qui leur dit : «Vous savez...vous savez... vous le savez!».

Le système et la structure ou la confusion

Son représentant principal est Minuchin. Selon cet auteur, l'accent doit être mis sur le contexte plutôt que sur l'intrapsychique.

Le contexte affecte les processus internes; toute modification du contexte produit un changement fondamental pour le sujet. Il appartient donc au thérapeute de provoquer ce changement, et cela sans se préoccuper du passé, mais seulement du présent[1]. Il utilise sa propre présence pour modifier le système. Ce système, c'est évidemment le plus souvent la famille. Celle-ci opère au travers de schémas transactionnels et maintient une stabilité de comportement par deux systèmes de contraintes, l'un commun à toute famille, l'autre spécifique.

Approcher la séance d'un point de vue «structural», c'est la concevoir en termes d'espace (frontière, limite, ligne); c'est observer le thérapeute qui, dans un complexe d'interventions, personnalise et différencie les membres de la famille pour mieux les unir ultérieurement. Les thérapeutes travaillent au niveau de la forme, non du contenu. Ils différencient chacun des parents, les parents des enfants et chacun des enfants. Ils abandonnent les «pourquoi», tendent à distinguer les modes d'interactions caractéristiques de la famille pour connaître l'organisation structurale.

Le concept de «structure», comme on peut s'en apercevoir, n'a pas la même signification pour tout le monde. Une démarche clinique qui se réduit à

---

[1] MINUCHIN, S. *Familles en thérapie.* (Trad. M. Du Rauquet et M. M. Wayeman). Paris: Delarge, 1979.

observer les interactions familiales en termes de systèmes purement formels ne justifie pas l'usage du terme de structure...

De l'héritage freudien, un reste d'Imaginaire

Dans l'école « psycho-dynamique» de la thérapie familiale, on retrouve Boszormenyi-Nagi [1,2], Ackerman[3,4] et Stierlin[5,6]. Ce type de thérapie prend en compte les individus, le groupe familial et la zone d'échange entre eux.

Selon Ackermann, la famille fonctionne comme une unité. Elle possède les moyens de progresser et de résoudre les conflits; elle connaît des mécanismes de défense qui lui sont propres. Pour cet auteur, les conflits intra-psychiques et interpersonnels sont en relation réciproque de feedback.

Pour l'évaluation des processus psycho-sociaux de la famille, Ackerman introduit les concepts de «stabilité» et d'«identité» familiales: «toute identité humaine, qu'il s'agisse d'un individu, d'un couple ou d'un groupe, a d'elle-même une représentation psychique unique». Selon Ackerman, cette identité familiale, c'est ce pourquoi on lutte et espère ensemble. Elle se fonde sur un amalgame d'éléments anciens et nouveaux, profonds et superficiels. Elle n'est pas statique, mais évolutive; elle fonctionne comme le centre de gravité de la famille. Au cours de sa maturation, l'individu sépare l'image de son self de l'image de sa famille tout en maintenant un niveau d'identité conjoint. Par contre, chez l'individu très immature ou gravement perturbé, la représentation de soi est fragmentée et confuse et cela reflète une fragmentation correspondante à l'image de l'identité familiale.Toujours selon Ackerman, c'est cette identité familiale qui est à l'origine des standards de vie, des idéaux; des lignes d'autorité, de différenciation sexuelle, de mode d'éducation des enfants, de la répartition des travaux, etc...

Ackerman perçoit dans le concept des rôles familiaux une «structure» qui comporte la possibilité de procurer des défenses contre l'anxiété, des méthodes pour résoudre les conflits et des satisfactions.

On entrevoit parmi la panoplie le rôle du bouc émissaire, du saint ou du conciliateur que le thérapeute va s'auto-conférer.

---

[1] BOSZOMENYI-NAGI, I; Une théorie des relations: expérience et transaction. *In* I. Boszormenyi-Nagi, J.L. Framo (s.l.d.) *Psychothérapies familiales.* Paris: P.U.F., 1980, pp. 55-107.

[2] BOSZORMENYI-NAGI, I., SPARK, G.M. *Invisible loyalties.* New York: Harper and Row, 1973.

[3] ACKERMAN, N.W. *The psychodynamics of family life.* New York: Basic Books, 1958.

[4] ACKERMAN, N. W. *Treating the troubles family.* New York: Basic Books, 1966.

[5] STIERLIN, H. *Le premier entretien familial: théorie, pratique, exemples.* (Trad. J. Jeudy) Paris: Delarge, 1979.

[6] STIERLIN, H. *Psychoanlysis and family therapy.* New York: Jason Aronson, 1977.

La thérapie familiale agit alors en renversant la situation : par son action, il provoque l'externalisation des conflits intrapsychiques de chacun des membres en vue de trouver ensemble une solution adéquate Examinons comment le thérapeute intervient, avec sa perspicacité, sa maîtrise et sa grandiloquence :

> «Pour déclencher le mouvement, le thérapeute penètre dans les opérations pathogènes par un procédé que j'appelle ***«chatouillement des défenses»***. C'est une tactique qui surprend les membres de la famille en exposant les contradictions entre les rationalisations auto-justificatives et les attitudes sous-verbales.
> Il lance un défi aux clichés vides et statiques ou formules toutes faites pour affronter les problèmes de la vie familiale. Il met fin aux querelles infructueuses sur des sujets routiniers, externes ou ***peu importants***.
> Attentif à toute réplique, il tâche de faire atteindre des types de communication ***plus honnêtes*** et significatifs. (...) Il confronte ***violemment*** les membres avec la signification de certaines unités de communication non-verbale telles qu'elles sont reflétées dans l'humeur, les expressions, les postures, les gestes et les mouvements (...). Il catalyse dans les membres de la famille le besoin d'explorer ces ***contradictions dramatiques*** entre l'expression verbale et l'expression corporelle»[1].

Toute l'intervention se fonde ici sur la logique de l'imaginaire.

Les thérapeutes familiaux ont-ils une visée normalisante ou ne font- ils que postuler l'existence de systèmes en décrivant des lois?

Les mots-clés soulignés laissent entendre, au-delà du langage de l'animateur chevaleresque, un projet en conformité avec un idéal .

Dès que l'imaginaire est au rendez-vous, le thérapeute se place dans une position de maîtrise : c'est un tacticien, un chatouilleur de défenses, un poseur de défi, un confrontateur; c'est le catalyseur et l'explorateur des contradictions dramatiques de l'autre.

Du K.O. à l'O.K.: le reparentage hâté

Le sommum de la simplification systémique se révèle dans ce courant introduit par Berne[2,3].

Pour traiter les adolescents «schizophrènes», il s'est trouvé des thérapeutes prêts à adopter pour de vrai les victimes des éducations néfastes. On perçoit d'emblée tous les bons sentiments sous-jacents et réparateurs!

L'expérience du reparentage schiffien a débuté vers la fin des années 60.

---

[1] ACKERMAN, N. W. *Treating the troubled family.* New York : Basic Books, 1966, pg. 97.

[2] BERNE, E. *Des jeux et des hommes.* Paris : Stock, 1975.

[3] BERNE, E. *Analyse transactionnelle et psychothérapie.* Paris : P.B.P., 1971.

Pour guérir les dits-schizophrènes, un couple de thérapeutes, les Schiff, se sont persuadés qu'il était nécessaire de s'en occuper 24 heures sur 24. Quoi de plus logique, dès lors, qu'une adoption? Les Schiff proposent aux patients de renoncer aux relations envers leurs anciennes familles. Les thérapeutes parents s'engagent, pour leur part, à la prise en charge complète des patients-enfants et à délivrer à ceux-ci un amour identique à celui qu'ils dispensent à leur «vraie» progéniture.

Cette méthode fait école; un institut existe à Oakland, en Californie : le «Cathexis Institute». Plusieurs autres communautés schiffiennes s'installent aux U.S.A. . On en connaît une en Hollande, une autre en Inde...

L'actuel directeur du «Cathexis Institute» n'est autre que Shea Schiff, un ancien paranoïaque-schizophrène reparenté par les Schiff. Le milieu schiffien apparaît dès lors comme l'antidote au contexte familial duquel le «schizophrène» est issu. A la page suivante, on trouvera un tableau comparatif des caractéristiques des milieux familiaux initiaux et schiffiens.

A l'abomination succède le paradisiaque... comme si les choses étaient aussi simples que cela, comme s'il suffisait de dépouiller l'adolescent du nom qu'il a porté toute son enfance pour régler son angoisse.

Conclusions :
Qu'est-ce qui guide le thérapeute familial?

La typologie des réseaux de communication fournit des cases générales, un cadre de reclassement, des catégories. Pourtant, lors d'une séance avec une famille, ce n'est pas à la communication en général qu'on a affaire, mais bien au discours familial. Or, ces discours sont singuliers, non par leur contenu, mais par leurs énonciations. L'écoute de ces discours concrets ne peut se dispenser de l'écoute de telle ou telle énonciation significative ou répétée, laquelle se marque parfois subtilement par une évocation fugitive. Cette énonciation dit la vérité du désir sous l'aspect du faux, des mensonges ou de la tromperie. Il y a donc là un paradoxe, et c'est sous la forme de ce paradoxe que la vérité du désir se dit dans le mouvement de la parole. La reconnaissance de ce paradoxe au cours d'une séance, non comme une technique thérapeutique, mais comme un constat de l'écoute de la vérité du désir chez un sujet; cette reconnaissance permet une désaliénation progressive des Mois idéaux de la famille et, pour le thérapeute, un renoncement à la position magique qu'il et qu'on a coutume de lui conférer. De cette façon, nous pouvons l'un et l'autre prendre conscience de façon progressive que nous ne sommes pas seulement des corps-objets, ni des systèmes psychiques, ni des systèmes de relation, mais des êtres à la fois plus simples et plus compliqués, du fait de notre désir et de notre faculté à le signifier, le reconnaître et le faire reconnaître. Une telle reconnaissance ne peut se

TABLEAU COMPARATIF DES CARACTERISTIQUES DU MILIEU FAMILIAL INITIAL ET DU MILIEU SCHIFFIEN[1]

CARACTERISTIQUE DU MILIEU FAMILIAL	FAMILLE BIOLOGIQUE	FAMILLE SCHIFF
Communications **Relations affectives**	Double bind - Méconnaisance des besoins de l'enfant - Inhibition des émotions - Sentiments de culpabilité - Maternage inconsistant - Parentage non responsable - Absence de gestes tendres et chaleureux	Clarté optimale des messages univoques - Satisfaction des besoins de l'enfant - Encouragement à l'expression des émotions - Confrontation directe - Maternage gratifiant - Prise en charge responsable des enfants par les parents - Intimité et caresses
Scénario de vie	Je ne vaux rien. Le monde ne vaut rien	J'ai la confiance de base et me sens en sécurité dans un monde OK avec des gens OK
Structure familiale	- Difficultés d'identification - Symbiose fusionnelle - Limites floues entre les individus et les générations - Rôles pas clairs	- Identification soutenue - Autonomie promue - Clarté des limites entre les générations et les individus - Rôles clairement définis

[1]LUKAS, B. *La psychothérapie de la psychose schizophrènique par le reparentage schiffien.* Mémoire de Licence en Psychologie, Louvain : U.C.L., 1981-1982.

produire que dans l'échange intersubjectif avec d'autres personnes.

L'apport de la théorie psychanalytique permet au thérapeute familial une écoute fort différente de celle illustrée dans ce chapitre. En effet, dans le champ de la parole et du langage, on peut distinguer d'une part la parole authentique, pacifiante et médiatrice dans le champ imaginaire ou celui de la communication, et, d'autre part, le langage dans l'ordre symbolique, somme d'éléments discrets, privés de sens, structure articulée combinatoire et autonome. Bateson, souscrivant entièrement au théorème de Godel (on ne peut constituer un ensemble homogène de tous les ensembles), nous permet de comprendre qu'un système quelconque n'accède à la vérité symbolique que par sa nomenclature, c'est-à-dire sa remise en question toujours possible.

Entendre le discours dans son énonciation, le relever, c'est dire à l'autre «J'entends que tu dis ceci, le disant, tu dis le vrai de ton désir»; c'est reconnaître à l'autre son propre paradoxe vivant et son désir. En relisant Bateson avec des concepts psychanalytiques, on peut entrevoir ce que serait une clinique fondée sur la reconnaissance du désir en thérapie familiale. En travaillant avec cette reconnaissance, le thérapeute ne peut se fixer une stratégie à l'avance parce qu'il ne peut prévoir l'impact de son intervention. Lorsque le désir est reconnu, le thérapeute n'a plus à contrôler la suite et la progression de la parole et de ses effets. L'exploration de ce que serait une clinique de l'énonciation du désir en thérapie familiale, c'est une autre histoire, peut-être l'objet d'un prochain ouvrage...

Quatre cas cliniques déclarés incurables... et qui se portent bien

«Gardez-vous de compendre! (...) Et c'est elle (l'oreille) que vous devez tendre à l'écoute des sons et des phénomènes, des mots, des locutions, des sentences, sans y omettre pauses, scansions, coupes, périodes et parallélismes, car c'est là que se prépare le mot à mot de la version, faute de quoi l'intuition analytique est sans support et sans objet.»
J. LACAN

«La vraie mission de tout homme est celle-ci: parvenir à soi-meme. Son affaire est de trouver sa propre destinée, non une destinée quelconque et de la vivre entièrement.»
Herman HESSE

Notre choix des quatre «cas»qui composent cet ultime chapitre est arbitraire. Il nous eût été loisible d'en décrire et commenter bien d'autres, mais nous nous sommes limités à ceux qui nous semblaient les plus caractéristiques de la clinique adolescente «traditionnelle».

Didier se présente comme l'adolescent schizophrène-type de notre ouvrage: d'aspect quasi-catatonique, affecté d'un pronostic d'incurabilité - au mieux d'une évolution stationnaire - son cas ne s'est pas départi du poids tacite et supposé de son hérédité.

Anne - et son délire mystique -avait, quant à elle hérité du diagnostic de «psychose hystérique». Ce diagnostic, il y a peu très en vogue, renferme une tendance psychanalytique qui, loin d'améliorer le concept de schizophrénie, conserve celui de psychose pour désigner un comportement d'adolescente.

Le cas de Jean est caractéristique du second versant de la nosographie psychiatrique contemporaine (outre la schizophrénie) : les psychoses maniaco-dépressives. Ici encore, le spectre de l'hérédité sera venu se greffer sur le vécu adolescent avec de désastreux effets.

Le dernier cas - celui de Paul - fera l'objet d'un plus long développement, et cela pour deux raisons majeures: il met en exergue le diagnostic fourre-tout constitué par le concept d'état limite (ou border-line); par ailleurs, il sera pour nous l'occasion d'illustrer davantage notre type de prise en charge de l'adolescent et de sa famille en crise.

Notre travail s'articulant selon la technique des entretiens croisés (un couple de thérapeutes, un psychiatre et une psychologue recevant en alternance l'adolescent et ses parents), nous avons choisi de présenter ce dernier «cas» en écho à cette méthode, Danièle Deschamps et moi-même ayant procédé séparément à la narration de cet épisode que nous avons tous deux vécu avec beaucoup d'émotion.

Didier, 18 ans, «Schizophrène catatonique»

Les parents de Didier prennent un rendez-vous sans lui. La mère raconte son «cas». Elle commence par nous dire qu'«avant de tomber malade, Didier était son enfant de rêve».

A 17 ans, «souffrant» d'une puberté retardée, ses parents avaient consulté pour lui un endocrinologue qui avait «arrangé» les choses à l'aide d'un traitement «approprié».

Sa première année universitaire se passe sans anicroche. L'université est proche du domicile familial et il rentre chez lui tous les soirs.

La seconde année, il choisit de «changer d'air» et habite dans un campus à l'intérieur duquel il éprouve de grandes difficultés d'intégration.

A l'insu de ses parents, il vit une liaison orageuse qui se termine mal.

Didier réussit péniblement cette seconde année à la session de septembre, non sans avoir passé un été épouvantable durant lequel il s'est montré violent, renfermé, cassant tout dans sa chambre.

Un éminent confrère est consulté par le père au sujet de ces «bizarreries». Après une longue et minutieuse mise au point, le diagnostic est posé, relaté par le père en ces termes : «Mon fils souffre d'une schizophrénie catatonique. Ma soeur a eu la même maladie à 20 ans. Elle a passé dix années en psychiatrie. Sortie de la clinique à l'occasion de l'enterrement de notre père, elle a refusé de réintégrer l'institution après le service. Maintenant, elle va mieux. Votre confrère m'a dit que Didier devrait prendre des médicaments, peut-être pas toute sa vie, mais certainement durant plusieurs années. Didier voit ce médecin tous les quinze jours pour adapter le traitement.»

Didier est souvent très dépressif et se lamente sur sa «maladie»; quelquefois aussi, il se montre extrêmement violent. Durant ces crises, soit le psychiatre se rend à son domicile pour le calmer d'une injection, soit ses parents parviennent à le conduire chez ce confrère d'où il ressort apparemment apaisé pour un certain temps.

Dès le premier entretien, nous adoptons une position ferme par rapport aux parents en leur disant, sans avoir vu Didier, qu'il est extrêmement difficile de poser un diagnostic de schizophrénie chez un adolescent de 18 ans. Nous leur exposons la possibilité d'une crise d'adolescence tardive et l'éventualité d'une prise en charge en psychothérapie en tous les cas préférable au traitement médicamenteux. Si la mère de Didier accepte ce projet, le père, en revanche, se montre réticent: il se dit très occupé, peu disponible à collaborer à la thérapie et, à vrai dire, mal à l'aise en face des positions divergentes occupées par notre équipe envers le collègue jusque là consulté.

La thérapie débute de façon très progressive avec une série d'entretiens croisés (en alternance, des entretiens avec Didier, puis avec ses parents). Didier se montre désireux de poursuivre les entretiens par une psychothérapie intensive et régulière, laquelle ne commencera pas sans difficultés, Didier éprouvant de nombreuses difficultés à parler en son nom propre.

Le père, pour sa part, consulte ponctuellement «pour demander des conseils». Après deux mois de psychothérapie, Didier décide de ne plus prendre ses neuroleptiques qui, dit-il, le «mettent mal dans sa peau, le rendent raide et tremblotant».

Sans prendre de position quant à cette question-là, nous le renvoyons à son psychiatre local en vue de discuter de ce problème.

Celui-ci s'oppose à l'arrêt du traitement et Didier décide d'arrêter quand même, ce qui rend les parents terriblement anxieux.

Quelques semaines après l'arrêt du traitement, Didier, qui s'est senti beaucoup mieux, se retrouve confronté à un échec relationnel.

Durant les séances, il parle de ses difficultés à rencontrer l'autre, mais il ne dit plus rien de son comportement chez lui.

Le père nous confie bientôt que Didier s'y comporte à nouveau d'une façon inquiétante, qu'il s'enferme dans sa chambre et casse tous les bibelots qui lui passent sous la main. Le bruit de ses cris et de sa colère rend la vie insupportable. Le père de Didier met en relation cette décompensation avec l'arrêt du traitement médicamenteux. Il s'interroge sur le bien-fondé de cet arrêt et entrevoit une hospitalisation.

La mère vient consulter à son tour. Après son entretien, elle décide de parler à Didier de ses limites à elle, qu'elle ne supporte plus ses cris, qu'il n'est plus question de démolir le mobilier et que, chaque fois que la crise commencera, elle quittera les lieux pour ne pas être démolie elle-même. Cette mise au point entre Didier et sa mère a pour effet de débloquer temporairement la situation.

Le week-end suivant, la mère s'absente et Didier réamorce le même processus en présence de son père. Celui-ci téléphone au thérapeute qui lui tient à peu de choses près le même discours qu'à sa femme.

Le père rentre d'autorité dans la chambre de Didier et lui intime l'ordre de se calmer et d'arrêter ce «cirque». Ces paroles ont pour effet de prostrer Didier dans le noir, sans aucun bruit, à moitié nu et détruisant lentement, fil par fil, un pull-over.

Ce nouveau type de comportement étrange crée une panique amplifiée dans la famille. Les parents viennent ensemble voir le thérapeute en lui disant: «Vous voyez bien que c'est un schizophrène!».

A la suite de l'entretien entre les parents et le thérapeute, le père va retrouver son fils et lui dit fermement qu'il ne tolère plus ce comportement. Il lui demande d'assister à tous les repas, de s'habiller correctement, de mettre sa chambre en ordre, d'ouvrir les volets, et Didier obtempère sans broncher .

Mais dès le lendemain, Didier rentre d'une sortie avec des amis dans un état d'excitation extrême. Il réveille son père en lui criant qu'il va très mal. Dans le salon, il s'allonge sur un canapé et présente une grande crise de type épileptique avec les yeux révulsés, la bave, les morsures de la langue et le tremblement des membres. Vers une heure du matin, le père téléphone au thérapeute pour lui faire part de cette nouvelle crise : cette fois, il n'y a plus de doute, la maladie est organique et nécessite une hospitalisation. Le thérapeute conseille de ne prendre aucune mesure de ce type, mais de rester près de lui en lui parlant calmement. Quelques jours plus tard, nous apprenons que cette nuit passée entre le père et son fils a eu pour effet de calmer la crise de Didier. Complètement épuisé, il dort toute la journée du lendemain. Lors du repas du soir, il se lève et dit à son père : « Maintenant, je voudrais vraiment te parler d'homme à homme». Il ne fut plus question ensuite de crises ni de schizophrénie.

Que s'était-il réellement passé durant cette série d'épisodes dramatiques en cascade ? En quête d'une réponse pacifiante de la part de son père à ses angoisses de devenir, Didier a présenté pratiquement tous les tableaux cliniques possibles en psychiatrie juvénile. De même, le discours d'un confrère accepté et entretenu par son père lui a fait constamment soutenir ces points de vue. Il a joué au fou. Le risque ultime eût été de le prendre pour ce qu'il ne fut pas réellement.

Anne, 19 ans, «Psychotique hystérique»

C'est par le biais d'un confrère analyste qu'Anne, son père et sa mère se sont présentés au Centre de Santé Publique en vue d'un entretien familial.

Lors de la prise de rendez-vous, par téléphone, ce confrère nous apprend qu'Anne présente un délire «florissant» depuis plusieurs semaines.

Au village où la famille réside, le père d'Anne exerce les fonctions de jardinier et de laitier. Il vit entre le parc du château et la cure, le châtelain et le curé étant ses principaux employeurs.

Pour sa part, la mère gère une petite épicerie de village. Dans la maison, attenante à la cure, vit encore la grand-mère paternelle. Cette dernière et la mère sont en conflit permanent depuis l'entrée de la mère dans la famille.

Anne a entamé des études d'arts décoratifs dans la ville la plus proche.

La première séance, comme c'est souvent le cas, introduit les signifiants majeurs du discours familial.

Thérapeute : - Pourquoi es-tu tombée malade ?
Anne : - On racontait à l'école que j'étais alcoolique.
Th. : - Tu n'as pas pu nier, démentir, dire non ?
Anne : - Non.
Th. : - Comment t'appelles-tu ?
Anne : - Anne Dubois.
Th. : - C'est le nom de ton père ?
Le père : - Oui, docteur, c'est mon nom.
Th. : - Vous pouvez dire «non» à votre fille ?
Le père : - Vous savez, on n'a qu'elle. Elle est très gâtée par ma mère et par ma femme...
Anne : - Je n'aime pas ma mère. C'est ma grand-mère qui m'a élevée et qui est ma vraie mère.
La mère : - Anne, tu dis n'importe quoi. Vous savez, elle perd la tête.

Anne porte une tenue très sophistiquée. Elle est rayonnante. Elle s'exprime dans un français très châtié et impeccable, par opposition à ses parents qui témoignent d'un fort accent du terroir. Bientôt, on évoque le délire mystique d'Anne : elle prétend avoir vu Dieu.

Anne : - Il était dans l'armoire et il s'est approché. Il était vêtu de noir. Je faisais couler de l'eau et il m'a caressé les cheveux.
Th. : - Parle-t-on de la sexualité à la maison ?
Le père : - Non, docteur.

Anne : - Monsieur le curé me regarde parfois avec un air plein de reproches.
Th. : - Monsieur le curé ?
La mère : - Il vient déjeûner tous les dimanches. Il organise des pélerinages pour le village...
Th. : - Est-ce que vous comprenez la folie de votre fille, monsieur?
Le père : - Moi, je n'entends rien à tout cela. Je ne m'occupe que des jardins, des fraises et des fleurs.
Th. : - Comment s'appelle votre village ?
La mère : - Fouriflor.

Par la suite, nous apprenons l'histoire de la «folie» d'Anne.

Elle s'est fait convoquer par son directeur de l'école d'Arts qui lui a reproché son alcoolisme. Ces remarques provoquent une bouffée délirante à thème mystique.

Le curé du village s'empare de la situation et conduit sa «protégée» dans un couvent voisin, pour qu'elle puisse se reposer.

Elle y délire toute la nuit, interprétant tous les bruits du couvent...

Le lendemain, la supérieure, épuisée, la mène chez un psychanalyste qui, heureusement, évite l'hospitalisation en tentant une écoute individuelle.

Dans cette relation duelle, son délire fleurit davantage... Il nous l'adresse avec le diagnostic, en vogue à cette époque, de psychose hystérique.

La thérapie s'arrête après quatre séances durant lesquelles se sont racontées les bagarres et les disputes familiales, la famille occupant la moitié du village. C'est que la mère doit subir une opération, l'hystérectomie radicale totale. Elle nous parle de sa peur. Anne l'a consolée et «soignée» avec un mouchoir trempé dans une eau miraculeuse...

Et puis, ce sont les vacances...

A la rentrée, la mère nous téléphone: «Anne est méconnaissable.
Elle s'est fiancée et elle va très bien. Elle m'aide au magasin et ne songe plus à être décoratrice».

Comment comprendre cette «thérapie familiale» brève, les séances n'étant structurées par aucune stratégie?

Sans aucun doute, quelque chose s'est produit chez Anne, à l'insu de tout le monde. Ce quelque chose est né à partir d'une écoute du discours familial, jouant sur l'équivoque, sans nourrir le symptôme de sens.

Nous n'avons induit aucun diagnostic, aucun pronostic d'aucune sorte.

Durant l'anamnèse familiale, le père a occupé une place qu'il ne détenait pas dans le quotidien familial. Il a pu rappeler sa fonction paternelle; un lieu et un temps de parole lui ont été fournis.

Certes, il y avait moyen là de mettre le doigt sur des convergences évidentes : Dubois est alcoolique; le délire est florissant, le père est jardinier à Fouriflor; Anne entreprend des études d'arts décoratifs; la maison est attenante à la cure, Dieu est vêtu de noir, le curé déjeûne à la maison tous les dimanches; l'eau miraculeuse soulage les souffrances de la mère. Lucien Israël nous indique combien, au-delà de ce versant explicatif possible, la question du Père demeure centrale dans la «compréhension» du délire :

> «Il faut ici se rappeler ce qui a été dit de la quête hystérique : la recherche d'une image du père qui viendrait combler les lacunes laissées béantes par le père réel. Ceci permet de résumer la tâche que se propose la psychanalyse de l'hystérie. Il s'agit d'amener l'hystérique à renoncer à parfaire ce père réel, à lui accorder le droit aux imperfections, aux échecs, aux déficiences. A partir de là, l'hystérique pourra s'accorder les mêmes.droits. C'est dire qu'elle s'autorisera à tirer profit au présent de ce qu'elle possède au lieu de négliger ce présent au profit d'un futur toujours différé par la vanité des espoirs qui le meublent»[1].

Jean, 15 ans,
«Psychotique depuis l'âge de 5 ans»

C'est la mère de Jean, veuve depuis une année à peine, qui prend rendez-vous pour elle et son fils. Celui-ci draine derrière lui un lourd passé psychiatrique : ses parents ont déjà consulté pour lui dès sa cinquième année. A cet âge, on l'a catalogué de psychotique et il suit une thérapie durant plusieurs années.

A l'âge de 12 ans, il refuse de poursuivre cette démarche.

Deux années plus tard, son père, auquel il tenait beaucoup, meurt d'un cancer généralisé.

Durant le premier entretien, il ne dit pas un mot et c'est sa mère qui le décrit violent, replié sur lui-même, injurieux, agressif, mal intégré dans l'école et confronté à des échecs scolaires répétés.

> Thérapeute : - De quelles injures vous accable-t-il ?
> La mère : - Je n'oserais vous le répéter... (silence) ... salope... putain...assassin..meurtrier!

Frappé par le genre masculin de ces deux dernières injures, le thérapeute demande à la mère comment celle-ci s'explique ces termes qui semble être pour elle particulièrement insoutenables.

La mère de Jean répond, en se tournant vers son fils : «On est là pour tout vous avouer : Jean m'accuse, me rend responsable de la mort de mon mari» .

Par la suite, la mère décrira, avec beaucoup d'émotion, la maladie de son mari, le traitement, ses derniers moments. Elle explique aussi pourquoi elle a tenu Jean à l'écart de ce climat pénible. Il était si fragile.

C'est pour cette raison que, si toute la famille savait que le père était condamné, on n'en avait rien dit à Jean. Celui-ci n'avait appris le décès de son père que deux jours plus tard; on avait pensé l'épargner en lui évitant de voir

---

[1] ISRAEL, L. *L'hystérique, le sexe et le médecin.* Paris : Masson, 1980, pg.234.

la dépouille mortelle.

Durant les quatre entretiens qui suivirent, la mère parla beaucoup du quotidien, des fiançailles de son ainée et des «crises d'adolescence» de ses différents enfants.

Et puis, un rendez-vous est annulé.

Alors que, jusque là, Jean avait été présent aux entretiens, la mère se présente seule la semaine suivante.

Tout de suite, elle confie son désarroi, son découragement, son épuisement liés aux injures qu'elle continue de subir de la part de son fils.

Bientôt pourtant, elle se met à parler d'un fait qu'elle n'a jamais révelé à personne. Le «secret», c'est que son mari était, depuis le début de leur mariage, un grand malade. Chaque année, il était nécessaire de l'hospitaliser en psychiatrie. Il prenait régulièrement une médication neuroleptique. A elle seule, il lui parlait de suicide, d'idées de persécution : on le poursuivait, on l'observait dans la rue avec un regard qui signifiait : «Il l'a tué»...

L'origine de cette maladie s'inscrivait, selon elle, au départ d'un événement particulier dans l'histoire de son mari envers son père.

Peu avant le mariage, le mari avait été trouver son père pour obtenir de l'argent en vue de s'installer à son compte. Le père avait refusé; ils s'étaient disputés violemment et le père de Jean avait quitté le domicile familial quelques heures, pour «prendre l'air».

A son retour, son père venait de succomber à une attaque cardiaque, lui qui se trouvait en convalescence à la suite d'un infarctus et qu'il fallait à tout prix ménager...

La mère de Jean raconte ensuite le calvaire qu'a représenté pour elle cette existence déchirée entre ses enfants à qui il fallait tout dissimuler et son mari qu'elle aimait, protégeait et soignait.

Sans formuler aucun commentaire sur ce récit, le thérapeute tente de montrer à la mère de Jean la nécessité de partager ce «secret» avec ses enfants. L'histoire de leur père, de leur grand-père, c'était aussi leur histoire.

Le rendez-vous suivant sera annulé à plusieurs reprises.

Finalement, la famille se réunit et, aidée du thérapeute, la mère parvient à leur raconter «leur histoire».

Un mois plus tard, la mère de Jean nous apprend qu'une détente extraordinaire s'est opérée entre elle et son fils. Ils sont même allés au cinéma ensemble. Si les injures se reproduisaient encore parfois, il n'était plus question d'assassin ou de meurtrier.

Lorsqu'elle décide d'interrompre la thérapie familiale - avec le projet d'entreprendre une psychothérapie pour elle-même- elle est persuadée que Jean n'est pas un psychotique, que sa «maladie» n'est pas héréditaire...

A aucun moment, la mère de Jean n'avait entrevu de lien entre le symptôme inacceptable de Jean et l'histoire de son mari.

Sans tomber dans le piège de la signification et du sens, l'exemple de Jean pourrait illustrer ce qu'il en serait d'un «mot-clé».

En écoutant la plainte de la mère, ce qui frappe le thérapeute, ce sont les injures «au masculin». Plusieurs entretiens seront nécessaires pour évoquer la véritable histoire de ce père que Jean aimait, vers lequel se portait toute son affection et dont la mort - infiniment - cachée avait provoqué le déclenchement d'un comportement injurieux et agressif.

Au sortir de cette démarche - les entretiens familiaux - une demande peut surgir. Il y a à cela une raison essentielle : le thérapeute, dans son écoute, sait qu'il ne sait pas, même s'il accepte d'occuper, un certain temps, la position du «supposé savoir».

La psychothérapie de la mère de Jean a tourné autour de la question de la séparation. Pour sa part, Jean a très vite manifesté son désir de poursuivre ses études en pension, loin de la ville où habitait sa mère.

Il était, de surcroît, tombé amoureux...

Peu après son départ, la mère s'est fait opérer d'une thyroïdectomie qui l'inquiétait au plus haut point.

Les entretiens familiaux ont permis, dans ce cas, une convergence entre le Réel (l'horreur de la mort, de la folie, la mutilation du départ) et le Symbolique (l'effet de nomination), ce qui a permis l'émergence d'une demande d'aide de la part de la mère.

La famille a pu dire l'impossible de jouir en même temps du nom et du corps : la nomination a permis l'accès aux autonomies, non plus comme des mutilations qui s'opèrent sans mot-dire, dans un cri ou une folie, mais comme une séparation qui se parle...

Paul, 19 ans 1/2, «pré-schizophrène» et «border-line»

(récit en alternance avec celui de D. Deschamps[1])

Lorsqu' il se présente pour la première fois dans notre service, accompagné de ses parents, le moins qu'on puisse dire de Paul est qu'il est inquiétant. Lui parle peu. Derrière d'épaisses lunettes, il semble étranger à ce qu'on dit de lui. Ce sont ses parents qui nous font le récit d'un drame chaque jour plus aigu.

Jusqu'à l'âge de 15 ans, Paul a mené des études plutôt brillantes.

Il compte peu d'amis, s'isole souvent; sans inquiéter ses parents pour autant.

A cette époque, un événement bouleverse son existence jusque là relati-

[1] D. DESCHAMPS in *Le mal d'être moi, abords pluriels de l'adolescence*, De Boeck, Bruxelles, 1987, pp.37-40

vement sereine : son grand-père maternel meurt subitement.

Paul l'aimait beaucoup.

Progressivement, les difficultés apparaissent : d'abord, c'est une phobie de l'école; ensuite, le refus de sortir.

Première étape : le médecin de famille. Un rapide examen, et c'est la recommandation vers un collègue neuro-psychiatre.

Seconde étape. D'après le spécialiste, Paul témoigne indubitablement des signes avant-coureurs d'une schizophrénie. Conséquences: mise en observation en institution psychiatrique, prescription de médicaments neuroleptiques. Au bout du séjour, le diagnostic est confirmé.

D'école, il n'est évidemment plus question.

Durant ce laps de temps, la physionomie et l'état de Paul n'ont cessé de se dégrader. Plus rien, en dehors des psychotropes, ne parvient à calmer son agressivité et son malaise.

Troisième étape : une convocation des parents par le spécialiste.

Celui-ci leur confirme le diagnostic, et ne cherche pas à dissimuler la vérité : la maladie de leur fils évolue vite, très vite et cette évolution s'avère très inquiétante.

Les parents, consternés, décident alors de tout tenter. Et c'est l'étape suivante : ils font appel à un psychanalyste qui diagnostique un moi dissocié, un état limite, ou border-line. Nouvelle médication, assortie cette fois d'une cure psychanalytique.

Au bout de trois années de ce régime, sans résultat, ce confrère nous fait parvenir le dossier de Paul. Son rapport mentionne tous les signes psychiatriques de psychose, et il envisage une nouvelle hospitalisation. De plus, Paul est devenu très violent et refuse désormais de prendre ses médicaments.

Le point de départ de notre entrevue avec lui et ses parents s'articule autour de ce refus de la médication. Paul nous répond laborieusement qu'il attribue sa violence à ces fameuses «pilules».

Immédiatement, le père intervient et le raisonne : tant le neuro-psychiatre que le psychanalyste ont confirmé l'absolue nécessité de ces médicaments et, ajoute-t-il, il faudra s'y résoudre durant toute sa vie.

Je m'autorise à réagir : personne, tout éminent qu'il soit, ne peut s'autoriser un semblable pronostic chez un adolescent de cet âge. Protestations des parents : ils se sont renseignés, ont parcouru des manuels de psychiatrie : la maladie est évolutive et seuls les médicaments sont susceptibles de stabiliser l'évolution. Nous en restons là pour le premier entretien. Durant la seconde entrevue, ma collègue psychologue rencontrera Paul pendant que je reverrai ses parents.

C'est un garçon mince à petite moustache et lunettes, au regard hésitant, parfois fuyant, et qui vient soudain se planter dans mes yeux, comme s'il interrogeait quelque chose. Il parle lentement comme s'il ne savait plus bien trouver les mots.

Très silencieux au début, peu à peu il cherche à s'expliquer après que je lui ai dit mon nom et ce que je connais de lui : peu de choses. «Le plus terrible, me dit-il, c'est que je suis un monstre... et que deux personnes ont accroché des sentiments à moi...»...(?) «mes parents ... Je ne suis pas un être humain.
J'ai des pieds, des mains, des bras, une tête... Ca ne fait pas un humain» (...)
Je lui propose un Rorschach, qu'il accepte facilement. Mais quand je lui explique le test et lui demande de me dire «ce que ces images lui évoquent», il me dit «Evoque! C'est un mot au dictionnaire, ça! Vous l'avez trouvé dans le dictionnaire. C'est compliqué!».
Et pour la première fois il me regarde en face, à la fois accusateur et comme s'il mendiait quelque chose; et c'est vrai que j'avais «répété» la consigne, emprunté le mot à un autre.

Dès le début de mon entrevue avec les parents de Paul, une histoire surgit, celle du père. Il me raconte qu'au retour de la guerre, son propre père a retrouvé son épouse enceinte d'un autre homme. Furieux, il la force à disparaître et à lui confier son enfant. Ce n'est qu'à quatorze ans que le père de Pierre découvre ce «secret» : son père n'est pas son «vrai» père, et sa mère est en vie.

Je l'interroge sur sa réaction : honteux de cette «trahison maternelle», il n'a jamais cherché à revoir cette mère inconnue.

Plus encore, il a enfoui ce souvenir douloureux, ne l'évoque jamais devant sa femme et n'en a jamais touché le moindre mot à son propre fils.

Je lui fais part de mon sentiment que, peut-être, un déblocage de cette siuation figée pourrait provoquer quelque chose d'important, pour lui, mais aussi pour son fils.

Et le père, perplexe, décide d'entamer des recherches.

Durant ce second entretien, il n'a pas été prononcé une seule fois les termes de «folie», «psychose» ou «schizophrénie».

Je le retrouve dans le couloir, alors que ses parents revoient Ph. van Meerbeeck.
Il m'accueille avec un éclair joyeux qui s'éteint aussitôt, comme s'il s'empêchait de se réjouir, de me reconnaître.
Nous reparlons de son test. (...) Il m'écoute attentivement et semble étonné de ne pas être traité en «cas psychiatrique». «Vous cherchez le positif», me dit-il... «Pas besoin de chercher». (...) Il se décrit comme «quelqu'un qui s'est mis en retrait de la vie depuis si longtemps qu'il ne sait pas comment y rentrer».
Lui, il n'a «rien appris». Les autres à son âge ont déjà emmagasiné beaucoup de choses dans leur esprit.(...) Son regard m'interroge et à la fois se désespère.
Et je me demande encore ce qu'il n'a jamais appris et qui lui manque tant pour comprendre... Il dit encore : «J'ai jamais entendu le mot «dialoguer» avant peu de temps. Je parle toujours d'une voix monocorde» ...
Et je pense : d'où vient la voix? Comment faire vibrer d'autres cordes à cette voix?
Dans cet entretien, son aspect «psychotique» a complètement disparu. Il a fait place au désespoir. Comme si vivre, parler et "«se battre» étaient au-dessus de ses forces, qu'il n'avait jamais appris à parler à deux voix, à dialoguer...à trois voix.
Et il me quitte avec une sorte de fatalité résignée, en s'excusant presque : «vous

voyez, vous ne pouvez pas m'aider».
Je lui dis que je ne sais pas. Il me sourit, pour me consoler.
Et je le regarde partir. Il n'a plus l'air d'un fantôme, mais d'un jeune homme accablé par la tâche à accomplir.

Au fur et à mesure des recherches du père de Paul, l'état de ce dernier s'améliore considérablement. Au bout de trois semaines, il s'est assuré, s'exprime avec davantage d'aisance; d'ordinaire voûté et hésitant, il s'est relevé, au propre comme au figuré.

Alors que nous avions conclu à une proposition de le faire séjourner dans un centre de jour, à la suite d'un premier bilan avec les parents, cette perspective ne doit plus être envisagée. Paul a décidé que non, qu'il s'en sortirait comme cela, qu'il s'en sentait la force.

Trois semaines après avoir entendu l'histoire de son père, je revois Paul. Nous sommes face à face. Il me fait part de son intention de présenter l'examen d'entrée au poste de gendarme.

Nous revoyons la famille en novembre. Paul est transformé!
Méconnaissable! Il s'exprime, parle avec humour de ses projets d'avenir. Ses yeux pétillent, il blague avec son père...
Ses parents étonnés, ravis, sont venus nous montrer «en chair et en os» la preuve que ça va mieux.

Paul s'est mis à travailler pour combler ses lacunes. Il réussit son examen d'entrée. Son travail avec nous se sera poursuivi durant deux années encore.

Aujourd'hui, quatre années plus tard, nous ne lui avons connu aucune rechute «psychotique».

Pas plus qu'il est inscrit qu'un adolescent doive «être suivi» jusqu'à la fin de ses jours, on ne peut s'autoriser à prévoir une évolution radicalement idéale, comme s'il existait un remède universel à l'angoisse, et pour toujours. Du moins Paul ne rencontre-t-il plus l'image de la psychose et de l'anormalité.

Cet exemple illustre comment un adolescent étiqueté schizophrène ou border-line peut se fondre dans une psychose énoncée de l'extérieur.

La vérité de son symptôme, lui seul la connaît, lui seul peut la traduire. Le mystère de son désir ne pourra se résoudre par une lecture organique ou pharmacologique. Ce n'est pas au thérapeute qu'il appartient de connaître cette vérité mieux que son patient. La première ouverture thérapeutique qui permette un mouvement là où tout semblait figé aboutit à une transformation de l'autre et de soi-même. Quelle sera cette transformation ? Là encore, personne ne le sait; tout au plus doit-on risquer ce déblocage en regard d'un avenir fermé, le plus sombre qui soit.

Conclusion

Le «tableau» de base, c'est d'abord celui d'une famille en crise : des parents s'inquiètent autour de leur adolescent questionnant (le délire, l'hallucination, l'incohérence ne sont-ils pas les signes de cet appel-là ?). Les interrogations, cruciales et bouleversant les structures établies jusqu'alors, sont : comment mettre en place une autonomie réelle, une prise de distance envers le risque incestueux provoqué par une sexuation à présent indéniable;comment vivre cette distanciation qui pouvait être agie autrefois par le biais des rites et de la tradition ?

La demande parentale s'articule sur trois niveaux correspondant à quatre mots-clés : après la **description** par les parents du **comportement** de l'adolescent, et son **observation** par le thérapeute, quel **diagnostic** ce dernier va-t-il poser? D'emblée, nous sommes pris là-dans la mise en place d'un discours «hystérique», c'est-à-dire une demande de réponse toute-puissante à l'angoisse informulée. La nomination d'un comportement comme d'une pathologie, le pronostic et le traitement constituent les corrolaires à l'acceptation d'une telle demande.

Tout ceci peut se traduire par la décision d'une mise en observation en milieu hospitalier psychiatrique. Cette décision, qui décrit généralement les courbes d'un compromis, nous semble porteuse d'un nombre incalculable d'effets désastreux.

Pour commencer, comment se satisfaire de la médicalisation effective de la crise d'adolescence, sur laquelle plane à présent le doute de la maladie mentale? Comment nier ensuite l'installation du processus de chronification dès le seuil de l'hôpital franchi? Dans un service de psychiatrie, l'adolescent risque fort de se fondre dans ce nouveau moule, et cela par un effet identificatoire. En outre, l'angoisse, qui ne manque pas de survenir, donne lieu à la médication «d'urgence», les neuroleptiques, provoquant pour effets secondaires un sentiment d'étrangeté et des symptômes extra-pyramidaux dont le moins qu'on puisse en dire est qu'ils ne confortent guère le jeune dans une perspective d'autonomie et de valorisation de soi.

Les électrochocs - qui continuent d'être pratiqués - ne sont certes pas sans effets insoupçonnés et imprévisibles.

Mais, plus encore, l'hospitalisation en tant que compromis d'observation, c'est l'induction d'une expérience traumatique comme d'un repère indélébile dans le parcours adolescent : «un jour, je me suis retrouvé en psychiatrie». C'est aussi la réponse faussement appropriée aux futures difficultés rencontrées au dehors : la pseudo-sécurité, la déresponsabilisation, l'aliénation qu'engendre tout système hospitalier installeront le processus de recours systématique à ces défenses envers tout «accident» existentiel. De tels aspects de régression, maternage et sur-protection médicamenteuse, s'ils ne sont que rarement décrits comme tels, sont devenus à ce point flagrants qu'il s'est trouvé - très paradoxalement - des théories prônant de tels usages à des fins thérapeutiques.

Nous avons également dénoncé, au cours du chapitre IV, les abus d'une certaine thérapie familiale caractérisée par la prise en charge globale de toute une famille. Là encore, c'est l'observation qui domine et provoque la recherche à tout prix de significations objectives. Tôt ou tard, les thérapeutes injectent des sens non-négligeables (rappelons les procédés consistant à provoquer des crises entre les membres de la famille ou encore les jeux de rôles fondés sur le paradoxe et le contre-paradoxe) au coeur de la crise familiale.

Ce type de conséquence se rencontre également lors de cures psychanalytiques trop tôt et trop fréquemment prescrites pour des adolescents insuffisamment structurés.

Quelles alternatives proposer?

Lorsque la prise de distance entre un adolescent et sa famille s'impose, la solution la moins pénible nous semble le séjour en maison d'accueil transitoire, bien préférable en tous les cas à la mise en observation hospitalière.

Nous souhaitons constamment pouvoir mettre en place une consultation ouverte à tout qui, de près ou de loin, s'inscrit comme l'un des acteurs de la crise qui se vit : jeune, parents, amis, éducateurs,... Ce type de consultations se déroule selon la technique des entretiens croisés (en alternance avec l'adolescent et sa famille ou ses proches) et suppose la présence de deux thérapeutes de sexe différent, un psychiatre et un psychologue.

Les premiers degrés dans la prise en charge sont parfois franchis par le passage du «test de Rorschach» (test de projection) .

Au bout d'un temps, le temps pour comprendre, on peut alors procéder à une table ronde au cours de laquelle il sera question de l'aide ou des solutions susceptibles d'être apportées à tous, et ceci sans poser aucun diagnostic autre que celui de «crise d'adolescence».

Cette démarche, nous pourrions la ponctuer du terme de «clinique du signifiant». Celle du signifié, qui se borne à l'observation de ce qui est montré et à l'écoute de ce qui est dit, bascule d'erreur en erreur à force de méconnaître le malentendu originaire. Celle du signifiant, c'est l'écoute de ce qui insiste, du comment cela se formule et se répète autour des questions fondamentales de la condition humaine.

[illegible]

Conclusions

«Il y a des heures dans la vie où l'homme, à la chevelure pouilleuse, jette, l'œil fixe, des regards fauves sur les membranes vertes de l'espace.»
LAUTREAMONT

«Quel est en moi, cet inapaisé, cet inapaisable qui veut élever la voix? Il y a en moi un désir d'amour qui parle de lui-même le langage de l'amour.»
NIETSCHE

Des années folles

Pourquoi ce titre des «Années folles» ?

Au-delà de la métaphore, les «Années folles» nous évoquent plus d'une analogie entre l'adolescence individuelle, période de folie transitoire, et l'adolescence d'un monde qui bascule à l'orée du XXème siècle.

Au sortir de la première guerre mondiale, l'ordre «phallique» des états semble avoir disparu; les empires centraux se sont irrésistiblement morcelés et défaits; l'irrationnel foisonne.

Témoin privilégié de la remise en cause fondamentale de l'ordre établi : le courant surréaliste, à la tête duquel se trouve André Breton, écrivain et médecin.

Avec Aragon, il revendique l'héritage de la Salpêtrière : «L'hystérie, écrivent-ils, n'est pas un phénomène pathologique et peut à cet égard être considéré comme un moyen suprême d'expression»[1].

Pour les surréalistes, l'hystérie doit être clairement entendue comme un langage, une oeuvre poétique qui revendique, comme l'art lui-même, une forme et une lecture subversives. L'art ne s'affirme-t-il pas comme une création métaphorique, telle l'hystérie, signifiée par l'expression radicale d'une écriture ou d'une toile, comme d'un symptôme observable ?

Inspirés par Antonin Artaud, les surréalistes comptent parmi les premiers dénonciateurs de l'expérience carcérale de la psychiatrie.S'adressant aux psychiatres français, Breton et Aragon affirment :

> «Le procès de votre profession est jugé d'avance. Nous n'entendons pas discuter ici la valeur de votre science, ni l'existence douteuse des maladies mentales.

---

[1] ARAGON et A. BRETON : *Révolution surréaliste*, 10 mars 1928, pg. 22; réédition Paris, GM place, 1980.

Mais pour cent pathologies prétentieuses où se déchaîne la confusion de la matière et de l'esprit, pour cent classifications dont les plus vaines sont encore les plus utilisables, combien de tentatives nobles pour accrocher le monde cérébral où vivent tant de vos prisonniers ? Combien êtes-vous, par exemple, pour qui le rêve du dément précoce, les images dont il était la proie, sont autre chose qu'une salade de mots?»[1].

Si Freud ne réalise pas toute l'importance du courant surréaliste, hormis dans sa rencontre avec Dali, Lacan ne manquera pas de s'attribuer une influence surréaliste dans ses antécédents. Si l'on ne peut parler pour lui de «maîtres»- Clerambault seul méritait ce titre- Lacan accordera une place particulière au même Dali, ainsi qu'à son ami René Crevel dans son intérêt témoigné envers le mouvement surréaliste.

Comme Lacan le réalisera beaucoup plus tard, Crevel s'était déjà appliqué à démonter l'échafaudage du cogito cartésien. Comme Rimbaud et son «je est un autre», cet écrivain qui se suicidera à l'âge de 35 ans avait supposé, sous le discours conscient, l'existence d'un autre, inconscient, et peut-être même de plusieurs superposés.

Atteint de ce qu'il désignera comme «le bien du siècle», il témoignera par sa vie et son oeuvre («Détour», «Etes-vous fous?», «Mon corps et moi») d'une destruction caractérisée de toutes les valeurs fausses de l'époque et de l'immense appétit d'un désir sans limites : «Tu t'accroches à des histoires, tu étreins des mots, tu te réjouis d'éprouver la moindre palpitation des faits. Tu ressembles à un homme qui s'étranglerait rien que pour la joie de sentir la vie pantelante sous sa peau du cou»[2]. Nulle main-mise possible sur un semblable discours, pas plus que d'exclusion potentielle pure et simple d'une expression à ce point désirante et déclarée.

Comme cela s'était déjà produit lors de l'après-révolution de 1789, la réponse ou le «remède» à cette formulation adolescente mal venue dans ce qu'elle menace l'ordre établi sur la mise à l'écart du dangereux désir , c'est le souci, l'alibi de l'intégration, la récupération par des voies raisonnées, pourquoi pas bienveillantes, et toujours normatives.

---

[1] ARAGON et A. BRETON : *Ibid. n°3*, avril 1925, pg. 29.
[2] CREVEL R. : *Etes-vous fous?* Paris: L'imaginaire, Gallimard l929, pg. 105.

De l'hérédité
(Nous sommes tous des juifs allemands).

Dès lors, aux courants surréalistes et de la psychanalyse naissante, succèdent divers mouvements propres à «remettre les pendules à l'heure».

L'évolution psychiatrique s'organise. Avec elle, la psychiatrie psychodynamique moderne de l'entre-deux guerres retrouve l'hérédité et l'organicisme nettoyés de la dégénérescence. Après la seconde guerre mondiale, Henri Ey a servi, sert encore et servira longtemps, hélas, de référence majeure à l'enseignement de la psychiatrie. Le concept d'hérédité se révèle bien plus prédominant dans la psychiatrie moderne qu'il n'y paraît. Ce n'est pas par hasard: il a offert un vernis scientifique à un discours politique. Souvenons-nous à quel point le monde intellectuel occidental sort meurtri et divisé par l'affaire Dreyfus. Durant cette époque, on est résolument antisémite. Et que voit-on fleurir en ce début de siècle dans le discours scientifique? Hesnard décrit la flexibilité des caractères éthnologiques chez l'Israélite, et cela dans un ouvrage de référence[1]. Des psychologues chevronnés s'autorisent à inventorier les caractères propres et les prédispositions de la race juive. Jung se déclare persuadé de l'existence d'une psychologie référentielle selon les peuples, les nations et les ethnologies.

Toutes ces démarches «scientifiques» et psychologisantes s'inscrivent dans une tradition xénophobe fondée sur les mêmes préjugés héréditaires et organicistes que le discours antisémite.

Dans un tel contexte, il faut encore associer les critiques adressées à l'oeuvre freudienne quant au primat de l'étiologie sexuelle.

Roudinesco ne craint pas d'affirmer qu'«en d'autres termes, l'anti-pansexualisme qui prétend combattre la doctrine freudienne de la sexualité est toujours l'expression vive ou atténuée d'une psychologie de la race qui ne dit pas son nom»[2].

C'ést en 1939, à Londres, que Freud publie son dernier ouvrage : Moïse et le monothéisme[3]. Analysant la genèse de la légende de Moïse, Freud dépossède son peuple de sa prétention à se prendre pour un peuple élu. Par là même, il introduit le principe de la castration dans l'histoire singulière de ce qu'on nomme communément l'esprit juif.

Il pense donc manifestement l'antisémitisme à partir de la judaïté elle-même et non plus seulement comme un phénomène extérieur à elle.

La question du judaïsme de Freud a fait l'objet de nombreuses publica-

---

[1] HESNARD, A., *Freud dans la société d'après-guerre*. Genève: Mont-Blanc, Coll. Action et Pensée, 1946.

[2] ROUDINESCO, E., *La bataille de Cent ans. Histoire de la Psychanalyse en France II.* Paris: Seuil, 1986, pg. 191.

[3] FREUD, S. : *Moïse et le monothéisme*. Trad. A. Berman, Paris : Gallimard. Coll. Idées. 1948.

tions. Il est clair qu'en cherchant à déjudaïser la psychanalyse, pour éviter certes qu'elle fût assimilée à une branche de la religion, Freud a commis les désolantes concessions de la démence précoce et de la schizophrénie à Bleuler et à Jung. Cela n'a pas empêché ce dernier d'affirmer sa conviction que la psychologie s'avère l'expression d'une race ou d'une mentalité particulières. En refusant, lui, le premier fils spirituel de Freud, l'étiologie sexuelle, Jung a construit un archétype et une mystique dans l'air du temps, temps du prochain triomphe nazi. Malgré le succès croissant de la psychanalyse, les héritiers de Freud n'auront de cesse d'évacuer cette étiologie sexuelle qui gênait tant Jung et Bleuler. Parmi les post-freudiens, la plupart de ses partisans anglo-américains trahiront la découverte freudienne, accordant leurs priorités à la prise de conscience de l'ego sur la pulsion de mort; à l'adaptation positive sur le désir.

La psychanalyse, malgré les résistances de Freud, bascule vers la psychologie. Loewenstein s'autorise à réfuter la pulsion de mort.

Ce psychanalyste de Lacan, dans un article de 1938 intitulé «L'origine du masochisme», assimile la pulsion de mort à une métaphore quant à la fragilité de la vie, ce qui lui permet de la penser comme une pulsion de vie[1]. A la même époque, Meier, membre de l'A.P.A. (American Psychoanalytic Association) et contemporain de Bleuler au Burghölzli, organise la psychanalyse au service de l'hygiène mentale.

Nantie de bases aussi solides, l'Ego-Psychology peut se fonder dès 1950. Echappant au nazisme et à la shoah, les psychanalystes européens émigrés en Amérique du Nord, se sont efforcés de s'adapter au monde nouveau en y bâtissant leur théorie du «Moi fort» autonome. Ils tentent par là de libérer l'homme de la mort par le volontarisme de la conscience, en le débarrassant de ses fantasmes tout en maintenant la psychanalyse sous les idéaux de la médecine... et de la bonne société.

La technique analytique se transforme en analyse des résistances.

Il faudra attendre Lacan et son célèbre «Séminaire» pour retrouver une critique des idéaux adaptatifs de la société américaine. Il dénoncera la théorie et la pratique de l'I.P.A. dans la mesure où, selon lui, l'idéologie du Moi se réduit à une théologie au service de la libre entreprise.

Lacan racontait, en 1955, qu'il tenait de Jung une curieuse information : en abordant, en 1909, le continent américain, Freud aurait dit à son disciple : «Ils ne savent pas que nous leur apportons la peste». En vérité, Freud aurait plutôt annoncé: «Ils seront surpris quand ils sauront ce que nous avons à leur dire». Lacan a donc inventé une fiction plus vraie que nature, comme l'a montré Roudinesco[2], afin de restituer à la communauté internationale la vérité du message viennois, en lui réintégrant ses idéaux culturels subversifs.

Une telle conception normative de la part des post-freudiens s'explique aussi par le propre même de l'adolescence ingérable.

---

[1] LOEWENSTEIN : L'origine du masochisme. *R-F-P.* pg. 10, 1.1938.

[2] ROUDINESCO E. : *Ibid.*, pg. 191.

Cette adolescence, comme l'hystérie, posent des questions insolubles puisqu'il n'existe pas de père tout-puissant détenteur d'une vérité immuable sur le devenir d'un être. Cette impasse aboutit à l'absence de toute transmission potentielle d'aucun savoir sur une telle vérité. Voilà qui pose tout le problème de la filiation à l'intérieur même du mouvement psychanalytique: sans vérité transmissible, que justifie encore les références théoriques et les écoles? Il n'est guère étonnant que, face à ce dilemne, l'adolescent questionnant la théorie au-delà de son symptôme se retrouve géré à l'extrême.

L'invention freudienne de l'inconscient et de l'étiologie sexuelle, travesties par les post-freudiens, seront à leur tour perverties par les théories psychodynamiques et systémiques. C'est tout naturellement à l'adolescent que s'adresse en premier lieu le message pédagogique garant de l'ordre établi par lui menacé.

Le meurtre du père

Avec la mort de Lacan, l'école freudienne de Paris s'est divisée en de multiples tendances contradictoires douloureusement partagées.

De la même façon, les post-freudiens s'étaient déchirés dans l'espoir fou de théoriser la psychose après la mort de leur père spirituel.

Lacan mort, la psychanalyse s'est retrouvée très critiquée et la psychiatrie biologique a reconquis toute son aura, son pouvoir et ses assises. Fin 1986, l'évolution psychiatrique est réapparue dans une approche psychiatrico-psychanalytique autour de la scientificité de la psychanalyse. Les post-lacaniens empruntent une pente comparable à celle des post-freudiens : psycho-dynamique, psychogénétique, explicative, en un mot : «psychologisante».

La découverte de l'inconscient et la théorisation du transfert , qui font de la psychanalyse la seule méthode thérapeutique qui échappe aux fondements de la psychologie; cette découverte et cette théorisation ne pouvaient qu'une fois de plus, Lacan mort, être abandonnées après avoir été remises en question.

La mise en évidence du concept de transfert était une découverte aussi importante que celle de l'inconscient. Et pourtant, dans les écoles d'analyse, la question du transfert sur Lacan ou sur Freud s'est vue deux fois scotomisée dans les cures didactiques comme dans la transmission de la psychanalyse. Une fois le père mort, on voit inévitablement réapparaître le savoir psychologique et les techniques de guérison qui s'en inspirent et qui s'inscrivent toujours dans le primat de la conscience sur l'inconscient.

Quand tel est le cas, la manipulation domine et la relation duelle est omniprésente, empêchant l'interprétation du transfert autrement qu'en termes de symétrie, de miroir, d'adaptation, d'identification ou de communication analogique. Freud a théorisé et découvert; Lacan aussi. Enseigner et transmettre est une autre affaire, et toute l'histoire du mouvement psychanalytique se comprend, dès lors, comme une suite inévitable de rejets ou de mises à l'écart des découvertes freudiennes et lacaniennes par le mouvement lui-même. Dans l'I.P.A., en organisant, en légiférant, en légalisant la formation; les héritiers de Freud neutralisaient le caractère subversif des découvertes freudiennes en réaffirmant la position psychologique d'un moi contraire à l'esprit de sa deuxième topique.

Après la mort de Lacan, on assiste au même phénomène et l'on observe avec inquiétude la réapparition de la psychogenèse. A Kardiner qui l'interrogeait sur sa pratique, Freud avait répondu :

> «Je suis content que vous me posiez la question parce que, à dire les choses franchement, les problèmes thérapeutiques ne m'intéressent pas beaucoup. Je suis à présent beaucoup trop impatient. Je souffre d'un certain nombre de handicaps qui m'empêchent d'être un grand analyste. En outre, je suis beaucoup trop un Père. Deuxièmement je m'occupe tout le temps de théorie, je m'en occupe beaucoup trop, si bien que les occasions qui se présentent me servent plus à travailler ma propre théorie qu'à faire attention aux questions de thérapie. Troisièmement, je n'ai pas la patience de garder les gens longtemps. Je me fatigue et je préfère étendre mon influence»[1].

Si Freud était capable de reconnaître ses limites, Lacan ne le pouvait pas. Dès lors qu'au coeur de l'adolescence, l'appel au Père se révèle un concept qui permet un progrès thérapeutique réel; au coeur des héritages freudien et lacanien, ce même concept indique pourquoi les apports de Freud et de Lacan se sont retrouvés travestis après leur mort. Dans le «Traumdeutung», comme dans «Moïse», Freud avait interrogé la problématique du savoir par rapport au pouvoir à travers les mythes relatifs à la naissance du héros.

Pour Lacan comme pour Freud s'est posée cette énigme insoutenable : «comment rester un maître quand on sait que la découverte de l'inconscient inflige à l'homme la blessure inéluctable d'une perte de la maîtrise?»[2].

Dans ce sens, il n'est pas étonnant que Lacan ait posé pour dernier acte subversif le démantèlement de son école : l'impossibilité de transmettre un savoir et le transfert incontournable et mutuel entre le maître et son élève ne pouvaient aboutir qu'aux abus et aux drames.

Les psychoses iatrogènes

En 1987, les jeunes praticiens se forment rapidement à une méthode d'approche diagnostique inspirée du DSM III dont on a souligné les limites et les carences à suffisance. C'est pourtant cet ouvrage , malgré son incontestable ignorance des perspectives développementales et structurales, comme de

[1] KARDINER A. : *Mon analyse avec Freud.* Paris: Belfont, 1978.pg.103.
[2] ROUDINESCO E.: *Ibid.*, TI., pg. 106.

l'évolution longitudinale, qui autorise et confirme la psychiatrie biologique au détriment - surtout et toujours - de l'hystérie et de la psychiatrie juvénile. Pourquoi utiliser de nos jours une nosographie, celle de Kurt Schneider, vieille de cinquante années, sinon pour camoufler l'énorme fragilité de la validité diagnostique de la psychiatrie contemporaine? Nous vivons, en 1987, une fiction d'alliance nouvelle entre un Freud contemporain et un Babinski éternel, une neurologie et une psychanalyse grimées en psychologie compréhensive. Mais si Schneider s'était fortement inspiré de Bleuler et Bleuler, peu avant, de Kraepelin, les inventions de la démence précoce et de la schizophrénie étaient contemporaines du règne de Charcot, le maître de Freud, en un XIXème siècle qui précédait de peu les «Années folles» décrites plus haut.

Depuis, avec le retour de la psychiatrie biologique et l'avènement d'une psychologie à vocation pédagogique, plus personne ne prend le recul nécessaire pour dénoncer ces théories totalisantes du sujet.

Rosalie, cette patiente de Charcot qui avait tant fasciné l'intelligentia contemporaine et que Charcot lui-même avait photographiée avec délices, mourra du cancer des radiologues, confirmant par là la prédominance du regard dans la clinique hystérique.

Aimée avait inspiré le maître Lacan dans sa thèse sur la paranoïa. On apprit plus tard qu'elle était la mère de l'inventeur du «Moi peau», Didier Anzieux, ce grand nom de la psychanalyse française. Elle devait entrer un jour au service du père de Lacan.

L'«Homme aux loups» avait, pour sa part, témoigné d'immenses difficultés transférentielles pour Freud en présentant la première psychose induite par la psychanalyse.

Les exemples ne manquent pas pour illustrer le poids d'une théorisation sur le destin des gens, à plus forte raison sur celui des adolescents.

Le futur antérieur

Lorsque M. Foucault publie ses ouvrages, aussi célèbres que subversifs, dénonçant une nouvelle fois la faute sexuelle escamotée par l'organicité présumée de la folie, le monde universitaire étudiant s'anime et provoque mai 68[1].

En y regardant de plus près, comment ne pas constater l'évidence : les adolescents surréalistes d'après 1918 sont devenus les parents de ceux de 40-45, ceux-là mêmes qui, traversant une génération supplémentaire, produiront les étudiants de 68, aujourd'hui parents à leur tour des adolescents qui peuplent notre société contemporaine. Il y a chaque fois un monde de différence entre le surréalisme, la shoah, mai 68 et ce qui nous attend pour demain. L'analogie des

[1] FERRY L.,RENAUT, A.: *La pensée 68. Essai sur l'anti-humanisme contemporain.* Paris: Gallimard, 1985.

situations, bousculées et instables, la similitude des réactions normalisantes aux interpellations adolescentes de plus en plus pressantes, et, chaque fois, les apports d'une certaine science au discours politique qui privilégie toujours l'ordre à l'intelligence; tout cela nous inquiète quant au sort sous-jacent qui menace les adolescents d'aujourd'hui. Déjà, nous lisons quelques signes, certains «retours» tant «scientifiques» -sur l'hérédité, par exemple- que politiques, dans la confirmation que les parents d'une époque ont oublié comment ils avaient traversé leur propre adolescence, jusqu'à reproduire les réactions normatives qu'ils avaient endurées, et à quel prix! Voilà peut-être aussi le juste retour des choses, si les adolescents à cheveux courts arborant des emblèmes nazis viennent toiser les chevelus gauchisants de 68. Toutefois, ceux qui s'inscrivent dans l'histoire, au-delà des manuels, ce ne sont pas les conquérants, les psychiatres ni les hommes politiques; ce sont les artistes qui traversent les siècles, riches -tant que cela leur restera possible- de cette adolescence qu'aucune lecture psychologisante n'avait encore ternie, à l'image d'Arthur Rimbaud, qui, après avoir produit l'une des oeuvres les plus universellement profonde, s'est tu subitement pour s'en aller vendre des armes et mourir de la gangrène.

Le temps pour conclure

Fallait-il parcourir l'histoire de la folie juvénile ?

Lorsqu'un jeune délirant ou halluciné nous consulte, nous conjuguons cet entretien au futur antérieur. Qu'il puisse écouter ses parents raconter leur propre adolescence, sa naissance, leurs échecs, son histoire; nous semble indispensable à la fois pour lui restituer tous les «secrets» familiaux et pour humaniser les positions parentales sans culpabilisation.

Si la démence précoce ou les prodromes de la schizophrénie sont le symptôme fou du savoir psychiatrique, il fallait, avec la même rigueur «clinique», procéder à l'anamnèse de cette folie persécutante qu'est ce diagnostic sans fondement.

Les déplacements métonymiques de Pinel et de Kraepelin, les métaphores diagnostiques d'Esquirol et de Bleuler, le délire de grandeur de Bayle, l'utopie «démocratique» de l'asile, la découverte freudienne et la concession d'un mauvais diagnostic, l'héritage déchirant, la théorie de l'hérédité, la peste qui devient pédagogique; tous ces repères dans l'histoire de la discipline psychiatrique peuvent s'entendre de la même manière que les mots-clés insistants, indices importants des histoires de famille.

Pourquoi l'adolescent traverse-t-il ces années folles durant lesquelles il s'expose dangereusement à la capture dans le discours psychologico-psychiatrique qui induit trop souvent la psychose qu'il prétend soigner?

C'est ce que ce parcours a tenté de montrer.

D'advenir là où c'était, d'assumer sa sexuation, précipite l'adolescent dans une folie transitoire où les images s'entrechoquent dans sa tête.

Il est en quête d'une réponse pacifiante aux questions fondamentales qui le traversent.

Si, durant ce temps pour comprendre, un discours psychologique, psychiatrique, politique, juridique, pédagogique le saisit dans un lien intense avec un «maître» convaincu du bien-fondé de son savoir, l'adolescent se fond, se coule dans le moule du diagnostic, du jugement, de la malédiction.

Face à l'adolescent délirant et halluciné, une seule position est possible: celle de l'analyste à l'écoute de la souffrance, sans nosographie, l'analyste qui a appris à ses dépens ce que parler veut dire.

Table des matières